2025年度版

埼玉県・さいたま市の
家庭科

過 去 問

協同教育研究会 編

協同出版

本書には，埼玉県・さいたま市の教員採用試験の過去問題を収録しています。各問題ごとに，以下のように5段階表記で，難易度，頻出度を示しています。

難 易 度

非常に難しい　☆☆☆☆☆
やや難しい　　☆☆☆☆
普通の難易度　☆☆☆
やや易しい　　☆☆
非常に易しい　☆

頻 出 度

◎　　　　ほとんど出題されない
◎◎　　　あまり出題されない
◎◎◎　　普通の頻出度
◎◎◎◎　よく出題される
◎◎◎◎◎　非常によく出題される

※本書の過去問題における資料，法令文等の取り扱いについて

　本書の過去問題で使用されている資料や法令文の表記や基準は，出題された当時の内容に準拠しているため，解答・解説も当時のものを使用しています。ご了承ください。

はじめに～「過去問」シリーズ利用に際して～

　教育を取り巻く環境は変化しつつあり，日本の公教育そのものも，教員免許更新制の廃止やGIGAスクール構想の実現などの改革が進められています。また，現行の学習指導要領では「主体的・対話的で深い学び」を実現するため，指導方法や指導体制の工夫改善により，「個に応じた指導」の充実を図るとともに，コンピュータや情報通信ネットワーク等の情報手段を活用するために必要な環境を整えることが示されています。

　一方で，いじめや体罰，不登校，暴力行為など，教育現場の問題もあいかわらず取り沙汰されており，教員に求められるスキルは，今後さらに高いものになっていくことが予想されます。

　本書の基本構成としては，出題傾向と対策，過去5年間の出題傾向分析表，過去問題，解答および解説を掲載しています。各自治体や教科によって掲載年数をはじめ，「チェックテスト」や「問題演習」を掲載するなど，内容が異なります。

　また原則的には一般受験を対象としております。特別選考等については対応していない場合があります。なお，実際に配布された問題の順番や構成を，編集の都合上，変更している場合があります。あらかじめご了承ください。

　最後に，この「過去問」シリーズは，「参考書」シリーズとの併用を前提に編集されております。参考書で要点整理を行い，過去問で実力試しを行う，セットでの活用をおすすめいたします。

　みなさまが，この書籍を徹底的に活用し，教員採用試験の合格を勝ち取って，教壇に立っていただければ，それはわたくしたちにとって最上の喜びです。

協同教育研究会

CONTENTS

第1部

埼玉県・さいたま市の
家庭科
出題傾向分析

埼玉県・さいたま市の家庭科　傾向と対策

　埼玉県家庭科は，中・高別問題での実施である。中・高とも試験時間は60分，マークシートの解答形式である。問題数については，中学校は40〜50問と多く，年度により多少の増減がみられる。高等学校は，数年来，25問である。中学では，ほぼすべての事項から出題され，高校では出題事項は年度により変わるが，知識に基づいた総合力，読解力が試される問題が多い。「子ども・高齢者と家族」分野と「消費生活と環境」分野は，中高とも，時事問題が多く，難易度は高い。

　専門教科について，中・高とも，新学習指導要領と伝統文化継承，お金の管理・カードは頻出である。

　中学校単独の傾向について，全体的には食生活と衣生活分野の問題が約半数を占めている。各分野の出題事項を細かくみると，「子ども・高齢者と家族」分野では，定期予防接種の接種時期や保育所・認定こども園・幼稚園の比較，国勢調査，地域包括ケアシステム等，「食生活」分野では，食品添加物，キャリーオーバー，特別用途食品・機能性表示食品・特定保健用食品・栄養機能食品の内容，香辛料の種類等，「衣生活」分野では，被服素材の性能改善，界面活性剤の働きに関する実験等，「住生活分野」では，片引き戸と雨戸の平面表示記号の違い，環境共生住宅，持ち家と住宅ストック割合の国際比較等，「消費と環境」分野では，「消費者の8つの権利と5つの責任」の具体例，クーリングオフの改正内容，環境ラベル，エシカル消費の内容，先進国における再生エネルギー比較，再生エネルギーの種類などである。いずれの分野，各事項でも，高校の教科書レベルであり，細部まで踏み込んだ出題内容である。学習指導要領については，2024年には，「目標及び内容，内容の取扱い」，「指導計画の作成と内容の取扱い」から数問出題された。各分野の指導項目や内容を把握していると，わかりやすい。

　高等学校単独の傾向について，子ども・高齢者と家族分野と消費と環境分野の出題内容は法律や制度に関連する問題や時事問題が多い。具体

的には，家族と家庭生活分野では，子どもの「遊びの3つの間」や，「くるみん認定制度」の改定内容，「少子化社会に関する国際意識調査報告書」から該当国を問うもの，働き方改革を推進するための「改正労働基準法」の内容，社会保険の4つの保険(医療保険・年金保険・介護保険・雇用保険)の内容などである。「消費と環境」分野では，ネットショッピングや電子マネーの利用傾向，景品表示法の内容，エコリーフ・FSC・レインフォレスト・アライアンス認証」等の環境認証マークの内容，フードマイレージ・フードバンクなどの食生活に関する環境用語等である。他の目新しい問題では，「不動産の表示に関する公正競争規約施行規則」における物件情報に関する問題が出題された。学習指導要領については，家庭の目標や学校家庭クラブ活動が出題された。

　対策について，中高とも，高校の教科書を主軸にした問題と法規や制度，時事問題から構成されているといえる。まずは教科書や資料集を完全に把握すること。出版社の異なる教科書の記載内容から，知識をより深いものにする作業も大事である。法規や制度については，改正も含め，最新の情報を把握しておきたい。法律名や制度名とその内容まで理解することが大事である。さらに，衣食住に関する日本や諸外国の生活文化についても押さえておきたい。加えて，2023年「埼玉県の空き家率」のように埼玉県に関する出題もあることから，埼玉県の取組みについての情報も得ておくこと。学習指導要領については，目標や内容，指導計画の作成と内容の取扱いを中心に勉強を進めるとよい。なお，高校については，専門学科に関する出題もみられることから，注意したい。校種別の出題ではあるものの，中学の出題内容が高校レベルであることから，受験生は中高両方の過去問に取り組み，様々な角度からの出題にも対応できるよう，勉強を進めてほしい。

過去5年間の出題傾向分析

○…中学　◎…高校

分　類	主な出題事項	2020年度	2021年度	2022年度	2023年度	2024年度
子ども・高齢者と家族	子どもへの理解	○◎	○◎	○◎	○◎	○◎
	子育て支援の法律・制度・理念	○	◎	◎	◎	○◎
	児童福祉の法律・制度	○◎	○	○	○◎	
	家族と家庭生活	◎	○◎	○◎	○◎	○◎
	高齢者の暮らし	○◎	○	○	○	◎
	高齢者への支援	◎	○◎	◎		
	福祉と法律・マーク	○	○	○	○	○
	その他	○◎			◎	○
食生活	栄養と健康	○◎	○◎	○	○◎	○◎
	献立	○◎	○	○		
	食品	◎	○◎	○	○◎	○
	食品の表示と安全性	○◎	○◎	○	○	○
	調理	○	○◎	○◎	○	○
	食生活と環境			○◎		◎
	生活文化の継承		○	◎	○◎	
	その他	○◎	○◎			○
衣生活	衣服の材料	○◎	○◎	○	○	○
	衣服の表示	○	○	○	○◎	○
	衣服の手入れ	○◎	○◎	○◎	○	○
	製作	○◎	○◎	○◎	○◎	○◎
	和服	○	○	○◎	○	○
	衣生活と環境				○◎	
	生活文化の継承		◎	○	○◎	◎
	その他		○			○◎
住生活	住宅政策の歴史・住宅問題		○		○◎	○
	間取り，平面図の書き方	○◎	○		○	○◎
	快適性（衛生と安全）	○◎	○◎	○		○
	住まい方（集合住宅など）		◎			
	地域社会と住環境	○			○	○
	生活文化の継承		○◎	○◎	○	
	その他	◎			○	○
消費生活と環境	消費者トラブル		○		○	◎
	消費者保護の法律	○◎	○◎	◎	○	○
	お金の管理，カード，家計	○◎	○◎	○◎	○◎	○◎
	循環型社会と3R	○		○		○
	環境問題と法律			○◎		◎
	消費生活・環境のマーク		○		○◎	○
	その他	◎			○◎	○
学習指導要領に関する問題		○◎	○◎	○◎	○◎	○◎
学習指導法に関する問題						◎

第2部

埼玉県・さいたま市の
教員採用試験
実施問題

2024年度 | 実施問題

【中学校】

【1】「食料需給表　令和3年度」(農林水産省)において示されている各国の食料自給率(カロリーベース　令和元年度)の組み合わせとして適切でないものを，次の1～4の中から1つ選びなさい。

	国名	自給率
1	アメリカ	121%
2	日本	38%
3	オーストラリア	169%
4	イギリス	102%

(☆☆☆○○○○)

【2】本膳料理について説明している文として適切でないものを，次の1～4の中から1つ選びなさい。

1　武士の正式な供応食として成立した。

2　鎌倉時代に発達した。

3　汁と菜の数により一汁三菜，二汁五菜などとも呼ばれる。

4　中心となる膳を本膳と呼ぶ。

(☆☆○○○○)

【3】食品添加物について説明している文章として適切でないものを，次の1～4の中から1つ選びなさい。

1　既存添加物とは，従来から天然添加物として利用されていたものである。

2　指定添加物とは，厚生労働大臣が安全性と有効性を確認して指定したものである。

3　キャリーオーバーとは，原料に使用された食品添加物が製品に移

8

行するが，製品ではその効果を示さないことである。

4　一般飲食物添加物とは，一般に食品として飲食に用いられるものであって添加物として使用されるものである。使用目的が着色料になる果汁の場合は，添加物とみなさない。

(☆☆☆◎◎◎◎)

【4】食品に関する説明について，正しく説明しているものの組み合わせを，以下の1〜4の中から1つ選びなさい。

	名称	説明
ア	特別用途食品	乳児，幼児，妊産婦，えん下困難者，病人など，特別な状態にある人の利用を目的とした食品であり，消費者庁長官から許可されたものにはマークが表示されている。
イ	機能性表示食品	科学的な根拠にもとづいて，消費者庁長官の責任において機能性を表示している食品。
ウ	特定保健用食品	血圧やコレステロールが高めの人に適するなど，からだの生理学的機能に影響を与える保健機能成分を含み，摂取により，その保健の目的が期待される食品。消費者庁長官から許可されたものには，マークが表示されている。
エ	栄養機能食品	高齢化などにより，通常の食生活が困難で，1日に必要な栄養成分が摂取できない場合に，栄養成分の補給・補完の目的で摂取する食品。国への届け出や審査が必要である。

1　アとイ　　2　アとウ　　3　イとウ　　4　ウとエ

(☆☆☆◎◎◎◎)

【5】砂糖類について説明している文として適切でないものを，次の1〜4の中から1つ選びなさい。

1　砂糖類は，砂糖濃度が高くなるほど水分含有量が少なくなるので，防腐効果が高まる。
2　砂糖類の主成分は，ぶどう糖である。
3　砂糖類の甘味は，コーヒーの苦味を弱める。
4　砂糖類の原料は，主にさとうきびや甜菜である。

(☆☆☆◎◎◎◎)

【6】次の文の(A)と(B)にあてはまる数字の組み合わせとして正しいものを，以下の1〜4の中から1つ選びなさい。

　　厚生労働省「日本人の食事摂取基準(2020年版)」によると，身体活動レベルⅠの推定エネルギー必要量は，18歳〜29歳の男子で(　A　)kcal，18歳〜29歳の女子で(　B　)kcalである。

	A	B
1	2,300	1,700
2	2,300	1,800
3	2,650	2,000
4	2,700	2,050

(☆☆☆◎◎◎)

【7】食生活指針(文部科学省，厚生労働省，農林水産省　平成28年6月一部改正)の各項目として示されていないものを，次の1〜4の中から1つ選びなさい。

1　適度な運動とバランスのよい食事で，適正体重の維持を。
2　食塩は，控えなくてよいが，脂肪は質と量を考えて。
3　主食，主菜，副菜を基本に，食事のバランスを。
4　食料資源を大切に，無駄や廃棄の少ない食生活を。

(☆☆☆◎◎◎)

【8】次の文章の(　A　)と(　B　)にあてはまる語句の組み合わせとして正しいものを，以下の1〜4の中から1つ選びなさい。

　　「(　A　)」は，望ましい食生活についてのメッセージを示した「(　B　)」を具体的な行動に結びつけるものとして，1日に「何を」「どれだけ」食べたらよいかの目安を分かりやすくイラストで示したものです。厚生労働省と農林水産省の共同により平成17年6月に策定されました。

	A	B
1	食生活指針	日本人の食事摂取基準
2	食生活指針	食事バランスガイド
3	食事バランスガイド	食生活指針
4	食事バランスガイド	日本人の食事摂取基準

(☆☆☆◎◎◎◎)

【9】香辛料の種類に対する食品の例として適切でないものを，次の1～4の中から1つ選びなさい。

	香辛料の種類	食品の例
1	刺激性	こしょう，わさび
2	芳香性	ハッカ，バニラ，
3	芳香性と着色	パプリカ，サフラン
4	複合	シナモン（肉桂），オレガノ

(☆☆☆☆◎◎◎)

【10】米やでんぷんについて説明している文として適切でないものを，次の1～4の中から1つ選びなさい。

1 日本で多く栽培される米のほとんどはインディカ米である。

2 βでんぷんに水を加えて加熱するとαでんぷんになる。

3 αでんぷんが冷えて，βでんぷんに近い状態になることを老化という。

4 でんぷんには，粘りの弱いアミロースと粘りの強いアミロペクチンがある。

(☆☆☆◎◎◎◎)

【11】加熱調理の種類に対する説明として，誤っているものを，次の1～4の中から1つ選びなさい。

	名　称	説　明
1	汁物	だし汁に食材を入れて加熱し，調味する。食品の旨味成分を汁のなかに引き出すことができる。
2	蒸し物	水蒸気で食品を加熱する。食品の形は保たれるが加熱に時間がかかる。水溶性成分の流出は多い。
3	揚げ物	熱した多量の油のなかで加熱する。高温・短時間で調理するため変色やビタミンの損失が少ない。
4	焼き物	直火焼きと，フライパンなどで焼く間接焼きがある。水分が抜け味が濃縮される。焦げによる風味も期待できる。

(☆☆☆◎◎◎◎)

【12】次の手順は，女性用の浴衣の着方を説明したものです。（　ア　），（　イ　）にあてはまる語句の組み合わせとして最も適切なものを，以下の1～4の中から1つ選びなさい。

① 　えり先をそろえ，背中心とすその位置を決める。

② 　下前を(　ア　)に差し込み，腰骨の位置に合わせる。

③ 　上前を重ね，腰ひもをしめる。

④ 　そで付け下のあきである(　イ　)から手を入れて，おはしょりを整える。

⑤ えりもとを合わせて, 胸もとにひもをしめる。最後に帯を
しめる。

	ア	イ
1	右わき	おくみ
2	左わき	おくみ
3	右わき	身八つ口
4	左わき	身八つ口

(☆☆☆◎◎)

【13】次の①～③を手順とした縫いしろの始末の仕方の名称として最も適
切なものを, 以下の1～4の中から1つ選びなさい。

① 布の裏が見えるようにして置く。
② 布の端がかくれるように2回折る。
③ 折り端の0.2～0.3cmのところをミシンで縫う。

1 折りふせ縫い　　2 袋縫い　　3 三つ折り縫い
4 捨てミシン

(☆☆☆◎◎)

【14】次の図は, 布をミシンで縫った部分の断面を拡大したものです。こ
のような状態のとき, ミシンのどの部分を操作したら正しい糸調子に
なりますか。最も適切なものを, 以下の1～4の中から1つ選びなさい。

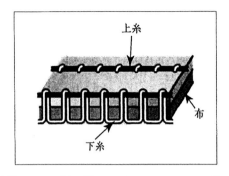

1　上糸調節装置　　2　返し縫いスイッチ　　3　はずみ車
4　送り調節ダイヤル

(☆☆○○○○)

【15】次の表は，ライフステージと衣生活の特徴をまとめたものです。
（　ア　）～（　エ　）にあてはまる語句の組み合わせとして最も適切なも
のを，以下の1～4の中から1つ選びなさい。

ライフステージ	衣生活の特徴
（　ア　）	加齢にともなう体型変化や身体機能の低下に対応し，体温調節がしやすく，動きやすいものを選ぶ。
（　イ　）	衣服への関心が高まる。流行に敏感になり，自分らしい服装や個性を意識したものが多くなる。
（　ウ　）	社会人として仕事や冠婚葬祭など様々な場面でTPOに応じた衣服が求められる。
（　エ　）	新陳代謝が活発であるため，保健衛生的機能を重視する。活動がしやすく，着脱しやすいものを選ぶ。

	ア	イ	ウ	エ
1	壮年期	青年期	高齢期	乳幼児期
2	壮年期	乳幼児期	青年期	高齢期
3	高齢期	青年期	壮年期	乳幼児期
4	高齢期	壮年期	青年期	乳幼児期

(☆☆○○○)

【16】 JIS L0001に示されている繊維製品の取扱い表示の記号に対する説明として適切でないものを，次の1～4の中から1つ選びなさい。

	記　号	説　明
1		液温は40℃を限度とし，洗濯機で非常に弱い洗濯処理ができる。
2		石油系溶剤でのドライクリーニングができる。
3		塩素系漂白剤は使用できるが，酸素系漂白剤は使用禁止。
4		日陰の平干し乾燥がよい。

(☆☆☆○○○○)

【17】 次は，JISによって定められた成人男性用の既成服のサイズ表示です。寸法列記として[①]～[④]にあてはまる語や数字，記号の組み合わせとして最も適切なものを，以下の1～4の中から1つ選びなさい。

```
            サイズ

   [  ①  ]      92

   ウエスト       80

   身長         165
   ─────────────────
   [ ② ]  [ ③ ]  [ ④ ]
```

	①	②	③	④
1	チェスト	83	ＹＡ	3
2	肩幅	92	ＹＡ	4
3	チェスト	92	Ａ	4
4	肩幅	95	Ａ	5

(☆☆☆○○○○)

【18】ワイシャツ・ブラウスのアイロンがけの順番として最も適切なもの
　　　を，次の1～4の中から1つ選びなさい。

　　　1　えり　　　→　カフス・袖　→　身ごろ

　　　2　えり　　　→　身ごろ　　　→　カフス・袖

　　　3　身ごろ　→　えり　　　　→　カフス・袖

　　　4　身ごろ　→　カフス・袖　→　えり

（☆☆◎◎◎）

【19】界面活性剤のはたらきを確かめることができる実験のうち，乳化作
　　　用を確かめることができる実験はどれですか。次の1～4の中から1つ
　　　選びなさい。

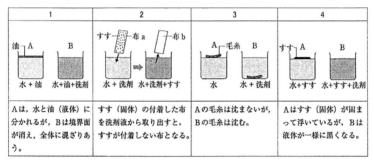

（☆☆◎◎◎◎）

16

【20】図中の(ア)〜(エ)のうち，ハーフパンツの後ろまた上となる部分を，以下の1〜4の中から1つ選びなさい。

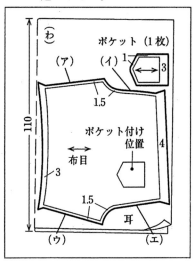

1 (ア)　　2 (イ)　　3 (ウ)　　4 (エ)

(☆☆◎◎◎◎)

【21】ハーフパンツの作り方について，(①)〜(③)にあてはまる手順の組み合わせとして最も適切なものを，以下の1〜4の中から1つ選びなさい。

〈作り方〉

ポケットを付ける　→　縫いしろを始末する　→　(①)

→　(②)　→　すそを縫う　→　(③)

	①	②	③
1	また下を縫う	また上を縫う	胴囲を縫う
2	また上を縫う	胴囲を縫う	また下を縫う
3	また下を縫う	胴囲を縫う	また上を縫う
4	また上を縫う	また下を縫う	胴囲を縫う

(☆☆☆◎◎◎◎)

【22】被服素材の性能改善や性能向上に関する加工について説明したものです。次の説明にあたる加工の種類として最も適切なものを，以下の1～4の中から1つ選びなさい。

> 水酸化ナトリウム液中で綿布を処理し，絹のような光沢を持たせたり，接触したときの感触をよくしたりする加工。

1　ウォッシュアンドウエア加工　　2　パーマネントプレス加工
3　シルケット加工　　　　　　　　4　透湿防水加工

(☆☆☆◎◎◎)

【23】国勢調査について説明している文として適切でないものを，次の1～4の中から1つ選びなさい。

1　日本に住んでいるすべての人及び世帯を対象とする。
2　統計法に5年ごとに実施することが規定されている。
3　国勢調査の結果が，住民基本台帳のデータに反映される。
4　マイナンバー(個人番号)は，法律で定めた範囲以外での利用・提供が禁止されているので，国勢調査に利用することはできない。

(☆☆◎◎◎◎)

【24】次の1～4は，「令和3年(2021)人口動態統計(確定数)」を「平成23年(2011)人口動態統計(確定数)」(厚生労働省)と比べたことについて示したものです。下線部が誤っているものを，1つ選びなさい。

1　出生数は811,622人で，平成23年より増加した。
2　自然増減数は－628,234人で，平成23年より減少した。
3　婚姻件数は501,138組で，平成23年より減少した。
4　離婚件数は184,384組で，平成23年より減少した。

(☆☆☆◎◎◎◎)

【25】次の1〜4は，乳幼児の心の発達について説明したものです。内容が適切でないものを，1つ選びなさい。

1　生まれて間もない頃のほほえみを，生理的微笑という。

2　アタッチメント(愛着)は，「特定の養育者や保護者」と「子ども」との相互関係のなかで発達する。

3　子どもが見知らぬ人に対して，警戒心から恐れを抱いたり，泣き出したりする反応を人見知りという。

4　一般的に5歳頃から自己主張が増し，要求が満たされないとイライラしたり，泣き出したりする。

(☆☆◎◎◎◎)

【26】次のア〜エは，乳幼児の体の特徴について説明したものです。内容が正しいものの組み合わせを，以下の1〜4の中から1つ選びなさい。

ア　一般に生後数日頃に，生理的黄疸で皮膚が黄色くなるが，1〜2週間程度で消える。

イ　新生児の頭蓋骨にある小泉門は出生後約1か月で，大泉門は出生後約1年〜1年6か月で閉じる。

ウ　幼児の体の発達は目ざましく，身長は1歳で，生まれたときの約1.5倍，4歳で約2倍になる。

エ　乳歯は生後約6か月頃から生え始め，3歳頃には28本が生えそろう。

1　アとイ　　2　アとウ　　3　イとウ　　4　イとエ

(☆☆☆◎◎◎)

【27】次の〈表〉は，日本の定期予防接種の時期を示したものです。表中の(ア)〜(エ)にあてはまるものの組み合わせとして最も適切なものを，以下の1〜4の中から1つ選びなさい。

〈表〉国立感染症研究所「日本の定期予防接種スケジュール」より2023年4月1日現在

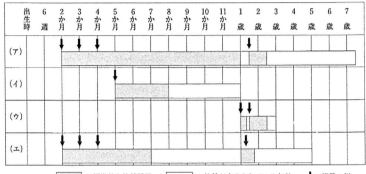

	(ア)	(イ)	(ウ)	(エ)
1	ＢＣＧ	水痘	Ｈｉｂ (インフルエンザ菌 b 型)	ＤＰＴ－ＩＰＶ (4種混合)
2	水痘	Ｈｉｂ (インフルエンザ菌 b 型)	ＤＰＴ－ＩＰＶ (4種混合)	ＢＣＧ
3	Ｈｉｂ (インフルエンザ菌 b 型)	ＤＰＴ－ＩＰＶ (4種混合)	ＢＣＧ	水痘
4	ＤＰＴ－ＩＰＶ (4種混合)	ＢＣＧ	水痘	Ｈｉｂ (インフルエンザ菌 b 型)

(☆☆☆◎◎◎◎)

【28】保育所，認定こども園，幼稚園について，利用時間，対象，年齢，
保育者をまとめたものです。以下の1～4の項目について，内容が適切
でないものを1つ選びなさい。

項目	保育所	認定こども園	幼稚園
利用時間	原則 8 時間	4 時間・8 時間	標準 8 時間
対象	保育を必要とする子ども	保護者の希望 保育を必要とする子ども	保護者の希望による
年齢	0～5歳	0～5歳	3～5歳
保育者	保育士	保育教諭 保育士 幼稚園教諭	幼稚園教諭

1　利用時間　　2　対象　　3　年齢　　4　保育者

(☆☆◎◎◎◎)

【29】平均寿命と健康寿命に関する説明として適切でないものを，次の1
　　～4の中から1つ選びなさい。
　1　各年齢の人が平均してあと何年生きられるかという期待値を表し
　　たものを平均余命というが，0歳の平均余命が平均寿命である。
　2　健康上の問題で日常生活が制限されることなく生活できる期間が
　　健康寿命である。
　3　平均寿命と健康寿命の差はまったくない。
　4　厚生労働省は，健康寿命を運動習慣や食生活の改善によって延ば
　　したり，フレイル(虚弱)を予防したりする取り組みも行っている。

(☆☆◎◎◎◎)

【30】次の〈図〉は，地域包括ケアシステムのイメージを表したものです。
　　図中の矢印の(ア)～(ウ)にあてはまる内容の組み合わせとして最も適切
　　なものを，以下の1～4の中から1つ選びなさい。

〈図〉

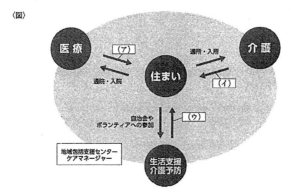

	（ア）	（イ）	（ウ）
1	医療ケア・サービスの提供	介護ケア・サービスの提供	参加する場の提供
2	医療ケア・サービスの提供	参加する場の提供	介護ケア・サービスの提供
3	介護ケア・サービスの提供	医療ケア・サービスの提供	参加する場の提供
4	参加する場の提供	介護ケア・サービスの提供	医療ケア・サービスの提供

(☆☆☆◎◎◎◎)

【31】一人暮らしの高齢者の自助，互助，共助，公助の例の組み合わせとして最も適切なものを，次の1〜4の中から1つ選びなさい。

	自助	互助	共助	公助
1	・近所の人にごみ出しを手伝ってもらう。	・健康維持のために体操や運動をする。	・自宅のバリアフリー化に向けた改修費の融資制度を利用する。	・老齢年金を受け取る。
2	・健康維持のために体操や運動をする。	・近所の人にごみ出しを手伝ってもらう。	・老齢年金を受け取る。	・自宅のバリアフリー化に向けた改修費の融資制度を利用する。
3	・自宅のバリアフリー化に向けた改修費の融資制度を利用する。	・老齢年金を受け取る。	・近所の人にごみ出しを手伝ってもらう。	・健康維持のために体操や運動をする。
4	・老齢年金を受け取る。	・近所の人にごみ出しを手伝ってもらう。	・健康維持のために体操や運動をする。	・自宅のバリアフリー化に向けた改修費の融資制度を利用する。

(☆☆◎◎◎)

【32】次の1〜4の文は，住まいに必要な空間について説明したものです。説明の内容が適切でないものを，1つ選びなさい。

1　個人生活空間は，就寝・休養，着替え，浴室，学習や仕事など，個人の生活を充実させる場である。

2　共同生活空間は，居間や食事室など，団らんやいこいの場として，家族やゲストが集まる家庭生活の中心の場といえる。

3　家事作業空間は，キッチンや洗濯場など，家事を能率的，快適に行うための共同空間である。

4　衛生空間は，洗面所，トイレなど共同空間であると同時に，プラ

イバシーを必要とし，快適さや清潔さが必要とされる。

(☆☆☆◎◎◎)

【33】間取り図における平面表示記号(JIS規格)について，(ア)～(エ)に対する平面表示記号の名称が正しい組み合わせを，以下の1～4の中から1つ選びなさい。

(ア) ■ □ ▦　(イ) ■ ■ ▦　(ウ)　(エ)

	(ア)	(イ)	(ウ)	(エ)
1	片引き戸	雨戸	両開き窓	両開き扉
2	雨戸	片引き戸	両開き扉	両開き窓
3	片引き戸	雨戸	両開き扉	両開き窓
4	雨戸	片引き戸	両開き窓	両開き扉

(☆☆☆◎◎◎◎)

【34】次のア～エの各文章は，住居や室内環境に関して述べたものです。以下の(1)，(2)に答えなさい。

ア　最近の住まいでは，暖冷房が効率的にできるように気密性が増している。そのため，住み手が通風，換気を適切に行うことが大切になっている。建築基準法では，換気のために有効な開口部の面積は，居室の床面積に対して10分の1以上とされている。

イ　高齢者の家及び住居施設の浴槽における死亡者数は，交通事故死より多い。これは，暖かな部屋から寒い脱衣所や風呂場に行って起こるヒートショックが原因といわれる。

ウ　不快な騒音は，精神的な不安を引き起こし，健康や生活に悪影響を及ぼすので，住宅地など用途や時間帯ごとに騒音環境基準が定められている。環境省の環境基準では，住宅地の夜間(午後10時～翌日の午前6時)は，60デシベル以下を基準としている。

エ　新築の住まいなどで起こる，目の痛みや頭痛，はきけなどの症状を，シックハウス症候群という。このような症状は，建材，塗料や

接着剤などの施工材，家具などに使用される，ホルムアルデヒドなどの化学物質が原因とされる。

(1) 上のア～エの文章について，内容の正誤の組み合わせとして正しいものを，次の1～4の中から1つ選びなさい。

	ア	イ	ウ	エ
1	正	正	誤	誤
2	誤	正	誤	正
3	正	誤	正	正
4	誤	正	正	誤

(2) 次の文中の(　)にあてはまる語句を，以下の1～4の中から1つ選びなさい。

> 建築基準法では，住まいの居室について，窓などの開口部の最低限の面積が定められており，採光には，居室の床面積に対して(　)以上が必要である。

1　三分の一　　2　四分の一　　3　六分の一　　4　七分の一
(☆☆☆◎◎◎◎)

【35】次の文中の(　)にあてはまる語句を，以下の1～4の中から1つ選びなさい。

> 地球環境保全の観点から，周囲の自然環境と調和し，住み手が主体的にかかわりながら太陽光，雨水，風，植物などの自然の恩恵を利用しやすい工夫のなされた(　)住宅が注目されている。

1　自然環境　　2　自然共生　　3　持続可能　　4　環境共生
(☆☆☆◎◎◎)

【36】次の〈表〉は，所有関係別住宅ストック割合の国際比較を表しています。(ア)～(エ)にあてはまる国名の組み合わせとして最も適切なもの

を，以下の1～4の中から1つ選びなさい。なお，日本の総計には所有
関係不詳を含み，借家には給与住宅(社宅など)も含みます。また，そ
の他の数値を含めていないため総計が100にならない国もあります。

〈表〉国土交通省「住宅経済関連データ（平成30年度）」による（単位%）

国	年	持家	借家		
				民営	公的
（ア）	2013	61.7	35.5	28.0	5.4
（イ）	2015	62.8	37.2	32.5	4.7
（ウ）	2015	63.7	36.3	19.0	17.3
（エ）	2013	57.9	37.1	20.7	16.4

	（ア）	（イ）	（ウ）	（エ）
1	イギリス	フランス	日本	アメリカ
2	フランス	日本	アメリカ	イギリス
3	日本	アメリカ	イギリス	フランス
4	アメリカ	イギリス	フランス	日本

(☆☆☆◎◎◎)

【37】国際消費者機構によって，1982年に提唱された「消費者の8つの権
利と5つの責任」について，次の(1), (2)に答えなさい。
(1)　「消費者の8つの権利」の内容として適切でないものを，次の1～4
の中から1つ選びなさい。
　1　意見を反映される権利
　2　団結・連帯する権利
　3　健全な環境の中で働き生活する権利
　4　補償を受ける権利
(2)　「消費者の5つの責任」のうち，消費行動が社会に及ぼす影響，特
に弱者に及ぼす影響を自覚する責任についての具体的な行動として
内容が最も適切なものを，次の1～4の中から1つ選びなさい。
　1　チョコレートを買うときに，フェアトレードの商品を選ぶよう

に心がけている。

2　ボールペンを購入したらインクが出なかったので，製造メーカーに抗議の電話をした。

3　消費者問題防止のために，利用者同士で情報を共有するコミュニティを立ち上げることにした。

4　ブランド香水があまりにも安く売られていたため，偽物ではないかと思い，購入しなかった。

(☆☆☆◎◎◎◎)

【38】クーリング・オフ制度についての説明として適切でないものを，次の1～4の中から1つ選びなさい。

1　特定商取引に関する法律において，ネットショッピングなどの通信販売以外の取引を対象に導入されている。

2　クーリング・オフは書面(はがき可)または電磁的記録で行う。電磁的記録では，電子メールほか，USBメモリ等の記録媒体やFAX，事業者が自社のウェブサイトに設けるクーリング・オフ専用フォーム等により通知を行う場合が挙げられる。

3　エステティックや美容医療などは特定継続的役務提供であり，解約できる期間は20日間である。5万円を超える金額で，2か月を超える期間の契約が対象となる。

4　クーリング・オフ期間は，申込書面または契約書面のいずれか早いほうを受け取った日から起算する。

(☆☆☆◎◎◎◎)

【39】金融商品の特徴に関する説明として適切でないものを，次の1～4の中から1つ選びなさい。

1　株式とは，株式会社が株主に対して発行する金融商品である。購入した時よりも株式の価値が上がった際に売却した場合，値上がり益が得られる。

2　投資信託とは，多くの人からお金を集め，その資金を専門家が効

率的に株式や債権などに運用してくれる仕組みである。少額からでも始めることができる。

3　定期預金は，満期日まで預金を引き出せないことを条件としたものである。普通預金に比べ金利が低く，収益性も低い。

4　外国為替証拠金取引(FX取引)とは，通貨を売買し，その際の為替相場の変動を収益とする取引である。投資資金以上の倍率をかけて取引を行うことができる(レバレッジ)ため，利益・損失共に大きなものとなる。日本ではFX取引に係るレバレッジに制限がある。

(☆☆◎◎◎)

【40】環境ラベルに対する説明として最も適切なものを，次の1～4の中から1つ選びなさい。

	環境ラベル	説明
1		熱帯雨林の持続的管理を目指し，自然保護や農園生活向上の基準を満たす農園を認証する。
2	RAINFOREST ALLIANCE PEOPLE & NATURE	流通過程において，環境負荷の少ない貨物鉄道を利用していることを示す。
3	エコレールマーク	ライフサイクルの各過程で排出された温室効果ガスを二酸化炭素量に換算して表示する。
4	ECO LEAF 製品環境情報 http://www.jemai.or.jp	ライフサイクルアセスメントを用いて製品の環境情報を表示する。

(☆☆☆◎◎◎)

【41】次の文章は，持続可能な社会の実現について説明しています。以下の(1)，(2)に答えなさい。

> 　持続可能な社会を実現するために，私たちができることは，「Think Globally, Act Locally」である。毎日の生活が，地球全体に影響を与えている。①大量消費を改め，物を大切にする「もったいない」の意識と行動で，一人ひとりのライフスタイルを持続可能にすることが，世界の問題を解決することにつながる。
> 　具体的には，暮らしの中で資源利用を削減すること，消費者市民として②エシカル消費を実践すること，そして地域や社会で連携して社会的活動を実践し，支援することである。

(1)　下線部①の解決策の1つとして，持続可能な食生活を目指すことが挙げられます。持続可能な食生活に関連する内容を説明している文章として適切でないものを，次の1～4の中から1つ選びなさい。

1　フード・マイレージとは，「食料の輸送距離」の意味で，「相手国別の食料輸入量」に「輸送距離」を乗じた数値(t・km)で表される。食料輸入が多く，島国である日本は数値が高い。

2　日本の食料自給率は先進国のなかでもきわめて低い。食料自給率向上のための5つのアクションとして，経済産業省が提唱する「フード・アクション・ニッポン」は，日本の食を次の世代に残し，創るために，民間企業・団体・行政等が一体となって推進する国産農林水産物の消費拡大の取組である。

3　地産地消とは，地元で生産された農林水産物をその地域で消費しようとする取組をいう。食料自給率の向上に加え，直売所や加工の取組などを通じて農林水産業の6次産業化につながるものである。

4　フードバンク活動とは，生産・流通・消費などの過程で発生する未利用食品を，食品企業や農家などからの寄付を受けて，必要としている人や施設などに提供する取組のことである。

(2)　次の1～4は，下線部②について説明している文です。内容として

適切でないものを，1つ選びなさい。

1　エシカル消費とは，持続可能な開発目標17のゴールのうち，特にゴール5に関連する取組である。

2　障がい者施設で作られた商品を購入することは，障がい者の支援につながる。

3　MSCラベルの付いた水産物を選ぶことで，世界の海洋保全を応援できる。

4　被災地で作られたものを購入することで，その地域への配慮につながる。

(☆☆☆◎◎◎◎)

【42】次の〈図〉は，資源エネルギー庁「日本のエネルギー　2021年度版」に示されている，「主要国の発電電力量に占める再生可能エネルギー比率の比較」です。①〜④にあてはまる国名の組み合わせとして最も適切なものを，以下の1〜4の中から1つ選びなさい。

〈図〉

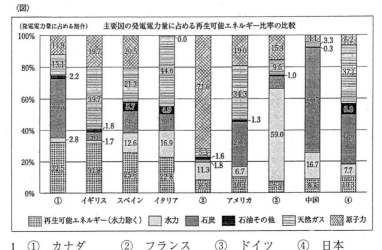

1　①　カナダ　　　②　フランス　　　③　ドイツ　　　④　日本

2　①　フランス　　②　ドイツ　　　　③　日本　　　　④　カナダ

3　①　ドイツ　　　②　フランス　　　③　カナダ　　　④　日本

4　①　フランス　②　日本　　　③　ドイツ　④　カナダ
(☆☆☆☆◎◎◎)

【43】再生可能エネルギーの中で，日本で一番発電電力にしめる割合が高いものを，次の1～4の中から1つ選びなさい。

1　地熱　　2　バイオマス　　3　風力　　4　太陽光
(☆☆☆◎◎◎)

【44】次は，中学校学習指導要領(平成29年告示)「第2章　各教科　第8節　技術・家庭　第2各分野の目標及び内容〔家庭分野〕　1　目標」の全文です。[　①　]～[　③　]に入る語句の組み合わせとして正しいものを，以下の1～4の中から1つ選びなさい。

> 　生活の営みに係る見方・考え方を働かせ，衣食住などに関する実践的・体験的な活動を通して，よりよい生活の実現に向けて，生活を工夫し創造する資質・能力を次のとおり育成することを目指す。
>
> (1)　家族・家庭の機能について理解を深め，家族・家庭，衣食住，消費や環境などについて，生活の自立に必要な[　①　]を図るとともに，それらに係る技能を身に付けるようにする。
>
> (2)　家族・家庭や地域における生活の中から問題を見いだして課題を設定し，解決策を構想し，[　②　]を評価・改善し，考察したことを論理的に表現するなど，これからの生活を展望して課題を解決する力を養う。
>
> (3)　[　③　]と家族，家庭生活と地域との関わりを考え，家族や地域の人々と協働し，よりよい生活の実現に向けて，生活を工夫し創造しようとする実践的な態度を養う。

	①	②	③
1	科学的な理解	実践	地域
2	基礎的な理解	活動	地域
3	科学的な理解	活動	自分
4	基礎的な理解	実践	自分

(☆☆○○○○○)

【45】次は，中学校学習指導要領(平成29年告示)「第2章　各教科　第8節　技術・家庭　第2　各分野の目標及び内容〔家庭分野〕　2　内容　B　衣食住の生活」の一部です。[①]～[④]に入る語句の組み合わせとして正しいものを，以下の1～4の中から1つ選びなさい。

> (1)　食事の役割と中学生の栄養の特徴
> 　ア　次のような知識を身に付けること。
> 　(ア)　生活の中で食事が果たす役割について理解すること。
> 　(イ)　中学生に必要な栄養の特徴が分かり，健康によい
> 　　[①]について理解すること。
> 　イ　健康によい[①]について考え，工夫すること。
> (2)　中学生に必要な栄養を満たす食事
> 　ア　次のような知識を身に付けること。
> 　(ア)　栄養素の種類と働きが分かり，食品の栄養的な特質について理解すること。
> 　(イ)　中学生の1日に必要な食品の種類と[②]が分かり，1日分の献立作成の方法について理解すること。
> 　イ　中学生の1日分の献立について考え，工夫すること。
> (3)　[③]の調理と地域の食文化
> 　イ　日常の[④]の調理について，食品の選択や調理の仕方，調理計画を考え，工夫すること。

	①	②	③	④
1	食生活	分量	日常食	1日分
2	食習慣	概量	日常食	1食分
3	食生活	概量	防災食	1日分
4	食習慣	分量	防災食	1食分

(☆☆○○○○○)

【46】次は，中学校学習指導要領(平成29年告示)「第2章　各教科　第8節 技術・家庭　第2　各分野の目標及び内容〔家庭分野〕　3　内容の取扱い」の一部です。[　①　]〜[　④　]に入る語句の組み合わせとして正しいものを，以下の1〜4の中から1つ選びなさい。

---

(2)　内容の「A家族・家庭生活」については，次のとおり取り扱うものとする。

ア　(1)のアについては，家族・家庭の基本的な機能がAからCまでの各内容に関わっていることや，家族・家庭や地域における様々な問題について，協力・協働，健康・快適・安全，生活文化の継承，持続可能な社会の構築等を視点として考え，解決に向けて工夫することが大切であることに気付かせるようにすること。

イ　(1)，(2)及び(3)については，相互に関連を図り，実習や[　①　]，ロールプレイングなどの学習活動を中心とするよう留意すること。

ウ　(2)については，幼稚園，保育所，認定こども園などの幼児の観察や幼児との触れ合いができるよう留意すること。アの(ア)については，幼児期における周囲との基本的な信頼関係や[　②　]の重要性についても扱うこと。

エ　(3)のアの(イ)については，高齢者の身体の特徴についても触れること。また，高齢者の介護の基礎に関する体験的な活動ができるよう留意すること。イについては，[　③　]などを取り上げたり，他教科等における学習との関連を図

っ たりするよう配慮すること。
(4) 内容の「C消費生活・環境」については，次のとおり取り扱うものとする。
　ア　(1)及び(2)については，内容の「A家族・家庭生活」又は「B衣食住の生活」の学習との関連を図り，実践的に学習できるようにすること。
　イ　(1)については，中学生の身近な消費行動と関連を図った物資・サービスや消費者被害を扱うこと。アの(ア)については，クレジットなどの[　④　]契約についても扱うこと。

	①	②	③	④
1	観察	幼児期の遊び	伝統行事	二者間
2	観察	生活習慣の形成	地域の活動や行事	三者間
3	体験	幼児期の遊び	地域の活動や行事	二者間
4	体験	生活習慣の形成	伝統行事	三者間

(☆☆○○○○○)

【47】次は，中学校学習指導要領(平成29年告示)「第2章　各教科　第8節　技術・家庭　第3指導計画の作成と内容の取扱い」の一部です。[　①　]～[　③　]に入る語句の組み合わせとして正しいものを，以下の1～4の中から1つ選びなさい。

　3　実習の指導に当たっては，施設・設備の安全管理に配慮し，学習環境を整備するとともに，火気，用具，材料などの取扱いに注意して事故防止の指導を徹底し，安全と[　①　]に十分留意するものとする。
　　その際，技術分野においては，正しい機器の操作や作業環境の整備等について指導するとともに，適切な服装や防護眼鏡・防塵マスクの着用，作業後の手洗いの実施等による安全の確保に努めることとする。

　　家庭分野においては，[　②　]と関わるなど校外での学習について，事故の防止策及び事故発生時の対応策等を綿密に計画するとともに，相手に対する配慮にも十分留意するものとする。また，調理実習については，[　③　]にも配慮するものとする。

	①	②	③
1	衛生	幼児や高齢者	食物アレルギー
2	衛生	地域の人々	食中毒
3	健康	幼児や高齢者	食中毒
4	健康	地域の人々	食物アレルギー

(☆☆○○○○○)

【高等学校】

【1】高等学校学習指導要領(平成30年3月告示)の「第2章　各学科に共通する各教科　第9節　家庭　第1款　目標」に示されていないものを，次の(1)～(4)の中から1つ選びなさい。

(1)　人間の生涯にわたる発達と生活の営みを総合的に捉え，家族・家庭の意義，家族・家庭と社会との関わりについて理解を深め，家族・家庭，衣食住，消費や環境などについて，生活を主体的に営むために必要な理解を図るとともに，それらに係る技能を身に付けるようにする。

(2)　家庭や地域及び社会における生活の中から問題を見いだして課題を設定し，解決策を構想し，実践を評価・改善し，考察したことを根拠に基づいて論理的に表現するなど，生涯を見通して生活の課題を解決する力を養う。

(3)　様々な人々と協働し，よりよい社会の構築に向けて，地域社会に参画しようとするとともに，自分や家庭，地域の生活を主体的に創造しようとする実践的な態度を養う。

(4)　職業人として必要な豊かな人間性を育み，よりよい社会の構築を
　　目指して自ら学び，生活の質の向上と社会の発展に主体的かつ協働
　　的に取り組む態度を養う。

(☆☆○○○○○)

【2】次は，高等学校学習指導要領(平成30年告示)解説　家庭編「第1部
　各学科に共通する教科『家庭』　第2章　家庭科の各科目　第1節　家
　庭基礎　2　内容とその取扱い　D　ホームプロジェクトと学校家庭ク
　ラブ活動」に示された学校家庭クラブ活動についての文章です。
　(ア)～(エ)に入る語句の組み合わせとして正しいものを，以下
　の(1)～(4)の中から1つ選びなさい。

> 　学校家庭クラブ活動とは，(ア)単位又は家庭科の講座単位，
> さらに学校としてまとまって，学校や地域の生活の中から課題
> を見いだし，課題解決を目指して，グループで主体的に計画を
> 立てて実践する(イ)的な学習活動である。学校家庭クラブ活
> 動を実践することによって，内容のAからCまでの学習で習得し
> た知識と技能を，学校生活や(ウ)の生活の場に生かすことが
> でき，(イ)能力と実践的態度の育成はもとより，(エ)な
> どの社会参画や勤労への意欲を高めることができる。

	ア	イ	ウ	エ
(1)	ホームルーム	問題解決	地域	ボランティア活動
(2)	部活動	課題設定	自己	ボランティア活動
(3)	部活動	問題解決	家庭	インターンシップ
(4)	ホームルーム	課題設定	地域	インターンシップ

(☆☆○○○○○)

【3】現行民法の定める婚姻の条件について述べた文として誤っているも
　のを，次の(1)～(4)の中から1つ選びなさい。
(1)　18歳にならなければ，婚姻をすることができない。
(2)　女性は前婚の解消又は取消しの日から起算して6か月を経過した

後でなければ再婚をすることができない。

(3)　すでに配偶者がいる者は重ねて婚姻をすることはできない。

(4)　直系血族または三親等内の傍系血族の間では，婚姻をすることができない。

(☆☆◎◎◎◎)

【4】「働き方改革を推進するための関係法律の整備に関する法律」による改正労働基準法(2019年4月)の概要として誤っているものを，次の(1)〜(4)の中から1つ選びなさい。

(1)　フレックスタイム制の拡充

(2)　時間外労働の上限規制

(3)　年10日の年次有給休暇の確実な取得

(4)　高度プロフェッショナル制度の創設

(☆☆☆☆◎◎◎)

【5】高齢者の心身の特徴について述べた文として誤っているものを，次の(1)〜(4)の中から1つ選びなさい。

(1)　結晶性知能とは，新しい環境に適応するために新しい情報を獲得し，問題を解決していく能力のことで，加齢とともに低下する。

(2)　フレイルとは，要介護状態に至る前段階として位置づけられるが，身体的脆弱性のみならず精神的・社会的脆弱性などの多面的な問題を抱えやすく，健康障害を招きやすいハイリスク状態を意味する。

(3)　エイジズムとは，高齢者を「頑固」，「虚弱」，「自己中心的」，「保守的」といったイメージだけでとらえる偏見や差別のことである。

(4)　認知症とは，単なる物忘れとは異なり，後天的な脳の病気により知的機能が全般的・持続的に低下し，日常生活に支障を生じる状態のことである。

(☆☆◎◎◎◎)

【6】社会保険の種類とその特徴の組み合わせとして適切でないものを，次の(1)～(4)の中から1つ選びなさい。

	社会保険の種類	特徴
(1)	医療保険	全ての国民に医療サービスを提供するためのものである。一部負担金は，原則的にかかった医療費の3割となっている。
(2)	年金保険	現役世代が保険料を支払い，その保険料を財源として高齢者世代に年金を給付するという積立方式による世代間扶養の仕組みである。
(3)	介護保険	介護が必要になった場合に，要介護度に応じて定められた給付額の範囲内なら，1～3割の費用を負担することでサービスを利用できる。
(4)	雇用保険	解雇等により，失業するリスクに対する保険である。失業等給付に充てるための保険料は，事業主と労働者本人の折半で負担している。

(☆☆☆◎◎◎◎)

【7】「不当景品類及び不当表示防止法」に関する記述として最も適切なものを，次の(1)～(4)の中から1つ選びなさい。

(1) この法律は，景品類の最高額等を規制するものではない。

(2) 有利誤認表示とは，商品・サービスの品質，規格その他の内容についての不当表示を指す。

(3) 優良誤認表示とは，商品・サービスの価格その他取引条件についての不当表示を指す。

(4) この法律は，一般消費者による自主的かつ合理的な選択を阻害するおそれのある行為の制限及び禁止について定めることにより，一般消費者の利益を保護することを目的とする。

(☆☆☆◎◎◎◎)

【8】「家計消費状況調査年報(令和3年)結果の概況」(総務省)における2021年の二人以上の世帯について述べた文として適切でないものを，次の(1)～(4)の中から1つ選びなさい。

(1) ネットショッピングを利用した世帯の割合は，50%を超えている。

(2) 電子マネーを利用した世帯員がいる世帯の割合は，50%以下である。

(3) 電子マネーを利用した世帯員がいる世帯の電子マネーの1か月の平均利用金額は，年々増加している。

(4) 電子マネーを保有している世帯員がいる世帯の割合は，2011年と

比べて増加している。

(☆☆☆☆◎◎◎)

【9】金融商品に関する説明として誤っているものを，次の(1)～(4)の中から1つ選びなさい。

(1) 金融商品の選択基準には「安全性」，「収益性」，「流動性」がある。

(2) 債券は，一般的にあらかじめ利率や満期日が決められている。

(3) 投資信託は，預けた資金を専門家が運用しその成果が還元され，元本割れはしない。

(4) 株式は，株式会社が資金集めのために株主に対して発行するものである。

(☆☆◎◎◎◎)

【10】森林の保護，労働者の人権尊重や生活向上，気候危機への緩和と適応など，より持続可能な農業を推進するための，厳しい基準要件を満たす認証農園で生産された作物が製品に使用されていることを示す環境ラベルとして最も適切なものを，次の(1)～(4)の中から1つ選びなさい。

(1) (2) (3) (4)

(☆☆☆◎◎◎)

【11】子どもの遊びに必要とされる「遊びの三つの間(三間)」の組み合わせとして最も適切なものを，次の(1)～(4)の中から1つ選びなさい。

(1) 時間・空間・仲間

(2) 空間・仲間・手間

(3) 時間・瞬間・仲間

(4) 空間・仲間・世間

(☆☆◎◎◎◎)

【12】次の表は，日本，スウェーデン，フランス，ドイツの4か国で20～
49歳の男女を対象とした，「令和2年度　少子化社会に関する国際意識
調査報告書(概要版)」(内閣府)において，「子どもを生み育てやすい国
だと思うか」に対して「そう思う」と答えた人がその理由としてあげ
たもの(複数回答)の割合です。(　ア　)～(　エ　)にあてはまる国名の
組み合わせとして最も適切なものを，以下の(1)～(4)の中から1つ選び
なさい。

(%)

	2020年			
	（ ア ）	（ イ ）	（ ウ ）	（ エ ）
各種の保育サービスが充実しているから	37.9	54.4	58.4	74.5
教育費の支援，軽減があるから	39.0	51.1	39.3	84.1
妊娠から出産後までの母体医療・小児医療が充実しているから	46.1	56.0	58.3	71.0
公園など，子供を安心して育てられる環境が整備されているから	32.0	45.2	52.9	57.7
雇用が安定しているから	10.3	5.6	28.2	70.1
フレックスやパートタイムなど，柔軟な働き方ができるから	17.0	23.7	52.6	66.8
育児休業や出産休暇を取りやすい職場環境が整備されているから	13.7	22.4	31.5	49.5
育児休業中の所得保障が充実しているから	8.2	25.4	44.7	83.6
子育ての経済的負担が少ないから	4.8	9.0	12.1	19.2
地域の治安がいいから	52.0	28.3	32.0	34.0
親との同居，近居により親の支援があるから	17.9	25.6	20.2	24.9
地域で子育てを助けてもらえるから	5.5	14.3	14.4	40.9
子供を生み育てることに社会全体がやさしく理解があるから	8.6	16.6	19.7	54.5
その他	3.2	0.2	0.6	0.5
無回答	0.4	0.1	0.1	0.5

	ア	イ	ウ	エ
(1)	ドイツ	日本	スウェーデン	フランス
(2)	日本	ドイツ	スウェーデン	フランス
(3)	日本	フランス	ドイツ	スウェーデン
(4)	ドイツ	日本	フランス	スウェーデン

(☆☆☆◎◎◎)

【13】乳幼児の発育・発達について述べた文として誤っているものを，次の(1)～(4)の中から1つ選びなさい。

(1) 乳歯は20本で，生後6か月頃から生え始める。

(2) 新生児の体型は約4頭身である。

(3) 出生後1年で体重は約3倍，身長は約1.5倍になる。

(4) 新生児の胃の容量は約200mLである。

(☆☆☆○○○)

【14】令和4年4月1日に改正された，「くるみん認定制度」について述べた文として誤っているものを，次の(1)～(4)の中から1つ選びなさい。

(1) 認定基準に，男女の育児休業取得率等を厚生労働省のウェブサイト「両立支援のひろば」で公表すること，が新たに加わった。

(2) 「プラチナくるみん」の特例認定基準において，男性の育児休業等の取得に関する基準が，13％以上から20％以上に改正された。

(3) 改正前の認定基準と同じものが，新たな認定制度「トライくるみん」として創設された。

(4) 新たに不妊治療と仕事の両立に関する認定制度「プラス」が創設された。

(☆☆☆☆○○○○)

【15】次のア～エの民族衣装が使用されている主な国の名称の組み合わせとして最も適切なものを，以下の(1)～(4)の中から1つ選びなさい。

ア アオザイ　イ サリー　ウ キラ　エ アノラック

	ア	イ	ウ	エ
(1)	ベトナム	インド	ブータン	カナダ
(2)	タイ	タンザニア	マレーシア	チュニジア
(3)	タイ	インド	チュニジア	ブラジル
(4)	ベトナム	マレーシア	タイ	スペイン

(☆☆☆○○○)

【16】 被服の保健衛生や安全について述べた文として誤っているものを，次の(1)～(4)の中から1つ選びなさい。

　(1)　足に合わない靴を履き続けていると，足の骨格が変形する外反母趾になることがある。

　(2)　暑さから身を守るには，通気性がよく，襟・袖・裾など開口部の小さい形の衣服が適する。

　(3)　フリース素材など，表面の毛羽に引火し，一瞬で燃え広がることを表面フラッシュ現象という。

　(4)　子ども服の安全規格がJISで制定され，ひもを付けてよい位置とその長さに基準が定められている。

(☆☆○○○○)

【17】 次の文は，「袋縫い」の説明です。(ア)～(エ)にあてはまる語句の組み合わせとして最も適切なものを，以下の(1)～(4)の中から1つ選びなさい。

　　布を(ア)にして出来上り位置よりも(イ)の幅だけ外側にミシンをかける。中に包み込む縫い代を細く断ち切り，次に布を(ウ)にして(エ)にミシンをかける。

	ア	イ	ウ	エ
(1)	中表	きせ	外表	出来上り位置
(2)	外表	縫い代	中表	出来上り位置
(3)	中表	縫い代	外表	縫い代
(4)	外表	きせ	中表	縫い代

(☆☆☆○○○○)

【18】 次のア～オの紋様に対する名称の組み合わせとして最も適切なものを，以下の(1)～(4)の中から1つ選びなさい。

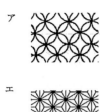

	ア	イ	ウ	エ	オ
(1)	七宝	紗綾形	麻の葉	市松	青海波
(2)	青海波	籠目	亀甲	麻の葉	七宝
(3)	七宝	紗綾形	亀甲	麻の葉	青海波
(4)	青海波	籠目	麻の葉	市松	七宝

(☆☆○○○)

【19】採寸について述べた文として誤っているものを，次の(1)～(4)の中から1つ選びなさい。

(1) 袖丈とは，頸椎点から肩先点を通り，自然に下げた腕に沿って手首点までを測った長さである。

(2) チェストは，男性の脇の下で腕付け根の下端を通り，最も太い胸周りを水平に測った長さである。

(3) 股上丈とは，椅子に腰かけて，ウエストラインから座面までを脇で測った長さである。

(4) 背肩幅とは右肩先点から左肩先点まで肩に沿わせて測った長さである。

(☆☆○○○○)

【20】食品添加物について述べた文として正しいものを，次の(1)～(4)の中から1つ選びなさい。

(1) 安息香酸ナトリウムは，酸化による品質の低下を防ぐために酸化防止剤として使われている。

(2)　亜硝酸ナトリウムは，発色剤として用いる指定添加物で，食肉製品，ハム，ソーセージ，イクラなどに用いられている。

(3)　L－アスコルビン酸は，人工甘味料の一つで，比較的砂糖に近い甘味をもつ。清涼飲料水や菓子，漬物などに使われている。

(4)　アスパルテームは，微生物による加工食品の腐敗，変敗を防止し，食中毒の予防をするとともに，食品の保存性を高めるために使用する。

(☆☆☆○○○○)

【21】調理実習で，まあじを正味600g使用するとき，まあじは何尾必要ですか。正しいものを，次の(1)〜(4)の中から1つ選びなさい。ただし，まあじは，1尾あたり150g，廃棄率が55％とします。

(1)　4尾　　(2)　7尾　　(3)　8尾　　(4)　9尾

(☆☆☆○○○○)

【22】食生活と環境について述べた文として正しいものを，次の(1)〜(4)の中から1つ選びなさい。

(1)　フードマイレージとは，食料の生産地から消費地までの距離に着目し，輸送に伴うエネルギーをできるだけ減らして環境負荷を低減するための指標として用いられる数値で，遠くから運ぶと小さくなる。

(2)　バーチャルウォーターとは，輸入した作物や畜産物を自国で生産すると仮定した場合に必要となる水の量のことで，輸入量が増えると少なくなる。

(3)　ハンガーマップとは，世界の飢餓状況を栄養不足人口の割合で大陸ごとに8段階で色分けして表現した世界地図のことである。

(4)　フードバンクの取り組みをする団体は，安全に食べられるにもかかわらず，様々な理由で廃棄されようとしている食品を，企業や個人から寄付として受け付け，生活困窮者など食料支援を必要とする人たちや施設に，適切に配給する活動をしている。

(☆☆○○○○)

【23】ミネラルについて述べた文として誤っているものを，次の(1)～(4)の中から1つ選びなさい。

(1) リンは，骨や歯の構成成分であり，体液のpH調節も行っている。

(2) 食品中の鉄には，食肉類に含まれるヘム鉄と，野菜などに多く含まれる非ヘム鉄がある。

(3) 体内のカルシウムは99％が骨と歯に含まれ，残りの1％は血液や筋肉内に存在し，血液の凝固作用や筋肉の収縮作用を担う。

(4) 銅は，甲状腺ホルモンの構成成分で，海藻類に多く含まれており，欠乏すると甲状腺腫になる。

(☆☆☆◎◎◎◎)

【24】次の(1)～(4)は四大中国料理のいずれかを説明したものです。広東料理について述べた文章を，1つ選びなさい。

(1) 温暖な気候で古くから魚米之郷と呼ばれ，淡水魚や海産物を用いた料理や米を材料とした料理が多い。醬油・砂糖・酸味をきかせた味付けが特徴的である。

(2) 宮廷料理や満州料理の影響を受けており独特の料理文化を持つ。寒冷な気候で，油を用いた濃厚な料理が発達した。

(3) 亜熱帯地域で多彩な水陸の産物に恵まれ，海鮮料理も多くみられる。早くから貿易港として栄えた土地で発達してきた料理で，欧風化した料理が多い。

(4) 山岳地帯で，温暖湿潤な気候で曇りの日が多いことから，新陳代謝を促す唐辛子や山椒などの香辛料を使った料理が発達した。

(☆☆☆◎◎◎)

【25】次は，物件情報を読み取るときの注意点です。(ア)，(イ)にあてはまる数字と語句の組み合わせとして最も適切なものを，以下の(1)～(4)の中から1つ選びなさい。

・駅からかかる時間から距離を見積もるには，徒歩1分あたり約(ア)メートルとして算出する。
・(イ)は壁等の中心線で囲まれた水平投影面積を用いるため，住んだときに実際に使える広さではない。

	ア	イ
(1)	80	床面積
(2)	80	敷地面積
(3)	100	床面積
(4)	100	敷地面積

(☆☆☆☆◎◎◎)

解答・解説

【中学校】

【1】4

〈解説〉提示されている調査の詳細を確認しておくこと。イギリスは70％である。カナダが一番高い数値で233％，フランスは131％，ドイツ84％，韓国35％である。

【2】2

〈解説〉本膳料理は鎌倉時代ではなく，室町時代に発達した。懐石料理，精進料理，会席料理についても説明できる程度に理解しておくこと。

【3】4

〈解説〉添加物には，クチナシやシソの葉など昔から使用されていた既存添加物(天然添加物)，指定添加物，そして一般飲食物添加物の3種類がある。一般飲食物添加物は通常では食品として食べられるものを，食

品添加物と同じような働きを期待して食品の製造などに使用する場合には，食品添加物として扱う。使用目的が着色料の果汁も添加物とみなす。添加物の種類と目的を学習しておくこと。

【4】2

〈解説〉誤りのある選択肢のイについて，消費者庁長官の責任ではなく，事業者の責任で，科学的根拠に基づいて機能性を表示する。消費者庁に届け出られた食品である。エについて，栄養機能食品は，国への届け出や審査は必要ない。

【5】2

〈解説〉砂糖の主成分は，しょ糖である。

【6】1

〈解説〉身体活動レベルはⅠ～Ⅲまであり，それぞれにあった基準が示されている。中高生の年齢区分の主な栄養成分の数値は覚えておきたい。

【7】2

〈解説〉正しくは「食塩は控えめに，脂肪は質と量を考えて」である。他には「ごはんなどの穀類をしっかりと」「野菜・果物，牛乳・乳製品，豆類，魚なども組み合わせて」「食事を楽しみましょう」「1日の食事のリズムから，健やかな生活リズムを」「日本の食文化や地域の産物を活かし，郷土の味の継承を」「『食』に関する理解を深め，食生活を見直してみましょう」がある。

【8】3

〈解説〉食事バランスガイドはコマのような形をしており，果物，牛乳・乳製品，主菜，副菜，主食をどれだけ食べたらよいのか示されている。1つ(SV)は，主食なら主材料に由来する炭水化物約40g，副菜なら，主材料の重量約70gの単位が設定されている。

【9】4

〈解説〉シナモン，オレガノの種類はともに芳香性である。

【10】1

〈解説〉日本の米はジャポニカ米である。インディカ米は主に，インド，東南アジア，中国などで栽培される。形状は細長く，粘りがなくパラパラした食感である。でんぷんの糊化について詳細に学習しておくこと。

【11】2

〈解説〉水に直接入れないので，水溶性の成分の流出は少ない。

【12】4

〈解説〉下前とは，右前身頃のことで，最初に右側の身頃を左わきに合わせる。身八つ口は女性の着物特有のもので男性の着物にはない。着物の着装は練習しておくこと。

【13】3

〈解説〉正答以外の選択肢1は，中表に合わせて出来上がり線を縫う。片方の縫いしろを0.5cmほどにカットし，それを幅の広い方の縫いしろで包んでアイロンで押さえて端にミシンをかける。2は，外表であわせ，出来上がり線より0.5cmほど外側を縫う。縫いしろを細く切り，アイロンで割る。縫い目を中表にしてアイロンで押さえ，出来上がり線にミシンをかける。4は，布端がほつれないように，裁ち端2〜3mmのところになるべく細かい目でステッチをかけること。

【14】1

〈解説〉上糸の糸調子が強すぎるので，上糸調節装置ダイヤルの数値を弱くする。ミシンの各部の名称とトラブルの対処方法を理解しておくこと。

【15】3

〈解説〉それぞれの身体の特徴にあった服を選ぶ必要がある。特に乳幼児
　期に適した衣服について学習しておきたい。

【16】3

〈解説〉正しくは，酸素系漂白剤は使用できるが，塩素系漂白は使用禁止
　である。洗濯表示についての問題は頻出である。洗濯・漂白・乾燥・
　アイロン・クリーニングの5つの基本記号にそって正しく覚えること。

【17】3

〈解説〉成人男性のサイズ表示の下の部分は，左から，チェスト・体型・
　身長の順である。体型はチェストとウエストの差をアルファベットで
　表す。Aは平均的な差12cmである。身長4は161〜165cmを表す。成人
　女性の表示についても確認しておくこと。

【18】1

〈解説〉細かいところから広いところをかけるのが基本である。先に身ご
　ろをかけてしまうと，他の部分をかけているときに，しわができてし
　まうからである。

【19】1

〈解説〉界面活性剤の汚れを落とす仕組みについての問題は頻出なので詳
　細に学習しておくこと。正答以外の選択肢の作用について，2は再汚
　染防止作用，3は浸透作用，4は分散作用である。

【20】4

〈解説〉(イ)はカーブが浅いので前また上である。後ろまた上は，臀部の
　膨らみの分，カーブが大きい。

【21】 1

〈解説〉また下を縫って左右のパーツを筒状にしてから，片方を裏返し中表にしてまた上を縫う。

【22】 3

〈解説〉正答以外の選択肢について，1は防しわ性を向上させ，洗濯後にアイロンをかけずに着用できるようにするための加工である。2はPP加工とも表示され，コットン，麻，レーヨンなどの布生地に樹脂加工をして高温で処理し，半永久的なプレスを施した加工のこと。4は水の浸透は防ぐが，湿気は布の外に逃がす加工で，レインコートやスキーウエアなどに使用される。

【23】 3

〈解説〉国勢調査のアンケート内容は個人情報に関するものであることから，守秘義務が課せられ，違反した場合は罰則が科せられる。統計の作成・分析の目的にのみ使用され，統計以外の目的に使うことや，外部に出されることは一切ない。国勢調査から出題されることは多いので，主な調査のグラフは確認しておきたい。

【24】 1

〈解説〉出生数は年々減少している。出生率と合計特殊出生率の推移のグラフは確認しておくこと。

【25】 4

〈解説〉幼児は1歳半から2歳頃にかけて第1次反抗期を迎え，自分の欲求や意思をできないことも含めて主張するようになる。選択肢1の生理的微笑に対して社会的微笑についても確認しておきたい。

【26】 2

〈解説〉誤りのある選択肢について，イの小泉門は後頭部側の隙間で，生

後3か月頃までに閉じる。エは28本ではなく正しくは20本である。

【27】4

〈解説〉予防接種に関する問題は頻出である。定期接種と任意接種の区別，種類と内容を学習しておくこと。

【28】1

〈解説〉幼稚園は標準4時間である。それぞれの施設の管轄と対象年齢，保育者などこの表のようにまとめて覚えること。

【29】3

〈解説〉2019年の日本の平均寿命は，男性81.41歳，女性87.45歳，健康寿命は男性72.68歳，女性75.38歳である。それぞれ約9年，約12年の差がある。

【30】1

〈解説〉地域包括ケアシステムについて詳細に学習しておくこと。問題としても頻出で，様々な角度から出題されるので対応できるよう準備しておきたい。介護サービス，介護認定までの流れ，介護施設について学習しておくこと。

【31】2

〈解説〉4つの助によって地域包括ケアシステムが効率良く機能する。自助(個人)，互助(近隣)，共助(保険)，公助(行政)と覚えるとよい。

【32】1

〈解説〉浴室は個人生活空間ではなく，衛生空間である。生活空間の種類と間取りについて学習しておくこと。

【33】3

〈解説〉平面表示記号に関する問題は頻出である。特に，戸と窓について
　違いを理解して覚えること。

【34】(1)　2　　(2)　4

〈解説〉(1)　間違いのある選択肢について，アは10分の1ではなく，正し
　くは20分の1である。ウは60デシベルではなく，正しくは45デシベル
　である。昼間は55デシベルである。　　(2)　この七分の一以上は居室に
　対する規制で，玄関やふろ場，納戸，廊下等は居室ではないので適用
　されない。建築基準法の概要は確認しておきたい。

【35】4

〈解説〉環境共生住宅には，自然の光や風向きなどを利用したパッシブデ
　ザインを取り入れた住宅や，機械的・電子的な設備やシステム(太陽光
　パネルや断熱材，ZEH等)を導入することで建築物の省エネルギー性向
　上を図るデザインの住宅がある。

【36】3

〈解説〉世界の住宅事情について確認しておきたい。日本の住宅ストック
　の状況についても学習しておきたい。

【37】(1)　2　　(2)　1

〈解説〉(1)　団結・連携するのは権利ではなく，5つの責任に含まれる。
　8つの権利の残りは，生活の基本的ニーズが保障される権利，安全で
　ある権利，知らされる権利，選ぶ権利，消費者教育を受ける権利であ
　る。　　(2)　この社会的関心以外には，選択肢4の批判的意識，選択肢2
　の自己主張と行動，環境への自覚，選択肢3の連帯の責任がある。

【38】3

〈解説〉エステティックや美容整形は5万円を超える金額で1か月を超える

期間の契約が対象で，期間は20日間ではなく8日間である。2021年の特定商取引法改正により，書面だけでなく，電磁的方法(電子メールの送付など)でも行えるようになった(2022年6月1日に施行)。それぞれの契約について，取引の内容と期間を覚えること。

【39】3

〈解説〉定額貯金は，普通預金に比べ，金利，収益性も高い。金融商品の種類について，「収益性」，「安全性」，「流動性」の3つの特性をあわせて覚えること。

【40】4

〈解説〉選択肢1のマークはエコマークで，生産から廃棄にわたるライフサイクル全体を通して環境への負荷が少なく，環境保全に役立つと認められた商品につけられる。選択肢2のマークはレインフォレスト・アライアンス認証マークで，選択肢1の説明が当てはまる。選択肢3のマークはエコレールマークで，選択肢2の説明が当てはまる。正答の選択肢4はエコリーフ環境ラベルである。

【41】(1)　2　　(2)　1

〈解説〉(1)　経済産業省ではなく，農林水産省が提唱した。5つのアクションは，「旬を味わう」「地元のものを食べる」「バランスよく食べる」「残さず食べる」「さまざまな取組を応援する」である。　(2)　持続可能な開発目標5は「ジェンダー平等」である。エシカル消費に関係する開発目標は，目標12の「つくる責任，つかう責任」である。

【42】3

〈解説〉世界のエネルギー事情について最新のデータを確認しておきたい。各国で特徴があるのでそれを踏まえて覚えておくこと。

【43】4

〈解説〉日本の再生可能エネルギーの割合は2020年で20.8％である。内訳
　　　は水力7.8％，太陽光7.9％，バイオマス2.9％，風力0.9％，地熱0.3％で
　　　ある。

【44】4

〈解説〉中学校学習指導要領の分野の目標から，語句の穴埋め選択式の問
　　　題である。目標の文言は必ず覚えること。

【45】2

〈解説〉衣食住の生活の内容の，食生活の3項目から出題された。衣生活
　　　が2項目，住生活が1項目，衣食住の生活についての課題と実践が1項
　　　目示されているのですべて確認しておくこと。指導すべき内容を確実
　　　に理解しておくこと。栄養の特徴，食事の役割，食習慣，栄養素の種
　　　類と働き，中学生の1日分の献立，食品や調理器具の扱いと日常食の
　　　調理，地域の食文化，日常の1食分の調理計画などである。

【46】2

〈解説〉目標及び内容，内容の取扱いの(2)と(4)から出題された。全部で4
　　　項目示されているのですべて確認しておくこと。A家族・家庭生活(1)
　　　～(4)，B衣食住の生活(1)～(7)，C消費生活・環境(1)～(3)までの内容の
　　　項目を理解しておきたい。内容の取扱いは，指導に関する具体的な内
　　　容なので，文言を覚えるだけでなく，理解を深めておくこと。

【47】1

〈解説〉指導計画の作成と内容の取扱いから，実習の指導に当たっての配
　　　慮事項から出題された。家庭科で実習は欠かせないので，配慮事項は
　　　確実に理解しておくこと。また，指導計画作成上の配慮事項6項目，
　　　内容の取扱いについての配慮事項5項目も示されているので，確認し
　　　て理解を深めておくこと。

【高等学校】

【1】(4)

〈解説〉高等学校学習指導要領の各学科に共通する各教科の家庭の目標から出題された。各科目である家庭基礎と家庭総合の目標も文言は覚えておきたい。選択肢(4)は，主として専門学科において開設される各教科の家庭の目標(3)である。

【2】(1)

〈解説〉高等学校学習指導要領解説から，Dホームプロジェクトと学校家庭クラブ活動についての解説部分からの出題である。高等学校学習指導要領の問題で，ホームプロジェクトと学校家庭クラブ活動に関する出題は頻出なので，内容を十分理解しておくこと。ホームプロジェクトについては「内容のAからCまでの学習を進める中で，自己の家庭生活の中から課題を見いだし，課題解決を目指して主体的に計画を立てて実践する問題解決的な学習活動である。ホームプロジェクトを実践することによって，内容のAからCまでの学習で習得した知識と技能を一層定着し，総合化することができ，問題解決能力と実践的態度を育てることができる。」としている。

【3】(2)

〈解説〉民法の改正点について，最新の情報を確認しておくこと。2022年4月の改正についての問題は頻出なので特に学習しておきたい。再婚禁止期間の6か月は，改正前の内容で改正後は「100日」である。

【4】(3)

〈解説〉誤りのあった選択肢(3)について，年次有給休暇の義務は年5日である。年次有給休暇義務化の対象は「年次有給休暇の付与日数が10日以上の従業員」で，年次有給休暇を付与した日(基準日)から1年以内に5日間の年次有給休暇を取得させることが使用者の義務となった。また，時間外労働とは，1日8時間週40時間を超えて働くことで，時間外

労働の上限は，月45時間・年360時間である。高度プロフェッショナル制度とは，収入が一定額以上の専門職について，労働賃金を働いた時間ではなく成果で評価する制度。

【5】(1)

〈解説〉誤りのあった選択肢(1)について，この説明に該当するのは流動性知能である。結晶性知能とは，経験や学習などから獲得していく知能で，洞察力，理解力，批判や創造の能力などが当てはまる。結晶性知能は，経験や学習によって20歳以降も上昇し，高齢になってもあまり衰えない。

【6】(2)

〈解説〉公的年金制度は，世代間扶養の考え方で，年金給付に必要な費用を，その都度被保険者の保険料でまかなっていく賦課方式である。

【7】(4)

〈解説〉出題の法律は景品表示法と呼ばれる。選択肢(1)について，購入やサービスをした際の景品やくじ引き，懸賞などについて，最高額を規定しているのではなく，例えば「取引額の20倍」などと割合を定めている。選択肢(2)と(3)は説明が逆になっている。優良誤認表示は，例えば，普段1000円で販売している実態がないのに「通常価格1000円のところ本日限り500円」といった表示をする2重価格などが該当する。有利誤認表示は，例えば，カシミヤ混用率が80％程度のセーターに「カシミヤ100％」と表示，または「この技術を用いた商品は日本で当社のものだけ」と表示していたが，実際は競争業者も同じ技術を用いた商品を販売していた場合などが該当する。

【8】(2)

〈解説〉ネットショッピングを利用した世帯の割合は2021年52.7％で，初めて50％を超えた。電子マネーを利用した世帯員がいる世帯の割合は，

58.0%であった。保有している割合も増加しており，69.1%である。電子マネーの1か月の平均利用金額は26588円で，2011年の11116円と比べると2倍以上になっている。

【9】(3)

〈解説〉誤りのある選択肢(3)について，正しくは，元本割れすることもある。金融商品についての問は頻出である。「安全性」，「収益性」，「流動性」の3つの特性を合わせて種類と内容を確認しておくこと。

【10】(1)

〈解説〉(1)はレインフォレスト・アライアンス認証マーク，(2)はグリーンマークで，原料に古紙を規定の割合以上利用していることを示すマーク，(3)はエコリーフで，ライフサイクルアセスメントを用いて製品の環境情報を表示し公開している製品に付けられるマーク，(4)は，FSC森林認証マークで，森の環境を守りながら，適切に管理された森林でできた木材製品に付けられるマークである。

【11】(1)

〈解説〉現代の子どもは，習い事や運動系のクラブへの所属，塾などに忙しく，遊ぶ時間がない。遊ぼうと思っても，身近なところに遊び場がない，みな忙しいので同じ時間帯に遊べる友達もいない。「三つの間」の問題は頻出なので確認しておくこと。

【12】(3)

〈解説〉本調査の結果は確認しておくこと。日本に関しては2015年との比較もできる。母親の仕事に関する項目がいずれも低い値になっている。少子化対策に関する法律や調査について幅広く学習しておきたい。

【13】(4)

〈解説〉新生児の胃の容量について，新生児は生後1か月までをいう。生

後1週間頃は約50mL。生後1か月頃には80〜150mLである。6か月で120〜200mL，6か月から1年で200〜300mLになる。乳幼児の発育・発達に関する問題は頻出である。体重・身長・頭囲の平均値，歯が生えるタイミング，大泉門・小泉門について学習しておきたい。

【14】(2)

〈解説〉プラチナくるみんの男性の育児休業取得に関する基準は取得率13％から30％に引き上げられた。次代の社会を担う子どもが健やかに生まれ，育成される環境を整備するために定められた次世代育成支援対策推進法において，常時雇用する労働者が101人以上の企業は，労働者の仕事と子育てに関する一般事業主行動計画の策定・届出，外部への公表，労働者への周知を行うことが義務とされている。くるみん，プラチナくるみん，くるみんプラスの詳細を確認しておくこと。

【15】(1)

〈解説〉世界の民族衣装について，平面構成か立体構成も含めて特徴を理解しておくこと。アノラックはカナダのアラスカ先住民イヌイットの民族衣装で，トナカイやアザラシの皮で作っていた。

【16】(2)

〈解説〉間違いのある選択肢(2)について，開口部の小さいではなく，大きいが正しい。被服気候について学習しておくこと。快適な被服気候，気温32±1度，湿度50±10％は覚えておくこと。

【17】(2)

〈解説〉袋縫いの他にも，折り伏せ縫い，割り伏せ縫いについても縫い方を理解しておくこと。

【18】(3)

〈解説〉日本の文様について，主要なものの種類と名称を覚えること。ア

は，円形が連鎖しつながる柄なので，円満，調和，ご縁などの願いが込められた模様。イは卍が途切れることなくつながっていることから，家の繁栄や長寿を願うめでたい模様。着物の帯の地模様やふすまの模様などに利用される。ウは和服の帯や小物に利用されることが多い。カメの長寿にあやかり，めでたい印象がある。エは，麻の成長が早いこと，模様そのものに邪気を払う力があると信じられ，赤ちゃんの産着に使用されることが多い。オは無限に広がる穏やかな波を表現し，平和な暮らしをイメージする模様。

【19】(1)
〈解説〉洋服の袖丈は，肩先から手首点までを測る。バスト，チェスト，ウエスト，背幅，背肩幅，背丈，股上，股下など，実際に正しく採寸できるようにしておくこと。

【20】(2)
〈解説〉誤りのある選択肢(1)について，酸化防止剤ではなく，保存料である。保存料は他にソルビン酸などがある。選択肢(3)と(4)は種類と説明が逆になっている。食品添加物について種類と用途を整理して覚えておきたい。

【21】(4)
〈解説〉総使用量＝純使用量÷可食部率×食数で計算できる。600g÷(1－55％)＝約1333gである。1尾は150gなので，1333÷150≒8.8で，購入量は9尾になる。

【22】(4)
〈解説〉誤りのある選択肢について，(1)のフードマイレージは，食料の輸送量と輸送距離をかけあわせた指標なので，遠くから運ぶと距離数が大きくなり，数値は高くなる。日本のフードマイレージの値は，先進国の中で非常に高い。(2)は輸入量が増えるとバーチャルウォーターの値は高くなる。(3)のハンガーマップは，正しくは国ごとに5段階で

色分けされている。

【23】(4)

〈解説〉誤りのある選択肢(4)について，銅ではなく「ヨウ素」が正しい。ミネラルの働きと欠乏症状を整理して覚えておくこと。

【24】(3)

〈解説〉正答以外の選択肢について，(1)は上海料理，(2)は北京料理，(4)は四川料理の説明である。

【25】(1)

〈解説〉物件からの距離は，「1分＝80m」として不動産の表示に関する公正競争規約施行規則に定められている。計算上，「2.1分」になる場合は「3分」として算出する。床面積，容積率，建ぺい率などについて確認しておきたい。

2023年度　実施問題

【中学校】

【1】日本国内において夏に旬を迎える食材の組み合わせとして最も適切なものを，次の1〜4の中から1つ選びなさい。

1　たけのこ，たら

2　トマト，あゆ

3　ほうれん草，ぶり

4　アスパラガス，あさり

(☆☆◎◎◎)

【2】ビタミンの種類とそのビタミンを含む食品の組み合わせとして最も適切なものを，次の1〜4の中から1つ選びなさい。

	種類	食品
1	ビタミンA	なたね油
2	ビタミンD	だいず（全粒　黄大豆　国産　乾）
3	ビタミンC	えのきたけ（生）
4	ビタミンB1	ぶた肉（もも　脂身つき　生）

(☆☆◎◎◎◎)

【3】たんぱく質に関して説明している文として適切でないものを，次の1〜4の中から1つ選びなさい。

1　体の構成成分としてのたんぱく質をつくるアミノ酸は20種類ある。

2　1g当たり約4kcalのエネルギーを発生する。

3　たんぱく質を過剰に摂取すると，肝臓や腎臓に負担がかかる。

4　一般に，動物性たんぱく質より大豆以外の植物性たんぱく質の方がたんぱく質の栄養価は高い。

(☆☆◎◎◎◎)

【4】いもの種類とその特徴をまとめたものの組み合わせとして最も適切なものを，次の1〜4の中から1つ選びなさい。

	種類	特徴
1	じゃがいも	アミラーゼを多く含む。
2	さつまいも	便秘予防効果のあるヤラピンを含む。
3	さといも	毒性のあるソラニンを含む。
4	やまのいも	グルコマンナンを多く含む。

(☆☆☆◎◎◎)

【5】文部科学省「日本食品標準成分表　2020年版(八訂)」に示されている食品名と廃棄率の組み合わせとして誤っているものを，次の1〜4の中から1つ選びなさい。

	食品名	廃棄率（％）
1	バナナ（生）	40
2	ブロッコリー（花序、生）	15
3	さんま（皮つき、焼き）	35
4	鶏卵（全卵、生）	14

(☆☆◎◎◎)

【6】味の相互作用のうち，相乗効果について説明しているものを，次の1〜4の中から1つ選びなさい。
1　塩辛いものを味わった後の水(無味)は，甘く感じる。
2　こんぶのうま味は，かつお節やしいたけのうま味によって著しく強まる。
3　コーヒーの苦味は，砂糖の甘味により弱まる。
4　しるこやあんこに少量の食塩を加えると甘味が強くなる。

(☆☆◎◎◎◎)

【7】和食における日常の基本的な盛り付け，配膳のうち，適切でないものを，次の1〜4の中から1つ選びなさい。
1　ご飯は手前左側，汁は手前右側に置く。
2　主菜は右奥，副菜は左奥に置く。
3　主菜のつけ合わせは，主菜の奥に置く。
4　煮物やあえ物はまん中を高く，こんもりと盛る。

(☆☆○○○○)

【8】次の文章の(A)にあてはまる語句を，以下の1〜4の中から1つ選びなさい。

> 五大栄養素のほかに，食物繊維は第6の栄養素と呼ばれることがある。そして，第7の栄養素と呼ばれているのが(A)と呼ばれる食品成分であり，植物が自らつくりだした色，におい，味などの機能性を持った天然の化学成分である。(A)はポリフェノールやカロテノイドなど，おもに果物や野菜に含まれる。

1　ファイトケミカル　　2　ポストハーベスト
3　トリプトファン　　　4　ホモゲナイズ

(☆☆☆☆◎◎)

【9】加工食品の食物アレルギー表示ハンドブック(消費者庁　令和3年3月作成)において，アレルギー物質を含む食品の表示が勧められている21品目に含まれていないものを，次の1〜4の中から1つ選びなさい。
1　いくら　　2　まつたけ　　3　とうもろこし　　4　とり肉

(☆☆☆○○○○)

【10】無機質の種類とそのはたらきの組み合わせとして適切でないものを，次の1〜4の中から1つ選びなさい。

	種類	はたらき
1	ヨウ素	神経の興奮の抑制
2	リン	骨や歯の形成
3	カリウム	体液の浸透圧の調整
4	鉄	酸素の運搬

(☆☆☆◎◎◎)

【11】正月のおせち料理とそれぞれの品目にこめられた意味の組み合わせ
として適切でないものを，次の1〜4の中から1つ選びなさい。

	おせち料理	意味
1	えび	長寿
2	田作り	豊作
3	だてまき	無病息災
4	数の子	子孫繁栄

(☆☆☆◎◎◎)

【12】食中毒の原因となる菌やウイルスとその主な感染源となる食品の組
み合わせとして最も適切なものを，次の1〜4の中から1つ選びなさい。

	菌やウイルス	食品
1	サルモネラ属菌	落花生
2	腸炎ビブリオ	鶏卵
3	ノロウイルス	二枚貝
4	カンピロバクター	生魚

(☆☆☆◎◎◎◎)

【13】次のア〜エの文のうち，綿の特徴について説明している文の組み合
わせとして最も適切なものを，以下の1〜4の中から1つ選びなさい。
　ア　吸湿性が小さく，弾力性にすぐれている。

64

　イ　ぬれると強くなり，摩擦や洗濯に強い。
　ウ　光沢があり，紫外線で黄ばむ。
　エ　かわきにくく，しわになりやすい。
　1　アとイ　　2　ウとエ　　3　イとエ　　4　アとウ

（☆☆○○○○）

【14】織物と布の種類の組み合わせとして最も適切なものを，次の1〜4の
　中から1つ選びなさい。

	平織	斜文織（綾織）	朱子織
1	ブロード	ツイード	サテン
2	ガーゼ	サテン	フェルト
3	ギンガム	デニム	ツイード
4	ガーゼ	ギンガム	サテン

（☆☆○○○○）

【15】裁縫ミシンについて，以下の(1)〜(3)の問いに答えなさい。

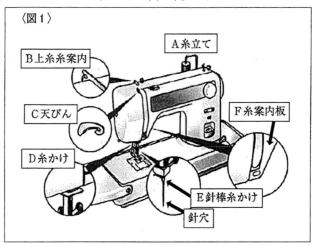

〈図1〉
A糸立て
B上糸糸案内
C天びん
D糸かけ
F糸案内板
E針棒糸かけ
針穴

(1)　〈図1〉の裁縫ミシンについて，上糸をかける順として正しいもの
　　を，次の1〜4の中から1つ選びなさい。

65

  1　A→B→C→F→D→E→針穴

  2　A→B→F→C→E→D→針穴

  3　A→F→B→C→D→E→針穴

  4　A→B→F→C→D→E→針穴

(2)　コントローラーを踏んだところ，ミシン針が布の同じ部分を刺し続けていて布が進まなくなりました。その原因として最も適切なものを，次の1〜4の中から1つ選びなさい。

  1　針の太さが布の厚さに合っていない。

  2　送り調節ダイヤルの目盛りが0(ゼロ)になっている。

  3　上糸調節装置の数字が一番小さくなっている。

  4　針が曲がっている。

(3)　〈図2〉は，布をミシンで縫った断面を拡大したものです。このような状態のとき，正しい糸調子にするためには，ミシンのどの部分を操作すればよいですか。最も適切なものを，次の1〜4の中から1つ選びなさい。

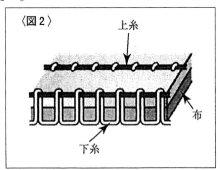

〈図2〉　上糸　下糸　布

  1　送り調節ダイヤル

  2　はずみ車

  3　返し縫いスイッチ

  4　上糸調節装置

(☆☆◎◎◎◎)

【16】 世界の民族衣装の名称とそれが使用されている主な国名の組み合わせとして適切でないものを, 次の1〜4の中から1つ選びなさい。

	民族衣装の名称	主な国名
1	アオザイ	ベトナム
2	ポンチョ	ペルー
3	サリー	インド
4	ゴ	メキシコ

(☆☆◎◎◎◎)

【17】 次の柄の名称を, 以下の1〜4の中から1つ選びなさい。

1 タータン　　2 アーガイル　　3 ヘリンボーン
4 ペイズリー

(☆☆◎◎◎◎)

【18】 女性用浴衣の各部分を示した, (ア)〜(ウ)の名称の組み合わせとして最も適切なものを, 以下の1〜4の中から1つ選びなさい。

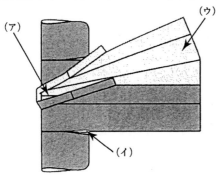

67

	（ア）	（イ）	（ウ）
1	背縫い	身八つ口	上前
2	衿先	褄先	下前
3	背縫い	褄先	上前
4	衿先	身八つ口	下前

(☆☆☆◎◎◎◎)

【19】次のア～オの文について，二つ穴ボタンの付け方の手順に正しく並べたものを，以下の1～4の中から1つ選びなさい。

ア　針を布の裏に出し，玉どめをする。

イ　ボタンと布の間に針を出し，糸を3～4回かたく巻く。

ウ　ボタンを付ける位置に布の裏から針を出し，ボタンの穴に通す。

エ　ボタンと布の間を2～3mmあけ，針を3～4回ボタンの穴に通す。

オ　玉結びをする。

1　オ→エ→ウ→イ→ア

2　オ→エ→ウ→ア→イ

3　オ→ウ→エ→ア→イ

4　オ→ウ→エ→イ→ア

(☆☆◎◎◎◎)

【20】繊維の種類について，それぞれに適したアイロンの温度の組み合わせとして最も適切なものを，次の1～4の中から1つ選びなさい。

	アクリル	毛・絹	ポリエステル
1	低	中	中
2	中	低	低
3	低	高	中
4	高	低	高

(☆☆◎◎◎◎)

【21】次の図は，既製服のサイズ表示です。この表示について説明している文として適切でないものを，以下の1〜4の中から1つ選びなさい。

図
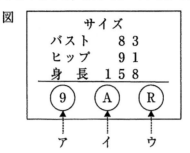

1 この表示は，成人女子について示している。
2 表示中のアが示している内容は，バストの分類番号である。
3 表示中のイが示している内容は，体型を示す記号である。
4 表示中のウが示している内容は，着たけを示す記号である。

(☆☆☆◎◎◎◎)

【22】衣生活に関する語句について，説明の内容が適切でないものを，次の1〜4の中から1つ選びなさい。

	語句	説明
1	ファストファッション	衣料品を短期間で大量生産することによって、低価格で販売すること。
2	スマートテキスタイル	環境や労働の状況に配慮しながら衣服を選択し、ファッションを楽しむこと。
3	ケミカルリサイクル	回収した衣料をもとの原料に戻し、再度原料とする循環型システムのこと。
4	マテリアルリサイクル	ウエスや反毛のように、材料のままで利用するリサイクル方法のこと。

(☆☆☆◎◎◎◎)

【23】次のグラフは，「主要国における女性の年齢階級別労働力率」です。A〜Eにあてはまる国名の組み合わせとして最も適切なものを，以下の1〜4の中から1つ選びなさい。

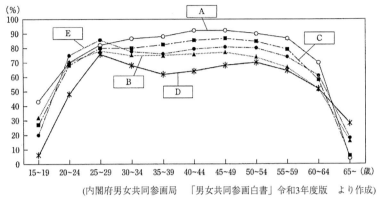

(内閣府男女共同参画局　「男女共同参画白書」令和3年度版　より作成)

	A	B	C	D	E
1	アメリカ	日本	スウェーデン	ドイツ	韓国
2	韓国	ドイツ	日本	スウェーデン	アメリカ
3	日本	スウェーデン	韓国	アメリカ	ドイツ
4	スウェーデン	アメリカ	ドイツ	韓国	日本

(☆☆☆◎◎◎)

【24】近年の民法の主たる改正点について，改正前と改正後の組み合わせとして適切でないものを，次の1〜4の中から1つ選びなさい。

	改正点	改正前	改正後
1	婚内子・婚外子の相続分	嫡出でない子は嫡出子の1／2	同等
2	再婚禁止期間	女性のみ6カ月	男女とも100日間
3	婚姻開始年齢	男：満18歳 女：満16歳	男女とも満18歳
4	成年年齢	20歳	18歳

(☆☆◎◎◎◎)

【25】次は，「児童虐待の種類と割合」のグラフです。(ア)〜(エ)にあてはまる語句の組み合わせとして最も適切なものを，以下の1〜4の中から1つ選びなさい。

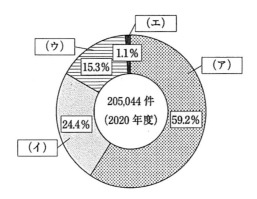

(厚生労働省「令和元年度福祉行政報告例の概況」より作成)

	(ア)	(イ)	(ウ)	(エ)
1	身体的虐待	心理的虐待	性的虐待	ネグレクト
2	身体的虐待	心理的虐待	ネグレクト	性的虐待
3	心理的虐待	身体的虐待	ネグレクト	性的虐待
4	心理的虐待	身体的虐待	性的虐待	ネグレクト

(☆☆☆○○○○)

【26】子供の遊びについて，次の(1)，(2)に答えなさい。

(1) 次のア～エは，幼児の遊びの形態について示したものです。発達の順番として最も適切なものを，次の1～4の中から1つ選びなさい。

ア ひとり遊び　　イ 平行遊び　　ウ 協同遊び
エ 傍観遊び

1　ア→エ→イ→ウ

2　ア→イ→エ→ウ

3　エ→ア→ウ→イ

4　エ→ウ→イ→ア

(2) おもちゃや遊びについて説明した文として適切でないものを，次の1～4の中から1つ選びなさい。

 1　幼児のおもちゃは，発達段階よりも常にその先を見越したレベルのものであることが重要である。

 2　伝承遊びとは，自然発生的に生まれ，昔から年長児から年少児へ，大人から子供へ受け継がれてきた遊びである。

 3　子供の成長や豊かな遊びに欠かせない，玩具，絵本，マンガ，映画，童謡，ゲーム遊び，紙芝居，遊具などを児童文化財という。

 4　わらべ歌は，日常生活のなかで口伝えに歌い継がれてきた歌である。

(☆☆☆◎◎◎◎)

【27】高齢期の知的機能の変化として内容が適切でないものを，次の1～4の中から1つ選びなさい。

 1　同時に複数の作業ができにくくなり，抑制能力が低下し，必要のない情報にも注意が向いてしまう傾向が強くなる。

 2　言語能力，理解力，洞察力などの結晶性知能は，年齢を重ねても著しく低下することはない。

 3　計算力，暗記力や思考力などの流動性知能は，年齢を重ねることによって低下する。

 4　歳をとると人格まで変化し，高齢者は自己中心的，頑固，保守的であるなどの決めつけをアクティブエイジングという。

(☆☆☆◎◎◎◎)

【28】生活様式と住まいについて，次の(1)～(4)に答えなさい。

(1)　次の文章中の（　ア　）～（　エ　）にあてはまる語句の組み合わせとして最も適切なものを，以下の1～4の中から1つ選びなさい。

> 日本では古くから，和風の空間で畳や床に直接座ったり寝転んだりする（　ア　）の生活をしてきたが，住まいの洋風化が進み，椅子やベッドを使う（　イ　）の生活が進展した。一方，（　ウ　）で履物を脱いで室内に上がる素足式の生活習慣は受け

72

継がれている。その結果，洋室のリビングでソファを背もた
れにして床に座るように，和洋の様式が混用されている。

このように現在では，二つの(　エ　)の長所や特性を生かし
て各部屋を使い分けたり，あるいは両立させたりする日本独
自の住様式が定着している。

	ア	イ	ウ	エ
1	床座	椅子座	座敷	生産様式
2	床座	椅子座	玄関	起居様式
3	椅子座	床座	玄関	生産様式
4	椅子座	床座	座敷	起居様式

(2)　図中のA・Bの名称の組み合わせとして正しいものを，1〜4の中
から1つ選びなさい。

図

	A	B
1	鴨居	襖
2	床の間	襖
3	鴨居	欄間
4	床の間	欄間

(3)　次の文章が示すものを，以下の1〜4の中から1つ選びなさい。

建物内部の部屋の配置やドア・窓の位置などを示したもの。
平面図という住まいの設計図によって示される。平面図には，
日本産業規格(JIS)などで規定される図記号が用いられる。

1　間取り　　2　ライフステージ　　3　動線　　4　人体寸法

(4) 次の文章中の(　　)にあてはまる語句を，以下の1~4の中から1つ
選びなさい。

> 2004年消防法の改正で，2006年6月から全ての新築住宅への
> 住宅用(　　)の設置が義務付けられた。既存住宅は猶予期間を
> 経て，2011年6月以降は全市町村で義務となった。設置が必須
> なのは寝室や階段で，さらに自治体の条例によって台所や居
> 間などへの設置を義務付けている。

1　ガス漏れ警報器　　2　防犯カメラ　　3　火災警報器
4　人感センサーライト

(☆☆○○○○)

【29】次の文章は，環境に配慮した住まいづくりについて述べたものです。
(　ア　)~(　エ　)にあてはまる語句の組み合わせとして最も適切なも
のを，以下の1~4の中から1つ選びなさい。

> 住まいの建設，居住，維持管理，解体，廃棄というライフサイ
> クルの各ステージで，資源・エネルギー消費を抑え，ごみや二酸
> 化炭素の排出量を削減させることが(　ア　)の実現につながる。
> (　イ　)には太陽光発電などと省エネルギー設備を組み合わ
> せ，家庭でのエネルギー収支ゼロを目指すネット・ゼロ・エネ
> ルギー・ハウスのような機械・設備的工夫による(　ウ　)や，軒
> や窓の配置など建物の構造や材料などの工夫により自然エネル
> ギーを最大限に活用・調整する(　エ　)がある。後者には日本の
> 伝統的な住まいの知恵が生かされている。

	ア	イ	ウ	エ
1	ＳＤＧｓ	環境共生住宅	アクティブデザイン	パッシブデザイン
2	ＧＤＰ	環境共生住宅	パッシブデザイン	アクティブデザイン
3	ＳＤＧｓ	再生住宅	パッシブデザイン	アクティブデザイン
4	ＧＤＰ	再生住宅	アクティブデザイン	パッシブデザイン

(☆☆☆○○○○)

【30】次の文章は，さまざまな暮らし方について述べたものです。
（　ア　）～（　ウ　）にあてはまる語句の組み合わせとして最も適切なものを，以下の1～4の中から1つ選びなさい。

> ライフスタイルが多様化した現在，さまざまな住み方がみられる。家族や血縁関係をこえて，人と人がかかわりあう住まいづくりや暮らし方がある。住み手が企画・設計段階から参加し，協同で建設・運営する（　ア　）や，独立した専用住戸と共用空間を持ち，生活の一部を共同化する（　イ　）などの新しい集合住宅がある。また，血縁関係の無い複数の人が，1つの住居を共有して暮らす（　ウ　）などもみられる。

	ア	イ	ウ
1	グループハウス	シェアハウス	コレクティブハウジング
2	コーポラティブハウス	コレクティブハウジング	シェアハウス
3	コーポラティブハウス	シェアハウス	コレクティブハウジング
4	グループハウス	コレクティブハウジング	シェアハウス

(☆☆☆◎◎◎◎)

【31】次の文章は，以下の給与等明細書について説明したものです。
[　①　]～[　④　]にあてはまる語句や数字の組み合わせとして最も適切なものを，以下の1～4の中から1つ選びなさい。

> 給与等明細書から読み取れる実収入は，[　①　]円である。支出には，税金や社会保険料のように義務として支払うものがある。この支出のことを[　②　]という。また，家計の資産を実質的に減少させる支出に対して，預貯金や住宅ローン返済などのように，将来資産として残る支出がある。これを[　③　]という。給与等明細書から可処分所得は[　④　]円であることがわかる。

75

給与等明細書			番号		名前		
			0020220401		埼玉はな子		
基本給	役職手当	扶養手当	住宅手当	通勤手当	時間外手当	その他	支給合計額
226,420	0	0	0	10,566	30,227	0	267,213
健康保険	介護保険	厚生年金保険	雇用保険	所得税	住民税	組合費	控除額合計
6,679	0	14,574	1,242	9,380	11,000	2,100	44,975
団体生命保険		グループ保険	住宅ローン返済		財形貯蓄		差引支給額
2,860		9,140	0		10,000		200,238

1　①　267,213　　　　　②　非消費支出

　　③　実支出以外の支払　④　200,238

2　①　222,238　　　　　②　実支出以外の支払

　　③　非消費支出　　　　④　200,238

3　①　267,213　　　　　②　実支出以外の支払

　　③　非消費支出　　　　④　222,238

4　①　267,213　　　　　②　非消費支出

　　③　実支出以外の支払　④　222,238

(☆☆☆☆◎◎◎◎)

【32】社会保険制度とその説明について，正しく説明しているものの組み合わせを，以下の1～4の中から1つ選びなさい。

社会保険制度	説明
公的医療保険	病気やけがをしたときに一定の自己負担金で医療を受けられる。医療費が年齢や所得に応じて定められている上限額を超えた場合、その超えた額が支給される高額療養費制度もある。
公的年金	老後・障害状態時などに、生活費などを保障する制度。国民年金のみが該当する。
公的介護保険	介護が必要になった高齢者を社会全体で支える仕組み。30歳以上の人が加入する。
雇用保険	労働者の生活を安定させるための制度。失業した際の給付金や教育訓練給付金、育児休業・介護休業給付金などがある。
労働者災害補償保険	業務中や通勤の際のけがや病気に対して保険給付を行う制度。事業所とその従業員に加入義務がある。

1　公的医療保険と公的年金と雇用保険

2　公的介護保険と雇用保険

3　公的医療保険と雇用保険

4　公的年金と労働者災害補償保険

(☆☆☆◎◎◎)

【33】次の図は，国民経済の流れを示したものです。　①　～　⑤
にあてはまる語句の組み合わせとして最も適切なものを，以下の1～4
の中から1つ選びなさい。

図

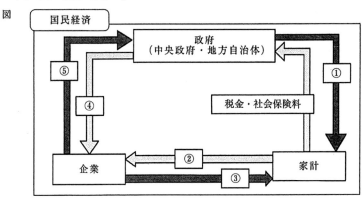

	①	②	③	④	⑤
1	公共サービス 補助金	代金・労働力 投資	賃金・商品 利子・配当	貿易・投資	対外援助
2	公共サービス 補助金	賃金・商品 利子・配当	商品・税金	代金・補助金 公共サービス	対外援助
3	公共サービス 社会保障	代金・労働力 投資	賃金・商品 利子・配当	代金・補助金 公共サービス	商品・税金
4	公共サービス 社会保障	賃金・商品 利子・配当	商品・税金	貿易・投資	商品・税金

(☆☆☆◎◎◎)

【34】次の文章は，金融商品の選び方について説明したものです。
[　①　]～[　⑤　]にあてはまる語句の組み合わせとして最も適切なも
のを，以下の1～4の中から1つ選びなさい。

　金融商品を判断する基準には，安全性・[　①　]・[　②　]の3
つがある。

> 　普通預金や定期預金は[　③　]がなく安全性が高いが，金利は高くないため[　①　]は低い。[　④　]や株式，[　⑤　]は高い[　①　]を持っているが，元本保証が無いため安全性が低い。3つの基準のすべてに優れている金融商品はない。選ぶときには，それぞれの長所と短所を使い分け，組み合わせることが大切である。

1　①　流動性　　②　収益性　　③　元本割れ　　④　財形貯蓄
　　⑤　投資信託
2　①　収益性　　②　流動性　　③　元本割れ　　④　債券
　　⑤　投資信託
3　①　流動性　　②　収益性　　③　利回り　　④　財形貯蓄
　　⑤　住宅ローン
4　①　収益性　　②　流動性　　③　利回り　　④　債券
　　⑤　住宅ローン

(☆☆◎◎◎◎)

【35】次の〈表〉は，「消費生活年報2021」(消費生活センター)の，2020年度の契約当事者年代別にみた商品・役務等の相談件数の上位5項目を示したものです。ア～エにあてはまる語句の組み合わせとして最も適切なものを，以下の1～4の中から1つ選びなさい。

順位	20歳代		30歳代		40歳代	
	商品・役務等	件数	商品・役務等	件数	商品・役務等	件数
1位	デジタルコンテンツその他	7,871	ア	7,051	イ	11,209
2位	ア	5,940	商品一般	6,168	商品一般	9,966
3位	イ	5,236	イ	5,723	デジタルコンテンツその他	7,011
4位	商品一般	4,595	デジタルコンテンツその他	5,097	ア	5,740
5位	ウ	3,196	エ	3,149	化粧品	5,240

	ア	イ	ウ	エ
1	賃貸アパート・マンション	健康食品	エステティックサービス	移動通信サービス
2	結婚式関連サービス	フリーローン・サラ金	家具類	新築工事
3	フリーローン・サラ金	健康食品	四輪自動車	紳士・婦人洋服
4	健康食品	フリーローン・サラ金	エステティックサービス	移動通信サービス

(☆☆☆◎◎◎◎)

【36】債務の整理方法とその説明について，適切に説明していないものの組み合わせを，次の1〜4の中から1つ選びなさい。

	債務の整理方法	説明
ア	任意整理	裁判所を通さず，債務者が直接もしくは弁護士を介して債権者と話し合い，借金の減額を求め，返済額・返済期間を決めること。
イ	特定調停	債務者が家庭裁判所に調停を申し立て，調停委員を介して返済額・期間を決めること。
ウ	個人再生手続き	将来の継続的な収入から借金の一部を3年間で返済する計画を立て，その計画を地方裁判所が認めれば，計画通りに返済することによって，残りの債務を免除してもらうこと。
エ	自己破産	債務者自身が地方裁判所に自己破産を申し立て，裁判所から破産手続開始決定を受け，財産を債権者に分配して債務を清算する。免責許可が出たら，残りの債務は免除される。なお，自己破産による免責後10年間は，再度自己破産ができない。

1　アとイとウ
2　イとエ
3　アとエ
4　アとウとエ

(☆☆☆☆◎◎◎◎)

【37】次の文章は，キャッシュレス決済について説明したものです。下線部(ア)〜(エ)の語句とその説明について，適切に説明しているものの組み合わせを，あとの1〜4の中から1つ選びなさい。

> キャッシュレス決済の支払い時期には，(ア)前払い，(イ)即時(同時)払い，後払いがある。最近では，(ウ)暗号資産による支払いも利用されつつある。

　　キャッシュレス決済は多様化し，スマートフォンを使った (エ)二次元コード決済も増えているが，トラブルもある。支払い方法の仕組みや概要を理解し，計画的に利用することが大切である。

(ア)	前払いではプリペイドカードや商品券、プリペイド型電子マネーなどがある。金額分のカードや券をあらかじめ購入して使う。
(イ)	即時払いの例としては、クレジットカードがある。これは、指定口座から利用金額が即時引き落としされるものである。
(ウ)	インターネット上でやりとりできる財産的価値であり、仮想通貨ともいわれる。中央銀行によって発行された法定通貨であり、裏付け資産を持っているため、利用者の需給関係などのさまざまな要因によって価格が大きく変動することがなく、安定している。
(エ)	総務省は経済産業省とも連携し、一般社団法人キャッシュレス推進協議会が策定した決済用統一ＱＲコード・バーコード「ＪＰＱＲ」の普及に向けた実証事業を2020年より実施している。これにより、複数社ある決済ＱＲコードを１枚のＱＲコードにまとめる（統一化）することで、１枚のＱＲコード（ＪＰＱＲ）で複数社の決済に対応することができる。

　１　(ア)と(ウ)　　　２　(イ)と(エ)　　　３　(ア)と(エ)　　　４　(イ)と(ウ)

（☆☆☆◎◎◎◎）

【38】次の図は，循環型社会を形成する法体系についてまとめたものです。図中　①　～　③　にあてはまる語句の組み合わせとして最も適切なものを，以下の1～4の中から1つ選びなさい。

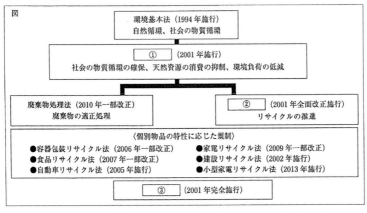

(環境省「第四次循環型社会形成推進基本計画」より作成)

	①	②	③
1	循環型社会形成推進基本法	資源有効利用促進法	グリーン購入法
2	地球温暖化対策推進法	フロン回収・破壊法	省エネルギー法
3	循環型社会形成推進基本法	環境影響評価法	グリーン購入法
4	大気汚染防止法	資源有効利用促進法	省エネルギー法

(☆☆☆◎◎◎◎)

【39】次の1〜4の文のうち，リサイクルに関する法律の説明について正しく説明しているものを，以下の1〜4の中から1つ選びなさい。

1 家電リサイクル法は，ブラウン管テレビ，パーソナルコンピュータ，冷蔵庫・冷凍庫及び洗濯機の4品目については，特定家庭用機器廃棄物として規定され，製造業者等に一定の水準以上の再商品化が義務付けられている。

2 容器包装リサイクル法では，ガラス製容器，PETボトル，紙製容器包装，プラスチック製容器包装は再商品化義務が生じるが，アルミ缶，スチール缶，段ボール，紙パックは，再商品化義務の対象外である。

3 自動車リサイクル法では，自動車の所有者は，リサイクル代金の支払いと使用済み自動車を，自治体に登録された引き取り業者に引き渡すことが必要であり，対象となる自動車には二輪車も含まれる。

4 食品リサイクル法では，食品関連業者が，食品循環資源の再生利用等を実施するに当たっての基準が定められており，「再生利用」「熱回収」を第三者に委託または譲渡して行うことは認められていない。

(☆☆☆☆◎◎◎◎)

【40】次は，中学校学習指導要領(平成29年告示)「第2章 各教科 第8節 技術・家庭 第2 各分野の目標及び内容〔家庭分野〕 1 目標」の全文です。[①]〜[③]に入る語句の組み合わせとして正しいものを，以下の1〜4の中から1つ選びなさい。

　　生活の営みに係る見方・考え方を働かせ，衣食住などに関する実践的・体験的な活動を通して，よりよい生活の実現に向けて，生活を工夫し創造する資質・能力を次のとおり育成することを目指す。

(1)　家族・家庭の機能について理解を深め，家族・家庭，衣食住，消費や環境などについて，[　①　]に必要な基礎的な理解を図るとともに，それらに係る技能を身に付けるようにする。

(2)　家族・家庭や[　②　]における生活の中から問題を見いだして課題を設定し，解決策を構想し，実践を評価・改善し，考察したことを論理的に表現するなど，これからの生活を展望して課題を解決する力を養う。

(3)　自分と家族，家庭生活と[　②　]との関わりを考え，家族や[　②　]の人々と[　③　]し，よりよい生活の実現に向けて，生活を工夫し創造しようとする実践的な態度を養う。

	①	②	③
1	生計の確立	地域	連携
2	生活の自立	地域	協働
3	生活の自立	実社会	協働
4	生計の確立	実社会	連携

(☆○○○○○)

【41】次は，中学校学習指導要領(平成29年告示)「第2章　各教科　第8節　技術・家庭　第2　各分野の目標及び内容〔家庭分野〕　2　内容　C　消費生活・環境」の一部です。

　[　①　]~[　④　]に入る語句の組み合わせとして正しいものを，以下の1~4の中から1つ選びなさい。

(1)　金銭の管理と購入
　ア　次のような知識及び技能を身に付けること。
　(ア)　購入方法や支払い方法の特徴が分かり，[　①　]の必

82

要性について理解すること。

　（イ）　売買契約の仕組み，[　②　]の背景とその対応につい
　　　て理解し，物資・サービスの選択に必要な情報の収集・
　　　整理が適切にできること。
　イ　物資・サービスの選択に必要な情報を活用して購入につ
　　　いて考え，工夫すること。
(2)　消費者の権利と責任
　ア　消費者の基本的な権利と責任，自分や家族の消費生活が
　　　[　③　]や社会に及ぼす影響について理解すること。
　イ　身近な消費生活について，自立した消費者としての責任
　　　ある[　④　]を考え，工夫すること。

	①	②	③	④
1	長期的な金銭管理	消費者被害	経済	消費計画
2	長期的な家計管理	生産者被害	環境	経済計画
3	計画的な家計管理	販売者被害	経済	経済行動
4	計画的な金銭管理	消費者被害	環境	消費行動

(☆○○○○○)

【42】次は，中学校学習指導要領(平成29年告示)「第2章　各教科　第8節
技術・家庭　第2　各分野の目標及び内容〔家庭分野〕　3　内容の取
扱い」の一部です。[　①　]〜[　⑤　]に入る語句の組み合わせとして
正しいものを，以下の1〜4の中から1つ選びなさい。

(1)　各内容については，生活の[　①　]を深めるための実践的・
　　体験的な活動を充実すること。
(2)　内容の「A家族・家庭生活」については，次のとおり取り
　　扱うものとする。
　ア　(1)のアについては，家族・家庭の基本的な機能がAからC
　　　までの各内容に関わっていることや，家族・家庭や地域に
　　　おける様々な問題について，協力・協働，健康・快適・安

83

全，生活文化の継承，[　②　]等を視点として考え，解決に
向けて工夫することが大切であることに気付かせるように
すること。

イ　(1)，(2)及び(3)については，相互に関連を図り，実習や観
察，[　③　]などの学習活動を中心とするよう留意すること。

ウ　(2)については，幼稚園，保育所，認定こども園などの幼
児の観察や幼児との[　④　]ができるよう留意すること。ア
の(ア)については，幼児期における周囲との基本的な信頼関
係や生活習慣の形成の重要性についても扱うこと。

エ　(3)のアの(イ)については，高齢者の身体の特徴について
も触れること。また，高齢者の[　⑤　]の基礎に関する体験
的な活動ができるよう留意すること。イについては，地域
の活動や行事などを取り上げたり，他教科等における学習
との関連を図ったりするよう配慮すること。

	①	②	③	④	⑤
1	基礎的な知識	少子高齢社会の進展	ロールプレイング	遊び	支援
2	科学的な理解	持続可能な社会の構築	調査活動	触れ合い	支援
3	科学的な理解	持続可能な社会の構築	ロールプレイング	触れ合い	介護
4	基礎的な知識	少子高齢社会の進展	調査活動	遊び	介護

(☆○○○○○)

【43】次の①～⑤の文章のうち，中学校学習指導要領(平成29年告示)「第
2章　各教科　第8節　技術・家庭　第2　各分野の目標及び内容〔家
庭分野〕　3　内容の取扱い(3)」「B衣食住の生活」で取り扱う内容と
して下線部が適切なものの組み合わせを，以下の1～4の中から1つ選
びなさい。

①　(1)「食事の役割と中学生の栄養の特徴」のアの(ア)については，
食事を共にする意義や食文化を継承することについても扱うこと。

②　(3)「日常食の調理と地域の食文化」のアの(ア)については，主と
して調理実習で用いる生鮮食品と加工食品の表示を扱うこと。(ウ)

については，煮る，焼く，蒸す，揚げる等を扱うこと。

③ (3)「日常食の調理と地域の食文化」の(エ)については，だしを用いた煮物又は汁物を取り上げること。

④ (4)「衣服の選択と手入れ」のアの(ア)については，日本の伝統的な衣服である和服について触れること。また，和服の基本的な文様と着付けを扱うこともできること。

⑤ (6)「住居の機能と安全な住まい方」のアについては，簡単な図などによる住空間の構想を扱うこと。また，ア及びイについては，内容の「A家族・家庭生活」の(2)「幼児の生活と家族」及び(3)「家族・家庭や地域との関わり」との関連を図ること。さらに，アの(イ)及びイについては，家庭内事故に備えた住空間の整え方についても扱うこと。

1 ①と③

2 ③と⑤

3 ①と②と④

4 ②と④と⑤

(☆☆◎◎◎◎◎)

【44】次は，中学校学習指導要領(平成29年告示)「第2章　各教科　第8節　技術・家庭　第3　指導計画の作成と内容の取扱い」の一部です。[①]〜[④]に入る語句の組み合わせとして正しいものを，以下の1〜4の中から1つ選びなさい。

・　家庭分野の内容の「A家族・家庭生活」の(4)，「B衣食住の生活」の(7)及び「C消費生活・環境」の(3)については，これら三項目のうち，[①]以上を選択し履修させること。その際，他の内容と関連を図り，実践的な活動を家庭や地域などで行うことができるよう配慮すること。

・　家庭分野の内容の「A家族・家庭生活」の(1)については，小学校家庭科の学習を踏まえ，中学校における学習の見通し

を立てさせるために, [　②　]の最初に履修させること。

・　基礎的・基本的な知識及び技能を習得し, 基本的な概念などの理解を深めるとともに, 仕事の楽しさや完成の喜びを体得させるよう, 実践的・体験的な活動を充実すること。また, 生徒のキャリア発達を踏まえて学習内容と[　③　]との関わりについても扱うこと。

・　家庭分野においては, 幼児や高齢者と関わるなど校外での学習について, 事故の防止策及び事故発生時の対応策等を綿密に計画するとともに, [　④　]にも十分留意するものとする。また, 調理実習については, 食物アレルギーにも配慮するものとする。

	①	②	③	④
1	二	第3学年	社会に参画し貢献するための資質・能力	生徒のプライバシー
2	二	第1学年	将来の職業の選択や生き方	生徒のプライバシー
3	一	第2学年	社会に参画し貢献するための資質・能力	相手に対する配慮
4	一	第1学年	将来の職業の選択や生き方	相手に対する配慮

(☆☆○○○○○)

【高等学校】

【1】次の文は, 高等学校学習指導要領(平成30年告示)「第3章　主として専門学科において開設される各教科　第5節　家庭　第1款　目標」の一部です。(ア)～(ウ)に入る語句の組み合わせとして正しいものを, 以下の(1)～(4)の中から1つ選びなさい。

家庭の生活に関わる(ア)の見方・考え方を働かせ, 実践的・体験的な学習活動を行うことなどを通して, 生活の質の向上と(イ)を担う(ウ)として必要な資質・能力を次のとおり育成することを目指す。

86

	ア	イ	ウ
(1)	職業	社会貢献	スペシャリスト
(2)	職業	ヒューマンサービス	職業人
(3)	産業	社会貢献	スペシャリスト
(4)	産業	社会の発展	職業人

(☆○○○○)

【2】高等学校学習指導要領(平成30年告示)「第2章　各学科に共通する各教科　第9節　家庭　第3款　各科目にわたる指導計画の作成と内容の取扱い」に示されていないものを，次の(1)～(4)の中から1つ選びなさい。

(1)　「家庭基礎」及び「家庭総合」の各科目に配当する総授業時数のうち，原則として10分の5以上を実験・実習に配当すること。

(2)　「家庭基礎」は，原則として，同一年次で履修させること。その際，原則として入学年次及びその次の年次の2か年のうちに履修させること。

(3)　地域や産業界等との連携・交流を通じた実践的な学習活動や就業体験活動を積極的に取り入れるとともに，社会人講師を積極的に活用するなどの工夫に努めること。

(4)　中学校技術・家庭科を踏まえた系統的な指導に留意すること。また，高等学校公民科，数学科，理科及び保健体育科などとの関連を図り，家庭科の目標に即した調和のとれた指導が行われるよう留意すること。

(☆○○○○○)

【3】民法における親族の範囲について述べた文として誤っているものを，次の(1)～(4)の中から1つ選びなさい。

(1)　いとこは四親等の血族である。

(2)　本人の兄弟姉妹は二親等の血族である。

(3)　配偶者の祖父母は二親等の姻族である。

87

(4)　本人のおじ・おばは三親等の姻族である。

(☆☆◎◎◎◎)

【４】1999年の第87回ILO(国際労働機関)総会に提出された事務局長報告
において初めて用いられ，ILOの活動の主目標と位置付けられた「働
きがいのある人間らしい仕事」を意味する語句を，次の(1)～(4)の中か
ら1つ選びなさい。
(1)　ディーセント・ワーク
(2)　ワーク・ライフ・バランス
(3)　バウンダリー・マネジメント
(4)　ワーク・エンゲイジメント

(☆☆☆☆◎◎◎◎)

【５】児童の社会的養育について述べた文として誤っているものを，次の
(1)～(4)の中から1つ選びなさい。
(1)　平成22年度以降，児童養護施設に入所している児童数は減少し，
里親に委託されている児童数は増加している。
(2)　特別養子縁組の戸籍の表記は，実親の名前が記載されず，養子の
続柄は「長男(長女)」等，実子と同じように記載される。
(3)　特別養子縁組は，養親と養子の同意により成立する。
(4)　養子縁組等の措置が適当でない場合，児童がグループホーム等の
施設のようなできる限り良好な家庭的環境で養育されるなど，必要
な措置がとられる。

(☆☆☆☆◎◎◎◎)

【６】埼玉県のケアラー(介護者等)支援について述べた文として誤ってい
るものを，次の(1)～(4)の中から1つ選びなさい。
(1)　埼玉県が県内の高校2年生を対象に行った「埼玉県ケアラー支援
計画のためのヤングケアラー実態調査結果」(令和2年11月25日)によ
ると，学校生活への影響について「勉強時間が充分にとれない」が

最も多く，次いで「ストレスを感じる」，「孤独を感じる」となった。

(2) 埼玉県では，令和2年3月31日に全国初となる，埼玉県ケアラー支援条例が公布・施行された。

(3) 埼玉県ケアラー支援条例の第2条では，ヤングケアラーとは，「ケアラーのうち，18歳未満の者をいう。」とされている。

(4) 埼玉県では，令和3年度からの埼玉県ケアラー支援計画に基づき，ヤングケアラー支援に関する普及啓発や学校におけるヤングケアラー支援などの新たな取組を推進している。

(☆☆☆☆◎◎◎◎)

【7】次に示す給与明細について，明細の読み取り方が誤っているものを，以下の(1)～(4)の中から1つ選びなさい。

	基本給	各種手当				
支給額	基本給	家族手当	住宅手当	勤務地手当	通勤手当	時間外勤務手当
	①	②	③	④	⑤	⑥
	社会保険料				税金	
控除額	健康保険	厚生年金	雇用保険	介護保険	所得税	住民税
	⑦	⑧	⑨	⑩	⑪	⑫

(1) 総支給額は①～⑥の合計金額である。

(2) 控除の合計額は⑦～⑫の合計金額である。

(3) 国に納める税金は⑫の金額である。

(4) 手取り収入は①～⑥の合計金額から⑦～⑫の合計金額を差し引いた金額である。

(☆☆◎◎◎◎)

【8】消費者保護について述べた文として適切でないものを，次の(1)〜(4)の中から1つ選びなさい。

(1)　消費者契約法は，適正な環境のもとで行われなかった消費者契約について，一定要件のもとで消費者が契約を取り消せることや，消費者に不当な契約内容は無効とすることを定めている。

(2)　通信販売で購入した商品は，全てクーリング・オフの適用となる。

(3)　令和3年7月6日以降，売買契約に基づかないで一方的に送り付けられた商品は，直ちに処分することができるようになった。

(4)　マルチ商法は「特定商取引に関する法律」により「連鎖販売取引」として規制されている。

(☆☆◎◎◎◎)

【9】消費者取引に関する用語について，「月額料金等の定額を支払うことにより，契約期間中，商品やサービスの利用が可能となるもの」を意味する語句を，次の(1)〜(4)の中から1つ選びなさい。

(1)　クラウド・ファンディング

(2)　ライブコマース

(3)　シェアリングエコノミー

(4)　サブスクリプション・サービス

(☆☆◎◎◎)

【10】次の図は，「令和元年度消費者意識基本調査」(消費者庁)において，日頃の生活で捨てる量を「減らさなければならない」と強く感じる項目の順に上位3位を選んでもらい，その割合を1位から3位まで合計し，合計した割合が多い順に並べた調査結果です。　ア　〜　エ　にあてはまる項目の組み合わせとして最も適切なものを，以下の(1)〜(4)の中から1つ選びなさい。

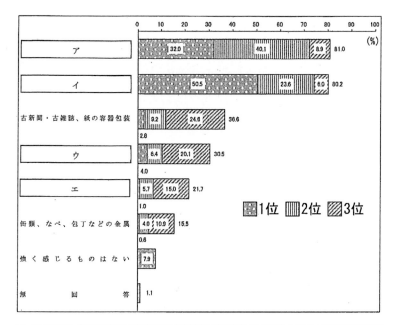

	ア	イ	ウ	エ
(1)	プラスチックの容器包装	食品の廃棄物	衣類や布製品	びん類
(2)	プラスチックの容器包装	衣類や布製品	食品の廃棄物	びん類
(3)	食品の廃棄物	プラスチックの容器包装	衣類や布製品	びん類
(4)	食品の廃棄物	プラスチックの容器包装	びん類	衣類や布製品

(☆☆☆☆○○○○)

【11】「育児休業，介護休業等育児又は家族介護を行う労働者の福祉に関する法律及び雇用保険法の一部を改正する法律(令和3年6月9日公布)」の概要について述べた文章として誤っているものを，次の(1)～(4)の中から1つ選びなさい。

(1) 従業員100人超の事業主に対し，育児休業の取得の状況について年1回公表を義務づけた。

(2) 労使協定を締結している場合に限り，労働者と事業主の合意した範囲内で休業中に就業することが可能となった。

(3)　有期雇用労働者の育児休業取得における「当該事業主に引き続き雇用された期間が1年以上」の要件が撤廃され，無期雇用労働者と同様の扱いとなった。ただし，労使協定の締結により「当該事業主に引き続き雇用された期間が1年未満」の労働者を対象から除外することができる。

(4)　子の出生後8週間以内に4週間まで取得可能な出生時育児休業(産後パパ育休)が創設された。

(☆☆☆☆◎◎◎◎)

【12】児童相談所について述べた文として誤っているものを，次の(1)～(4)の中から1つ選びなさい。

(1)　援助の内容としては，在宅指導や児童福祉施設，里親への措置等がある。

(2)　設置主体は国及び都道府県である。

(3)　所属する職員の種類には，児童福祉司，児童心理司等がいる。

(4)　相談の種類には，養護相談，保健相談，障害相談，非行相談，育成相談等がある。

(☆☆☆☆◎◎◎)

【13】フィンランド発祥の，妊娠期から就学前まで継続して子どもと子育て家族を支援する拠点の名称として最も適切なものを，次の(1)～(4)の中から1つ選びなさい。

(1)　ラヒホイタヤ

(2)　ラプシ

(3)　ヴァウヴァ

(4)　ネウボラ

(☆☆☆☆◎◎◎◎)

【14】乳幼児の成長過程で育まれる2つの生活習慣のうち，基本的生活習慣にあたるものの組み合わせとして最も適切なものを，次の(1)～(4)の中から1つ選びなさい。

(1) 食事・睡眠・排せつ・遊び・健康
(2) 食事・睡眠・挨拶・着脱衣・清潔
(3) 食事・睡眠・排せつ・着脱衣・清潔
(4) 食事・睡眠・排せつ・運動・清潔

(☆☆◎◎◎◎)

【15】斜文織(綾織)の布の名称として誤っているものを，次の(1)～(4)の中から1つ選びなさい。

(1) ブロード
(2) デニム
(3) サージ
(4) ツイード

(☆☆☆◎◎◎◎)

【16】次の図のアウターパンツを，ミシンを用いて縫製する手順として最も適切なものを，以下の(1)～(4)の中から1つ選びなさい。

(1) わき・また下 → また上 → ポケット → 裾・ウエスト
(2) ポケット → わき・また下 → また上 → 裾・ウエスト
(3) ポケット → 裾・ウエスト → わき・また下 → また上
(4) わき・また下 → 裾・ウエスト → ポケット → また上

(☆☆◎◎◎◎)

【17】「国が指定した伝統的工芸品236品目(2021年1月15日時点)」(経済産業省)に示されているもののうち「織物」「染色品」について，品目名と都道府県の組み合わせとして誤っているものを，次の(1)～(4)の中から1つ選びなさい。

	品目名	都道府県
(1)	本場大島紬	鹿児島県
(2)	加賀友禅	石川県
(3)	琉球びんがた	沖縄県
(4)	西陣織	奈良県

(☆☆○○○)

【18】JIS(日本産業規格)L4004の成人男子用衣料のサイズにおける寸法表示「92 A 5」の読み取り方として最も適切なものを，次の(1)～(4)の中から1つ選びなさい。

	チェスト(cm)	ウエスト(cm)	身長(cm)
(1)	92	80	170
(2)	98	92	170
(3)	92	80	165
(4)	98	92	165

(☆☆☆☆○○○○)

【19】被服の再資源化における「マテリアルリサイクル」について述べた文として最も適切なものを，次の(1)～(4)の中から1つ選びなさい。
(1) 中古衣料として海外へ輸出する。
(2) ウエスや反毛に加工する。
(3) 焼却して発電によるエネルギー回収をする。
(4) 元の原料に戻し再度原料とする。

(☆☆☆○○○○)

【20】発酵食品を製造する際に用いる主要原料と主要微生物の組み合わせとして最も適切なものを，次の(1)～(4)の中から1つ選びなさい。

	発酵食品	主要原料	主要微生物
(1)	ワイン	ぶどう	乳酸菌
(2)	テンペ	大豆	クモノスカビ
(3)	パン	小麦粉	麹かび
(4)	納豆	大豆	酵母

(☆☆☆◎◎◎)

【21】次の和包丁の各部の名称ア～エの組み合わせとして最も適切なものを，以下の(1)～(4)の中から1つ選びなさい。

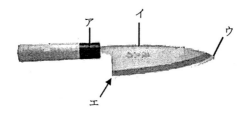

	ア	イ	ウ	エ
(1)	柄	あご	口金	峰
(2)	あご	口金	峰	切先
(3)	口金	峰	切先	あご
(4)	峰	切先	あご	そり

(☆☆☆◎◎◎)

【22】食中毒に関して述べた文章として誤っているものを，次の(1)～(4)の中から1つ選びなさい。

(1) サルモネラ食中毒の原因食品としては，肉類およびその加工品，卵類およびその加工品などが多い。サルモネラ菌は芽胞を作らないため，中心まで十分に加熱することで食中毒を防ぐことができる。

(2) 黄色ブドウ球菌は，ヒトの皮膚や口，粘膜に付着していて，傷口ができると侵入して化膿を起こす。主な原因食品としては，握り飯・弁当類・調理パンなどがある。

(3)　フグの持つ毒はテトロドトキシンで，調理は，免許をもつ専門家が行う。

(4)　ジャガイモの芽にはアミグダリンが含まれているため，調理の際は取り除く。

（☆☆☆◎◎◎◎）

【23】食肉の特徴について述べた文章として誤っているものを，次の(1)〜(4)の中から1つ選びなさい。

(1)　牛ヒレ肉は，きめが細かく，脂肪が少なく，最もやわらかい。1頭から全重量の2〜3％しかとれないため，希少な部位である。

(2)　食肉類のたんぱく質は栄養価が高く，穀類たんぱく質に不足しやすい必須アミノ酸のトリプトファンを多く含む。

(3)　牛すね肉には，肉基質たんぱく質が多く含まれ，加熱によりコラーゲンが可溶性のゼラチンに変化する。

(4)　動物は，死後硬直後，筋肉中の酵素の働きで，やわらかく，食肉らしい風味をもつようになる。この一連の過程を，肉の熟成という。

（☆☆☆◎◎◎）

【24】世界の食文化について述べた文として誤っているものを，次の(1)〜(4)の中から1つ選びなさい。

(1)　メキシコ料理には，とうもろこしの粉を原料としたトルティーヤがある。

(2)　モロヘイヤは，エジプト原産の野菜で，エジプト料理では，モロヘイヤスープとして食べられるのが一般的である。

(3)　「ハラール食」とは，イスラムの戒律によって食べることが許された食材や料理のことであり，豚肉もこの中に含まれる。

(4)　ドイツ料理には煮込んだ肉料理が多く，食酢に漬けた牛肉を焼いてから煮込むザウアーブラーテンが有名である。

（☆☆☆◎◎◎）

【25】「平成30年　住宅・土地統計調査　住宅数概数集計　結果の概要」
　　(総務省統計局)について示された内容として最も適切なものを，次の
　　(1)〜(4)の中から1つ選びなさい。
　　(1)　平成5年以降，一戸建ての空き家は増加しているが，共同住宅の
　　　　空き家は減少している。
　　(2)　埼玉県の空き家率は全国と比較して低い。
　　(3)　平成5年以降，一戸建ての住宅数は減少している。
　　(4)　平成5年以降，住宅の非木造の割合は減少している。

(☆☆☆☆◎◎◎)

解答・解説

【中学校】

【1】2
〈解説〉選択肢1は春，3は冬，4は立夏(春の終わり)である。

【2】4
〈解説〉ビタミンAはレバー，バター，卵，ほうれん草，にんじんなど，
　　ビタミンDは，鮭，真イワシ，うなぎ，さんま，まいたけなどに，ビ
　　タミンCはキウイ，ブロッコリー，いちご，レモン果汁，アセロラな
　　どに多く含まれる。それぞれのビタミンの特徴と欠乏症状を整理して
　　覚えること。

【3】4
〈解説〉動物性たんぱく質は，アミノ酸スコア100のものが多く，また体
　　内での吸収率も植物性のものより高い。

【４】２

〈解説〉さつまいもを切ったときに出る白い汁の成分がヤラピンで，加熱
　　しても減少しにくい特徴がある。ソラニンを含むのはじゃがいもの芽
　　の部分である。さといもの独特のぬめり成分はガラクタンとグルコマ
　　ンナンである。やまのいもは消化酵素であるアミラーゼ(ジアスター
　　ゼ)を含み，でんぷんの一部が分解されるため，生でも食べられる。

【５】２

〈解説〉ブロッコリーの花序，生の廃棄率は35％である。

【６】２

〈解説〉1は変調効果，3は抑制効果，4は対比効果である。味の相互効果
　　についての問題は頻出なので4種類それぞれ理解しておきたい。

【７】３

〈解説〉和食の配膳についての問題は頻出である。配置の仕方は覚えてお
　　くこと。また，焼き魚の盛り付け方なども確認しておきたい。

【８】１

〈解説〉ファイトケミカルは，植物由来の化学物質の総称。ポリフェノー
　　ルやカロテノイドの他に，アントシアニン，イソフラボン，クロロフ
　　ィル，カテキン，タンニンなどがある。正答以外の選択肢について，
　　2は収穫後農薬散布，3は必須アミノ酸の1つ，4は乳脂肪の均一化のこ
　　とで，牛から搾り取った乳の脂肪球は大きくて分離するので小さな球
　　にして均一にするための処理。

【９】３

〈解説〉表示義務のある7品目と表示推奨食品21品目はすべて覚えておく
　　こと。

【10】1

〈解説〉ヨウ素は，甲状腺ホルモンの構成成分，甲状腺機能の調整である。神経の興奮の抑制に該当するのはマグネシウムである。マグネシウムは300種類以上の酵素を活性化するはたらきがあり，筋肉の収縮や神経情報の伝達，体温・血圧の調整にも役立つ。

【11】3

〈解説〉えびは加熱すると曲がるため，腰が曲がるまで長生きするようにとの意味。田作りは大量にとれた鰯を畑の肥料として，畑にまいたことから，鰯を「田作り」と呼ぶようになり，作物の豊作を願った。だてまきは書物のような巻物に似ている形から「知恵が増える」ということから学業成就。数の子は卵の数がとても多いことから子孫繁栄。また，無病息災を願って食べるのは黒豆である。

【12】3

〈解説〉食中毒の原因となるものには，細菌，ウイルス，動物性自然毒，植物性自然毒，化学物質，寄生虫がある。それぞれ分類ごとに種類と症状，予防法をまとめて覚えておくこと。サルモネラ属菌は食肉・卵，腸炎ビブリオは生魚，カンピロバクターは食肉があてはまる。

【13】3

〈解説〉正答以外の選択肢のアはアクリル，ウは絹の特徴である。繊維の種類，特徴と手入れの方法は繊維の種類ごとに整理して覚えること。

【14】1

〈解説〉織物の三原組織は，織りの図も確認し，特徴とそれにあたる繊維を覚えること。平織は縦糸と横糸が1本ずつ交差した織り方で，表裏がなく丈夫で摩擦に強い。斜文織は斜めの綾目が現れるのが特徴で，伸縮性に優れ，しわがよりにくく，柔軟である。朱子織は，縦糸と横糸が交差する点が少なく目立たない。滑りがよく光沢がある。

【15】(1)　4　　(2)　2　　(3)　4

〈解説〉(1)　実技指導をすることを考えると，糸をかける順番はもちろ
ん，ミシンの各部の名称も覚えておきたい。　(2)　送り調節ダイヤル
は布の送りを調節するダイヤルである。ダイヤルが0であれば布は進
まない。ミシンの不具合があったときについての問題は頻出なので学
習しておくこと。　(3)　上糸と下糸の調節に関する問題は頻出である。
この場合は，上糸の糸調子が強く，布の真ん中まで糸が入っていない。
上糸調節装置のダイヤルを小さい数にする。

【16】4

〈解説〉ゴはブータンの男性の民族衣装である。日本の和服の丹前によく
似ている。女性の民族衣装はキラという。1枚布をインドのサリーの
様に体に巻き付けて着用する。

【17】3

〈解説〉開きにした魚の骨に似ている形状からニシン(herring)の骨(bone)
という意味のヘリンボーン。杉の葉に似ていることから「杉綾・綾杉」
と呼ばれることもある。1はスコットランドの民族衣装でよく見られ
る多色の格子柄。2はダイヤ柄をモチーフにラインと組み合わせたも
の。4は曲線と，草花をモチーフにした模様である。他の柄や日本の
文様についても学習しておきたい。

【18】1

〈解説〉着物の各部の名称は，男性用，女性用の違いを踏まえて覚えるこ
と。身八つ口は女性用の着物にしかなく，男性用のものは縫い閉じて
あり，人形という。おはしょりも女性や幼児の着物にしかない。

【19】4

〈解説〉ボタンの付け方についての問題は頻出である。縫い方だけでなく，
ボタンホールの大きさをどれだけ取るかについても学習しておきたい。

【20】1

〈解説〉低温(80〜120℃)はアクリル，ポリウレタン，アセテートなど。中温(140〜160℃)は絹，羊毛など動物繊維と，レーヨン，キュプラ，ポリエステルなど。高温(180〜210℃)は綿，麻などの植物繊維に適している。

【21】4

〈解説〉サイズ表示は必ず覚えておくこと。アの数字は9号，11号など奇数で表示される。イはA体型が標準，YはAよりヒップが4cm小さい，ABは4cm大きい，Bは8cm大きい。ウのRはレギュラーの略で，標準的な身長158cmをあらわしている。R，P，PP，Tがある。男性用のYシャツのサイズ表示についても確認しておくこと。

【22】2

〈解説〉スマートテキスタイルは，電気を通す繊維(導電性繊維)等の素材を使い，心拍数やカロリー消費量などを測定できるウェアのこと。選択肢2の説明文に該当するのはサスティナブルファッションである。

【23】4

〈解説〉日本も以前はいわゆるM字カーブを描いていたが，近年はなだらかになっている。それでも北欧諸国との差は大きい。M字カーブのグラフは必ず確認し学習しておくこと。

【24】2

〈解説〉正しくは，女性のみ100日間で，男性の禁止期間はない。民法改正の問題は頻出しているので他の点についても，詳細に学習しておきたい。

【25】3

〈解説〉以前は身体的虐待が多かったが，現在では心理的虐待が多く，次

いで身体的虐待である。虐待の被害者は小学生が一番多く，虐待の加害者は実母によるものが多い。これらの調査やグラフも確認しておくこと。

【26】(1)　1　　(2)　1

〈解説〉(1)　アメリカの発達心理学者パーテンによる，子供同士の関わり方による遊びの分類について学習しておくこと。①　何もしない(0〜3か月)，②　ひとり遊び(0〜2歳)，③　傍観遊び(2歳・他の子供の遊びを傍観する。遊びに加わることはない)，④　平行遊び(2歳以上・お絵描きをしたり折り紙をしたりと，皆で同じ遊びをするが，遊びが平行して展開するだけで子供同士の関わりは見られない)，　⑤　連合遊び(3〜4歳・道具の貸し借りはできるが役割を分担したり協力し合うことはない)，⑥　協同遊び(4歳以上・子供同士でルールを決めることができる。リーダーがいて役割分担ができる)。パーテン以外の分類も確認しておきたい。　(2)　発達段階に見合ったおもちゃを与える，が正しい。

【27】4

〈解説〉アクティブエイジングとは，WHO(世界保健機構)が2002年4月にスペインで開催した第2回高齢者問題世界会議で初めて提唱したもの。高齢になっても健康でいきいきと社会参加をして暮らすこと，またそのための社会的な取組みをいう。選択肢4で説明しているのはエイジズムである。

【28】(1)　2　　(2)　4　　(3)　1　　(4)　3

〈解説〉(1)　床座と椅子座を折衷した和洋折衷の生活様式が定着している。床座と椅子座のそれぞれの長所と短所を理解しておくこと。

(2)　和室の各部の名称は覚えること。選択肢にあげられている鴨居は障子やふすまを開け閉めできるよう溝がある建具。欄間は天井と鴨居，または長押との間に，通風や採光のために設けられる開口部。

(3) 平面図に使用される図記号についての問題はよく見られるので学習しておきたい。 (4) 火災報知器の設置義務は，寝室および寝室がある階の階段である。他の設置場所については，各市町村の火災予防条例で定められた場所に取り付ける。

【29】 1

〈解説〉アの選択肢にあるGDPは国民総生産で世界の経済状況を測る指標である。イの選択肢にある再生住宅は古い住宅を業者がリノベーションやリフォームして再販した住宅のこと。

【30】 2

〈解説〉住まい方の問題は近年頻出しているので，これらの語句について詳細に学習しておきたい。

【31】 4

〈解説〉①の実収入は支給合計額。②の非消費支出は，健康保険(6,679円)，厚生年金保険(14,574円)，雇用保険(1,242円)，所得税(9,380円)，住民税(11,000円)，で，合計42,875円。③は団体生命保険，グループ保険，財形貯蓄がこれにあたる。④は実収入から控除額合計を引いた金額である。

【32】 3

〈解説〉間違いのあった項目について，公的年金は，国民年金の他，厚生年金も該当する。公的介護保険の保険料の支払いは30歳ではなく40歳から開始される。労働者災害補償保険は事業所に加入義務があり，従業員は加入しない。事業所の規模の大小に関係なく，また正規職員，パート，契約社員の身分に関係なく補償されるものである。

【33】 3

〈解説〉経済の流れについて，仕組みを理解しておくこと。

【34】2

〈解説〉金融商品の種類と特徴についての問題は頻出である。様々な商品
　の特徴を理解しておきたい。

【35】1

〈解説〉相談件数の内訳の表は確認し，消費生活センターについても学習
　しておくこと。契約と悪徳商法についての問題も頻出しているので十
　分対策しておきたい。

【36】2

〈解説〉イについて，申し立て先は，家庭裁判所ではなく簡易裁判所であ
　る。エについて，2回目の自己破産の免責期間は10年ではなく7年であ
　る。

【37】3

〈解説〉キャッシュレス決済についての問題は頻出しているので必ず学習
　しておくこと。誤りについて，(イ)のクレジットカードは後払いであ
　る。ここで説明されているのはデビットカードである。(ウ)の仮想通
　貨は法定通貨ではないので価格が大きく変動されることがあり不安定
　である。

【38】1

〈解説〉環境に関する法律は条文を確認し，施行，改正年と内容を学習し
　ておくこと。循環型社会形成推進基本計画も確認しておきたい。

【39】2

〈解説〉正答以外の選択肢について，1の家電リサイクル法の対象商品は
　「テレビ，冷蔵庫・冷凍庫，エアコン，洗濯機」の4点である。パーソ
　ナルコンピュータは資源有効利用促進法によりメーカーによる回収と
　リサイクルが義務づけられている。3には対象外となる車があり，被

けん引車，二輪車(原動機付自転車，側車付きのものも含む)，大型特殊自動車，小型特殊自動車，その他農業機械，林業機械，スノーモービル等で，二輪車は対象に含まれない。4について，再生利用に取り組む優先順位は，1発生の抑制，2再生利用，3熱回収，4減量で，このうち2と3は第三者に委託または譲渡できる。

【40】2
〈解説〉中学校学習指導要領の家庭分野の目標から語句の穴埋め選択式の問題である。目標について，文言は必ず覚えること。

【41】4
〈解説〉C　消費生活・環境の内容からの出題である。内容についてはA家族・家庭生活は4項目，B衣食住の生活については7項目，C消費生活・環境については3項目示されているので確認し，文言を覚えるだけでなく理解を深めておきたい。

【42】3
〈解説〉内容の取扱いについて，ここでは(1)(2)から出題された。全部で4項目示されているので確認し理解しておくこと。

【43】1
〈解説〉内容の取扱いは(1)〜(4)まで4項目あり，そのうち設問にあげられた(3)はア〜クの8項目あるのですべて確認しておくこと。指導に関わる具体的な内容である。間違いのある選択肢について，②は，煮る，焼く，蒸すで揚げるは含まれていない。④について和服の基本的な着装を扱う，が正しい。⑤は家庭内事故ではなく，自然災害が正しい。

【44】4
〈解説〉指導計画の作成と内容の取扱いからの出題である。指導計画の作成に関する配慮事項は6項目，内容の取扱いに関する配慮事項は5項目，

実習の指導にあたっての配慮事項があげられているが，そのすべてからまんべんなく出題された。授業に関わる具体的な内容なので，文言を覚えるだけでなく，理解を深めておきたい。

【高等学校】

【1】(4)
〈解説〉高等学校学習指導要領から，主として専門学科において開設される各教科の目標から出題された。各学科に共通する各教科の家庭科の目標も違いを踏まえて文言を覚えること。

【2】(3)
〈解説〉選択肢(3)は専門学科における「指導計画作成上の配慮事項」の内容である。

【3】(4)
〈解説〉「姻族」は，結婚によって生じた親族である。本人のおじ・おばなので，正しくは「三親等の血族」である。

【4】(1)
〈解説〉正答以外の選択肢について，(2)仕事と生活の調和の意味で，内閣府の定めた憲章では，ワーク・ライフ・バランスが実現した社会とは，国民一人ひとりがやりがいや充実感を感じながら働き，仕事上の責任を果たすとともに，家庭や地域生活などにおいても，子育て期，中高年期といった人生の各段階に応じて多様な生き方が選択・実現できる社会と定めている。(3)は仕事と余暇時間の境目をマネジメントする能力のこと。質の高い休み方は，疲労やストレスからの回復を促進し，働きがいを高めると考えられる。　(4)は仕事に対してのポジティブで充実した心理状態のこと。活力，熱意，没頭の3つが満たされている心理状態のことである。

【5】(3)

〈解説〉特別養子縁組は，子どもの福祉の増進を図るために，養子となる子の実親(生みの親)との法的な親子関係を解消し，実の子と同じ親子関係を結ぶ制度であり，実親の同意が必要である。普通養子縁組は，養子が成年の場合は養親と養子の同意によって成立する。

【6】(1)

〈解説〉この調査について詳細を確認しておくこと。男女の比較では，ケアラーは約6割が女性である。祖父母・曽祖父母のケアが最も多い。ケアの内容は，家の中の家事が一番多く，ケアをしている頻度は毎日が一番多い。学校生活への影響(複数回答)は，「特に影響はない」は41.9%で最も高く，「孤独を感じる」19.1%，「ストレスを感じている」17.4%，「勉強時間が充分に取れない」10.2%等がそれに続く。

【7】(3)

〈解説〉正しくは⑪である。所得税は国に納める税金，住民税は地方自治体に納める税金である。法人の場合，国に納めるのは法人税，地方自治体に納めるのは事業税である。

【8】(2)

〈解説〉通信販売での購入は，クーリング・オフの対象ではない。クーリング・オフの対象になる事項とそうでないものとその期間，契約について，未成年契約について詳細に学習しておきたい。

【9】(4)

〈解説〉正答以外の選択肢について，(1)はインターネットを通して，ある活動などを発信し，それに共感した人や活動を応援してくれる人から資金を募る仕組みである。(2)はオンラインのライブ配信を利用してものを販売すること。配信者と視聴者のコミュニケーションが取れる。(3)は遊休資産の活用を促進する。空き部屋や駐車スペース，家事や育

児代行などをインターネット上のマッチングプラットフォームを介してシェアする。

【10】(1)

〈解説〉この調査について調査内容と結果を確認しておきたい。調査項目は，「生活全般や消費生活における意識や行動」について，「SNSの利用」について，「SDGsやエシカル消費に関する意識や取組」について，「消費者事故・トラブル」について，「消費生活相談の窓口」について，「消費者契約」についてである。

【11】(1)

〈解説〉正しくは，従業員1000人以上の事業主に対し，である。育児休業，介護休業等育児又は家族介護を行う労働者の福祉に関する法律及び雇用保険法の一部を改正する法律について，確認しておきたい。

【12】(2)

〈解説〉児童相談所運営指針に「児童相談所はその任務，性格に鑑み，都道府県(指定都市を含む)に設置義務が課されている。」とある。

【13】(4)

〈解説〉フィンランドではネウボラは無料で提供されており，利用率はほぼ100％である。一家族を同じ保健師が継続的に担当するので，お互いに信頼関係が築きやすい。日本での取り組みは，妊娠から出産，子育てまで切れ目ないサポートを，子育て世代包括支援センターで行っている。

【14】(3)

〈解説〉生活習慣には基本的生活習慣と社会的生活習慣がある。社会的生活習慣は，挨拶をする，交通ルールを守る，約束を守るなど。

【15】(1)

〈解説〉ブロードは平織の代表的な生地である。織物の三原組織はそれぞれの織りとあてはまる布の種類，特徴を図もあわせて学習しておくこと。

【16】(2)

〈解説〉様々な被服の縫い方の順番は理解しておくこと。

【17】(4)

〈解説〉西陣織は京都の伝統工芸品である。染色した糸を使用して織る先染織物である。

【18】(1)

〈解説〉女性と違う部分はAの部分で，女性の場合はヒップだが，男性の場合はチェストとウエストの差を表わし，差が12cmであることを示している。したがってウエストは80cmとなる。5は身長170cmである。

【19】(2)

〈解説〉正答以外の選択肢について，(1)はリユース，(3)はサーマルリサイクル，(4)はケミカルリサイクルのことである。

【20】(2)

〈解説〉テンペは，大豆にテンペ菌をつけて発酵させたインドネシアの伝統的な発酵食品。テンペ菌はバナナやハイビスカスの葉に付着しているクモノスカビの一種で，茹でた大豆をバナナの葉に包むとバナナの葉にあるテンペ菌の働きで発酵が進み，テンペが出来上がる。正答以外の選択肢(1)と(3)の主要微生物は酵母，(4)は納豆菌である。

【21】(3)

〈解説〉包丁の種類も覚えておきたい。切り方についての問題も頻出なの

で，学習しておくこと。

【22】(4)
〈解説〉食中毒に関する問題は頻出である。原因となるものの種類と症状，予防法を整理して覚えること。ジャガイモの未熟な青い部分や発芽部分にあるのはソラニンである。アミグダリンは未熟な青梅やアンズ，スモモ，ビワの種子の中心の部分にある毒成分である。

【23】(2)
〈解説〉トリプトファンではなく，リジンが正しい。

【24】(3)
〈解説〉ハラール食では，豚肉やアルコール飲料などは禁じられている。

【25】(2)
〈解説〉(1)について，平成5年以降，一戸建，共同住宅とも，空き家数は増加している。(3)について，住宅数は，一戸建，共同住宅とも増加が続いている。(4)について，住宅の非木造の割合は増加している。

2022年度　実施問題

【中学校】

【1】次は，1食分の献立とその主な材料についてまとめたものです。6つ の基礎食品群をすべて摂取するために[　　]にあてはまる最も適切な ものを，以下の1〜4の中から1つ選びなさい。

> 献立(主な材料)
> ・ピザトースト(食パン，チーズ，ロースハム，ピーマン，ケチ ャップ)
> ・ポークソテー(豚肉，ブロッコリー，ミニトマト，油)
> ・ミルクプリン(牛乳，砂糖，ゼラチン)
> ・[　　　　　　　　　　　　　　　]

1　野菜スープ(オクラ，にんじん)
2　卵スープ(卵，にら)
3　わかめスープ(わかめ，玉ねぎ，ごま)
4　青菜スープ(ほうれんそう，ベーコン，油)

(☆☆◎◎◎◎)

【2】鶏卵の特徴について説明している文として適切でないものを，次の 1〜4から1つ選びなさい。
1　鶏卵には，ビタミンCを除くすべての栄養素がバランスよく含まれ ている。
2　卵白のおもな性質は「起泡性」である。
3　卵黄に含まれるレシチンは，「乳化性」の性質をもつ。
4　卵白は65℃〜70℃になると完全に固まる。

(☆☆◎◎◎◎)

【3】次の〈図〉は，肉の部位を模式的に示したものです。ア，イの名称
　の組み合わせとして最も適切なものを，以下の1～4の中から1つ選び
　なさい。

〈図〉　　　　牛肉　　　　　　　　　　　　　豚肉

	ア	イ
1	ランプ	もも
2	ばら	もも
3	ランプ	ヒレ
4	ばら	ヒレ

(☆☆☆◎◎◎)

【4】次は，日本食品標準成分表2020年版(八訂)アミノ酸成分表編の内容
　を説明したものです。(　　)にあてはまる語句として最も適切なもの
　を，以下の1～4の中から1つ選びなさい。

> (　　)は，大人は体内で合成できるが，子どもは合成できない
> 不可欠アミノ酸である。

1　メチオニン　　2　フェニルアラニン　　3　チロシン
4　ヒスチジン

(☆☆☆☆◎◎◎◎)

【5】次は，ロースハムの包装に表示されているものです。(　①　)にあ
　てはまる発色剤の物質名として最も適切なものを，以下の1～4の中か
　ら1つ選びなさい。

名称	ロースハム（スライス）
原材料名	豚ロース肉（国産）、還元水あめ、大豆たん白、食塩、卵たん白（卵を含む）、乳たんぱく、たん白加水分解物（豚肉を含む）、調味エキス（大豆を含む）／カゼインNa（乳由来）、増粘多糖類、リン酸塩（Na）、調味料（アミノ酸等）、酸化防止剤（ビタミンC）、くん液、発色剤（　①　）、カルミン酸色素
内容量	75g

1　ソルビン酸　　2　バニリン　　3　炭酸水素Na　　4　亜硝酸Na

(☆☆☆◎◎◎)

【6】次の〈表〉は，1人分のご飯を炊くときの材料と分量の目安です。（　ア　），（　イ　）にあてはまる値の組み合わせとして最も適切なものを，以下の1〜4の中から1つ選びなさい。

〈表〉

材料	分量	
米	80g	100mL
水	（　ア　）g	（　イ　）mL

	ア	イ
1	100	120
2	120	120
3	100	150
4	120	150

(☆☆☆◎◎◎)

【7】みそについて説明している文として最も適切なものを，次の1〜4の中から1つ選びなさい。

1　豆みそは，2018年7月現在で，日本で生産されているみその約8割を占めている。

2　米みそは，みそ玉に種麹と香煎を加えて仕込む。

3　みそには，JAS規格の設定がある。

113

4　麦みそは，麦麹を使って作られ，「田舎みそ」とも呼ばれている。

(☆☆◎◎◎)

【8】食中毒の種類と原因の組み合わせとして適切でないものを，次の1
　　～4の中から1つ選びなさい。

	種類	原因
1	ウイルス性食中毒	ノロウイルス
2	自然毒による食中毒	テトロドトキシン
3	細菌性食中毒	腸炎ビブリオ
4	化学物質による食中毒	カンピロバクター

(☆☆◎◎◎)

【9】次の文が述べているものを，以下の1~4の中から1つ選びなさい。

　　食べ物や栄養が健康や病気に与える影響を過大に信じたり，
　評価したりすること。

1　ポストハーベスト　　2　フードファディズム
3　HACCP(ハサップ)　　4　トレーサビリティ

(☆☆☆◎◎◎◎)

【10】次は，商品の具体例を生鮮食品と加工食品に分類したものです。商
　　品の具体例とその分類の組み合わせとして最も適切なものを，1~4の
　　中から1つ選びなさい。

	商品の具体例	分類
1	塩蔵ワカメを塩抜きしたもの	生鮮食品
2	蒸しダコ	生鮮食品
3	合挽肉	加工食品
4	マグロ単品の刺身	加工食品

(☆☆☆☆◎◎◎)

114

【11】無機質のうち亜鉛の説明として最も適切なものを，次の1～4の中から1つ選びなさい。

1　骨と歯をつくる成分　　2　酸素の運搬

3　たんぱく質の合成　　　4　細胞の浸透圧の調節

(☆☆☆☆◎◎◎)

【12】次は，炭水化物の分類と名称，それを多く含む食品をまとめたものです。その組み合わせとして誤っているものを，1～4の中から1つ選びなさい。

	分類	名称	多く含む食品
1	単糖類	ぶどう糖	くだもの
2	単糖類	しょ糖	さとうきび
3	多糖類	グリコーゲン	肉類・肝臓
4	多糖類	セルロース	野菜

(☆☆◎◎◎◎)

【13】次のア～エは，だしに使われる食材について説明したものです。内容が適切なものの組み合わせを，以下の1～4の中から1つ選びなさい。

ア　北海道で獲れるコンブのうち，利尻コンブは，だしコンブとして使われるだけでなく，柔らかく煮上がることから副惣菜用にも適している。

イ　煮干は，「いりこ」，「じゃこ」など，地方によってさまざまな名称で呼ばれる。

ウ　平成28年の乾しいたけの生産量について，全国の約4割を占める産地は，大分県である。

エ　マイワシを，あごと呼ぶ地方もある。

1　アとイ　　2　アとウ　　3　イとウ　　4　イとエ

(☆☆☆◎◎◎)

【14】次のア～オは，女性用のゆかたの着方について説明したものです。正しい順に並んでいるものを，以下の1～4の中から1つ選びなさい。

ア　襟先をそろえて，背中心とすその位置を決める。

イ　身八つ口から手を入れて，おはしょりを整える。

ウ　下前の襟先を左腰骨の位置に合わせる。

エ　上前を重ね，腰ひもをしめる。

オ　襟もとを合わせて，胸もとにひもをしめ，帯をしめる。

1　ア→ウ→エ→イ→オ　　　2　ア→エ→イ→ウ→オ

3　ウ→ア→イ→エ→オ　　　4　ウ→イ→エ→ア→オ

(☆☆☆◎◎◎)

【15】次の採寸箇所における採寸方法の組み合わせとして適切でないものを，1～4の中から選びなさい。

	採寸箇所	採寸方法
1	腰囲	腰のいちばん太いところの回りを水平に測る。
2	胸囲（男）	腕のつけ根の下端を通る胸の回りを水平に測る。
3	胴囲（女）	腰骨の上端の真上の回りを水平に測る。
4	くびつけね囲（女）	頸椎点と鎖骨の内側を通り，くびのつけねに巻尺を立てて測る。

(☆☆◎◎◎◎)

【16】次のア～ウは，洗剤によって汚れが落ちる様子を模式的に表したものです。ア～ウと界面活性剤のはたらきの組み合わせとして最も適切なものを，以下の1～4の中から1つ選びなさい。

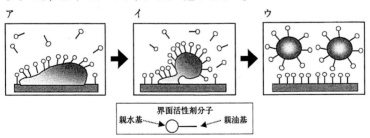

116

	ア	イ	ウ
1	浸透作用	表面張力低下作用	再汚染防止作用
2	再汚染防止作用	表面張力低下作用	浸透作用
3	再汚染防止作用	乳化・分散作用	浸透作用
4	浸透作用	乳化・分散作用	再汚染防止作用

(☆☆◎◎◎)

【17】繊維について，次の各問いに答えなさい。

(1) 次の〈表〉は，繊維の分類と説明，繊維名の例を示したものです。内容が正しいものの組み合わせを，以下の1～4の中から1つ選びなさい。

〈表〉

	繊維の分類	説　明	繊維名の例
ア	再生繊維	石油などを原料とし、化合物を化学反応させ繊維状になる高分子をつくり、小さい穴から引き出した繊維。	ナイロン
イ	半合成繊維	セルロースやたんぱく質のような天然に存在する成分に化学物質を作用させ、繊維状にした繊維。	アセテート
ウ	合成繊維	木材などの天然資源を原料とし、化学的な処理によって溶液状態にした後、細くて長い繊維状に再生した繊維。	レーヨン
エ	天然繊維	植物繊維や動物繊維を原料とする繊維。	絹

1　アとイ　　2　イとエ　　3　アとウ　　4　ウとエ

(2) 次の〈図〉は，ある繊維の側面と断面を拡大したものです。この繊維名として最も適切なものを，以下の1～4の中から1つ選びなさい。

〈図〉

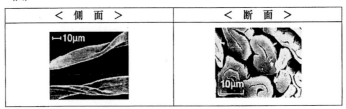

1　綿　　2　羊毛　　3　絹　　4　麻

(☆☆☆◎◎◎)

【18】布を縫製するためにしるし付けをする際の留意事項について適切でないものを，次の1〜4の中から1つ選びなさい。
1　布用複写紙を用いてしるしを付ける場合は，布の表が外側になるよう(外表)に折る。
2　へらでしるしを付ける場合は，折ったときに布の表が中になるよう(中表)に折る。
3　しるしを付ける場合は，まち針を型紙の端から2cm内側に，端に対して垂直に打つ。
4　布を縫い合わせるときに，布どうしを正しい位置で合わせるために合いじるしを付ける。

(☆☆☆◎◎◎)

【19】三つ折りにしてまつり縫い(流しまつり)をしたものを示している図として最も適切なものを，次の1〜4の中から1つ選びなさい。

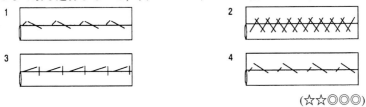

(☆☆◎◎◎)

【20】次の〈表〉は，布を縫うときの布と縫い糸，ミシン針の関係について示したものです。それらの組み合わせとして最も適切なものを，次の1〜4の中から1つ選びなさい。

〈表〉

	布	縫 い 糸	ミシン針
1	ブロード	ポリエステル糸60番	11番
2	ローン	ポリエステル糸60番	16番
3	ギンガム	ポリエステル糸80番	9番
4	デニム	ポリエステル糸40番	9番

(☆☆◎◎◎◎)

【21】次の和服等に用いられる日本の伝統的な文様について，その名称と文様の組み合わせとして適切でないものを，1〜4の中から1つ選びなさい。

| 1 市松 | 2 麻の葉 | 3 青海波 | 4 矢絣（矢羽根） |

(☆☆◎◎◎◎)

【22】衣服の手入れについて，次の各問いに答えなさい。

(1) 次の〈表〉は，繊維の種類と手入れに関わる性質を示したものです。A，Bにあてはまる繊維の組み合わせとして最も適切なものを，以下の1〜4の中から1つ選びなさい。

〈表〉

手入れ ＼ 繊維	A	B	綿	毛
適する洗剤	弱アルカリ性	中性	弱アルカリ性	中性
ぬれたときの強度	◎	△	◎	○
アイロンの温度	中	中	高	中
その他の特徴	静電気を帯びやすい	虫害を受けやすい	水をよく吸う	水中でもむと縮む

	A	B
1	レーヨン	ナイロン
2	ポリエステル	ナイロン
3	ポリエステル	絹
4	レーヨン	絹

(2) 次は，JIS L0001に示されている取り扱い表示の記号とその説明です。その組み合わせとして適切でないものを，次の1〜4の中から1つ選びなさい。

119

	記号	説明
1	40	液温は40℃を限度とし、洗濯機で通常の洗濯ができる。
2	⊙	60℃を限度とし、タンブル乾燥ができる。
3	‖	つり干しがよい。
4	―	平干しがよい。

(☆☆○○○○)

【23】保育所保育指針(平成29年告示)に示された,「1歳以上3歳未満児の保育に関わるねらい及び内容」に関する記述として最も適切なものを, 次の1～4の中から1つ選びなさい。

1 保育士等の助けを借りながら, 衣類の着脱を自分でしようとする。

2 よいことや悪いことがあることに気付き, 考えながら行動する。

3 生活の中で, 様々な物に触れ, その性質や仕組みに興味や関心をもつ。

4 絵本や物語などに親しみ, 興味をもって聞き, 想像する楽しさを味わう。

(☆☆○○)

【24】次のア～ウのできごとについて, 年代の古い順に並び替えたものを, 以下の1～4の中から1つ選びなさい。

ア 「児童虐待の防止等に関する法律」が制定された

イ 「児童の権利に関する条約(子どもの権利条約)」に, 日本が批准した

ウ 「児童福祉法」が制定された

1 ウ→ア→イ　　　2 ウ→イ→ア　　　3 イ→ウ→ア

4 イ→ア→ウ

(☆☆☆☆○○○)

【25】 次のグラフは，器官による発達の違いを示したものです。(①)
〜(③)にあてはまる語句の組み合わせとして正しいものを，以下
の1〜4の中から1つ選びなさい。

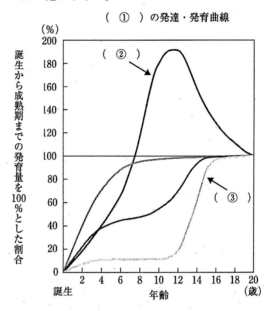

(①) の発達・発育曲線

	①	②	③
1	スキャモン	一般系	神経系
2	マズロー	一般系	生殖器系
3	スキャモン	リンパ系	生殖器系
4	マズロー	リンパ系	神経系

(☆☆☆○○○)

【26】 次のグラフは，平成30年版消費者白書に示された，『子どもの「不
慮の事故(交通事故，自然災害を除く)」による年齢別の死因内訳(2016
年)』です。 ア 〜 ウ にあてはまる語句の組み合わせとして正
しいものを，以下の1〜4の中から1つ選びなさい。

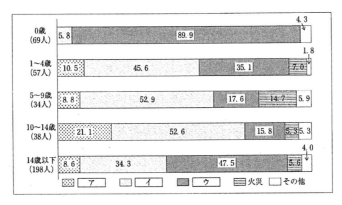

	ア	イ	ウ
1	窒息	転倒・転落	溺水
2	転倒・転落	溺水	窒息
3	溺水	窒息	転倒・転落
4	溺水	転倒・転落	窒息

(☆☆◎◎◎◎)

【27】次は,「男女共同参画社会基本法」の前文の一部です。(ア),
(イ)に入る語句の組み合わせとして正しいものを,以下の1～4の
中から選びなさい。

> 我が国においては,日本国憲法に個人の尊重と法の下の平等
> がうたわれ,男女平等の実現に向けた様々な取組が,(ア)に
> おける取組とも連動しつつ,着実に進められてきたが,なお一
> 層の努力が必要とされている。
> 一方,少子高齢化の進展,国内経済活動の成熟化等我が国の
> 社会経済情勢の急速な変化に対応していく上で,男女が,互い
> にその人権を尊重しつつ責任も分かち合い,性別にかかわりな
> く,その(イ)を十分に発揮することができる男女共同参画社
> 会の実現は,緊要な課題となっている。

122

	ア	イ
1	国際社会	個性と能力
2	地方公共団体	主体性
3	国際社会	主体性
4	地方公共団体	個性と能力

(☆☆☆◎◎◎◎)

【28】次は，現行(2021年4月現在)の戸籍法及び民法に規定されている家族や家庭に関する文です。(　ア　)～(　ウ　)に入る数字の組み合わせとして最も適切なものを，以下の1～4の中から1つ選びなさい。

> 戸籍法では，国内で出生があったとき，出生の届出は，(　ア　)日以内にこれをしなければならないとされている。
> 民法では，婚姻の届出は，当事者双方及び成年の証人(　イ　)人以上が署名した書面で，又はこれらの者から口頭で，しなければならないとされている。また，離婚の日から婚姻前の氏に復した夫又は妻は，離婚の日から(　ウ　)箇月以内に戸籍法の定めるところにより届け出ることによって，離婚の際に称していた氏を称することができるとされている。

	ア	イ	ウ
1	14	1	3
2	7	2	6
3	14	2	3
4	7	1	6

(☆☆☆◎◎◎◎)

【29】令和2年度版高齢社会白書(内閣府)に示された，高齢期の暮らしの動向「65歳以上の者の介護」について述べた文として適切でないもの

を，次の1〜4の中から1つ選びなさい。

1　要介護者などからみた主な介護者の続柄をみると，最も多いのは子であり，次に配偶者，子の配偶者となっている。

2　介護や看護の理由により離職する人は男性よりも女性が多い。

3　介護に従事する職員数は，平成12年(2000年)度と比べると大幅に増加している。

4　65歳以上の者の要介護者等数は，平成20年(2008年)度から年々増加している。

(☆☆◎◎◎◎)

【30】日本の特徴ある住まいとその説明の組み合わせとして適切でないものを，次の1〜4の中から1つ選びなさい。

	日本の特徴ある住まい	説明
1	くど造り	飼育している馬の様子が見えるように、母屋と馬屋がL字形につながっている。
2	町家	間口が狭く、奥に長いつくりになっている。
3	合掌造り	断熱効果がある茅を材料にして雪が落ちやすい屋根の形にしている。
4	舟屋	1階は船が直接出入りでき、2階に生活の場があるつくりになっている。

(☆☆☆◎◎◎)

【31】日照や採光について，次の各問いに答えなさい。

(1)　次の〈図〉のA〜Cは，日本の春分・夏至・秋分・冬至のいずれかの南中時の太陽の高さを模式的に示したものです。南中時の太陽の高さがAとなる日として，最も適切なものを，1〜4の中から1つ選びなさい。

〈図〉

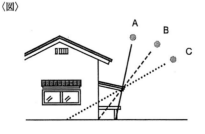

1　春分　　2　夏至　　3　秋分　　4　冬至

(2)　次の文は日照に関して説明したものです。適切でないものを，次の1〜4の中から1つ選びなさい。

1　建物の南側に大きな窓を設けておけば，冬は太陽光で暖かく過ごすことができる。

2　照明器具により，光のない空間に必要に応じて光を加えることを人工照明という。

3　日光を室内に取り入れ，室内を明るくすることを採光という。

4　庇(ひさし)は屋根の端が外壁より出ている部分であり，日射や雨を防ぐ役割がある。

(3)　次の文中の(　　)にあてはまる語句を，以下の1〜4の中から1つ選びなさい。

> 　太陽光に含まれている(　　)には，殺菌作用やビタミンDの形成作用がある。

1　ガンマ線　　2　紫外線　　3　X線　　4　赤外線

(☆☆◎◎◎)

【32】次のア〜エは，住居や室内環境に関して述べたものです。内容の組み合わせとして正しいものを，以下の1〜4の中から1つ選びなさい。

ア　二酸化炭素は，燃焼機器の不完全燃焼により発生する。無色・無臭で強い毒性をもち，僅かな量でも，命に関わる重大な健康被害をもたらす。

イ　換気扇を使い，室内の空気を外に出して，新鮮な空気を外から取り入れることを自然換気という。

ウ　シックハウス症候群とは，住宅の高気密化や化学物質を放散する建材の使用により，新築や改築後の住宅などにおいて，化学物質による室内空気汚染などが居住者にもたらす体調不良のことである。

エ　結露は，木材を腐食させて住まいを傷めたり，かびやダニを発生させてアレルギーやぜんそくを起こす原因となったりする。

1　アとイ　　2　アとエ　　3　イとウ　　4　ウとエ

(☆☆◎◎◎◎)

【33】次の文が示すものを，以下の1～4の中から1つ選びなさい。

> 急激な温度変化が体に及ぼす影響のこと。室温の変化によって血圧が急激に変化し，脈拍が早くなることがあり，高齢者や高血圧の人では心筋梗塞などにつながり，命の危険もある。

1　鉄欠乏性貧血　　　2　クラッシュシンドローム
3　ヒートショック　　4　エコノミークラス症候群

(☆☆◎◎◎◎)

【34】自然災害への対策として適切でないものを，次の1～4の中から1つ選びなさい。
1　ハザードマップを活用し，自然災害による被災想定区域や避難場所・避難経路などを確認しておく。
2　停電時に，地震等による避難をする際は，通電火災が起こることがあるのでブレーカーは帰宅後すぐに電気が使えるような状態であることを確認して外に出るようにする。
3　ローリングストックを意識し，比較的長持ちする食品などを日頃から少し多めに買い，使った分だけ新しく買い足しながら，一定の食料を家に備蓄しておく。
4　災害時には電話回線がつながりにくくても，SNSのアプリを通じて連絡可能な場合もあるので，事前にスマートフォンなどにダウンロードしておく。

(☆☆◎◎◎◎)

【35】次の〈図〉は，家計の収入(受取)と支出(支払)の項目を示したものです。〈図〉のA～Dの内訳にあたる組み合わせとして最も適切なものを，以下の1～4の中から1つ選びなさい。

〈図〉

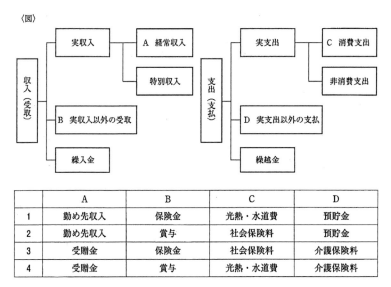

	A	B	C	D
1	勤め先収入	保険金	光熱・水道費	預貯金
2	勤め先収入	賞与	社会保険料	預貯金
3	受贈金	保険金	社会保険料	介護保険料
4	受贈金	賞与	光熱・水道費	介護保険料

(☆☆○○○)

【36】次のグラフは，資源エネルギー庁「平成30年度エネルギーに関する
年次報告」(エネルギー白書2019)第2部　第1章「国内エネルギー動向」
の「家庭部門のエネルギー消費の動向」から「家庭における用途別エ
ネルギー消費の変化」をまとめたものです。グラフのA〜Eにあてはま
る語句の組み合わせとして正しいものを，以下の1〜4から選びなさい。

家庭における用途別エネルギー消費の変化

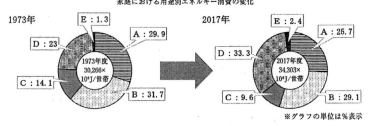

※グラフの単位は%表示

	A	B	C	D	E
1	動力・照明他	暖房	厨房	冷房	給湯
2	動力・照明他	暖房	給湯	冷房	厨房
3	暖房	給湯	冷房	動力・照明他	厨房
4	暖房	給湯	厨房	動力・照明他	冷房

(☆☆☆◎◎)

【37】次の文は，2020年7月より実施された，海洋プラスチック・生物多様性に係る政府の取り組みの一つを説明したものです。文中にあてはまる語句の組み合わせとして最も適切なものを，あとの1〜4から選びなさい。

> [　①　]に基づき，[　②　]を2019年5月に政府が策定。これに基づく取組の一環として，消費者のライフスタイルの変革を促すため，[　③　]を2020年7月に実施した。

	①	②	③
1	第四次循環型社会形成推進基本計画	デジタル・ガバメント実行計画	エコバッグ義務化
2	第四次循環型社会形成推進基本計画	プラスチック資源循環戦略	レジ袋有料化
3	地球温暖化対策推進法	デジタル・ガバメント実行計画	レジ袋有料化
4	海洋汚染海上災害防止法	プラスチック資源循環戦略	エコバッグ義務化

(☆☆☆◎◎◎)

【38】次の〈資料〉は，資源エネルギー庁「2020年版　エネルギー白書
(概要)」(令和2年6月)から作成したものです。　①　～　③　に入る
最も適切なものの組み合わせを，以下の1〜4から選びなさい。

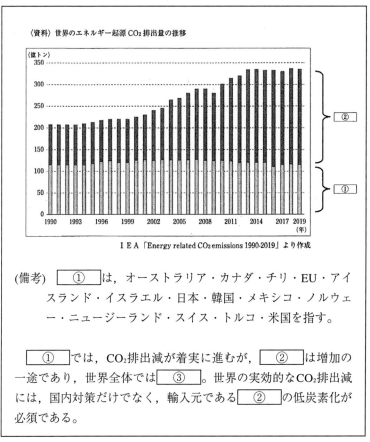

〈資料〉世界のエネルギー起源 CO₂排出量の推移

I E A 「Energy related CO₂ emissions 1990-2019」より作成

(備考)　①　は，オーストラリア・カナダ・チリ・EU・アイ
スランド・イスラエル・日本・韓国・メキシコ・ノルウェ
ー・ニュージーランド・スイス・トルコ・米国を指す。

　①　では，CO_2排出減が着実に進むが，　②　は増加の
一途であり，世界全体では　③　。世界の実効的なCO_2排出減
には，国内対策だけでなく，輸入元である　②　の低炭素化が
必須である。

	①	②	③
1	先進国	新興国等	減っていない
2	先進国	新興国等	確実に減っている
3	新興国等	先進国	減っていない
4	新興国等	先進国	確実に減っている

(☆☆◯◯◯)

【39】次は，「食品ロスの削減の推進に関する法律」(令和元年5月31日公布)の前文です。[　①　]～[　⑤　]に入る語句の組み合わせとして正しいものを，以下の1～4の中から選びなさい。

> 　我が国においては，まだ食べることができる食品が，[　①　]，製造，[　②　]，消費等の各段階において日常的に廃棄され，大量の食品ロスが発生している。食品ロスの問題については，2015年9月25日の国際連合総会において採択された持続可能な開発のための2030アジェンダにおいて言及されるなど，その削減が国際的にも重要な課題となっており，また，世界には栄養不足の状態にある人々が多数存在する中で，とりわけ，大量の食料を[　③　]し，食料の多くを[　③　]に依存している我が国として，真摯に取り組むべき課題である。
>
> 　食品ロスを削減していくためには，国民各層がそれぞれの立場において主体的にこの課題に取り組み，社会全体として対応していくよう，[　④　]とその定着を図っていくことが重要である。また，まだ食べることができる食品については，廃棄することなく，[　⑤　]，災害等により必要な食べ物を十分に入手することができない人々に提供することを含め，できるだけ食品として活用するようにしていくことが重要である。
>
> 　ここに，国，地方公共団体，事業者，消費者等の多様な主体が連携し，国民運動として食品ロスの削減を推進するため，この法律を制定する。

	①	②	③	④	⑤
1	生産	売買	輸入	食べ物を最後まで食べる態度の育成	戦争
2	生成	販売	輸出	食べ物を無駄にしない意識の確立	戦争
3	生産	販売	輸入	食べ物を無駄にしない意識の醸成	貧困
4	生成	売買	輸出	食料全体を削減していく意識の醸成	貧困

(☆☆◎◎◎◎)

【40】次のア〜エは，以下の①〜④の環境マークについて説明したもので
す。環境マークとその説明の組み合わせとして最も適切なものを，あ
との1〜4の中から選びなさい。

ア	オフィス機器について、稼働時、スリープ・オフ時の消費電力に関する基準を満たす商品に付けられる。
イ	適切に管理された森林から木材を使っていると認証された製品に付けられる。
ウ	持続可能な農業の厳しい基準を満たした農園の生産物からできた製品に付けられる。
エ	古紙を規定の割合以上利用している古紙利用製品に付けられる。

①	②	③	④

	①	②	③	④
1	イ	ウ	ア	エ
2	エ	ア	ウ	イ
3	イ	ウ	エ	ア
4	エ	ア	イ	ウ

(☆☆☆◎◎◎)

【41】次の文は，フェアトレードについて説明しているものです。文中の
[①], [②]にあてはまる語句の組み合わせとして最も適切なも
のを，以下の1〜4の中から1つ選びなさい。

> 　　フェアトレードとは，開発途上国の原料や製品を，[　①　]継続的に購入することにより，立場の弱い開発途上国の生産者や労働者の[　②　]を目指す「貿易のしくみ」のことです。

	①	②
1	高い関税をかけて	生活改善と自立
2	適正な価格で	持続可能な社会への参加
3	適正な価格で	生活改善と自立
4	高い関税をかけて	持続可能な社会への参加

(☆☆☆◎◎◎)

【42】次は，中学校学習指導要領(平成29年告示)「第2章　各教科　第8節　技術・家庭　第2　各分野の目標及び内容　〔家庭分野〕　1　目標」の全文です。文中の[　①　]～[　③　]に入る語句の組み合わせとして正しいものを，以下の1～4の中から1つ選びなさい。

> 　　生活の営みに係る見方・考え方を働かせ，衣食住などに関する実践的・体験的な活動を通して，よりよい生活の実現に向けて，生活を工夫し創造する資質・能力を次のとおり育成することを目指す。
> (1)　家族・家庭の[　①　]を深め，家族・家庭，衣食住，消費や環境などについて，生活の自立に必要な基礎的な理解を図るとともに，それらに係る技能を身に付けるようにする。
> (2)　家族・家庭や地域における生活の中から問題を見いだして課題を設定し，解決策を構想し，実践を[　②　]し，考察したことを論理的に表現するなど，これからの生活を展望して課題を解決する力を養う。
> (3)　自分と家族，家庭生活と地域との関わりを考え，家族や地域の人々と協働し，よりよい生活の実現に向けて，生活を工夫し創造しようとする[　③　]を養う。

	①	②	③
1	役割について理解	評価・修正	意欲的な態度
2	機能について理解	評価・改善	実践的な態度
3	機能について理解	評価・修正	意欲的な態度
4	役割について理解	評価・改善	実践的な態度

(☆○○○○○)

【43】 中学校学習指導要領(平成29年告示)「第2章　各教科　第8節　技術・家庭　第2　各分野の目標及び内容〔家庭分野〕2　内容　A　家族・家庭生活」の，4つの項目の組み合わせとして正しいものを，次の1～4から1つ選びなさい。

1	自分の成長と家族・家庭生活	幼児の生活と家族	家族・家庭や地域との関わり	家族・家庭生活についての課題と実践
2	自分の成長と家族	乳児・幼児の生活と家族	家庭や地域との関わり	家族・家庭生活についての課題と実践
3	自分の成長と家族・家庭生活	乳児・幼児の生活と家族	家族・家庭や地域との関わり	家族・家庭生活についての課題と改善
4	自分の成長と家族	幼児の生活と成長	家族・家庭や地域との関わり	家族・家庭生活についての課題と解決

(☆☆○○○○○)

【44】 次は，中学校学習指導要領(平成29年告示)「第2章　各教科　第8節　技術・家庭　第2　各分野の目標及び内容〔家庭分野〕2　内容　B　衣食住の生活」の一部です。文中の[　①　]，[　②　]に入る語句の組み合わせとして正しいものを，以下の1～4の中から1つ選びなさい。

(6)　住居の機能と安全な住まい方
　ア　次のような知識を身に付けること。
　　(ア)　[　①　]との関わりが分かり，住居の基本的な機能について理解すること。
　　(イ)　家庭内で事故の防ぎ方など家族の安全を考えた[　②　]について理解すること。
　イ　家族の安全を考えた[　②　]について考え，工夫すること。

133

	①	②
1	家族の生活と住空間	住空間の整え方
2	住居と安全	住空間との関わり
3	住居と安全	住空間の整え方
4	家族の生活と住空間	住空間との関わり

(☆☆◎◎◎◎◎)

【45】次は，中学校学習指導要領(平成29年告示)「第2章　各教科　第8節　技術・家庭　第2　各分野の目標及び内容〔家庭分野〕3　内容の取扱い」の一部です。文中の[　①　]～[　④　]に入る語句の組み合わせとして正しいものを，以下の1～4の中から1つ選びなさい。

(1)　各内容については，生活の科学的な理解を深めるための実践的・体験的な活動を充実すること。

(2)　内容の「A家族・家庭生活」については，次のとおり取り扱うものとする。

ア　(1)のアについては，家族・家庭の基本的な機能がAからCまでの各内容に関わっていることや，家族・家庭や地域における様々な問題について，協力・協働，健康・快適・安全，[　①　]，持続可能な社会の構築等を視点として考え，解決に向けて工夫することが大切であることに気付かせるようにすること。

イ　(1)，(2)及び(3)については，相互に関連を図り，実習や観察，[　②　]などの学習活動を中心とするよう留意すること。

ウ　(2)については，幼稚園，保育所，[　③　]などの幼児の観察や幼児との触れ合いができるよう留意すること。アの(ア)については，幼児期における周囲との基本的な信頼関係や生活習慣の形成の重要性についても扱うこと。

エ　(3)のアの(イ)については，高齢者の身体の特徴についても触れること。また，高齢者の[　④　]に関する体験的な活動ができるよう留意すること。イについては，地域の活動や行事などを取り上げたり，他教科等における学習との関連を図ったりするよう配慮すること。

	①	②	③	④
1	芸術文化の継承	アクティブラーニング	認定こども園	看護の基礎
2	芸術文化の継承	ロールプレイング	学童保育	看護の基礎
3	生活文化の継承	アクティブラーニング	学童保育	介護の基礎
4	生活文化の継承	ロールプレイング	認定こども園	介護の基礎

(☆☆○○○○○)

【46】次は，中学校学習指導要領(平成29年告示)「第2章　各教科　第8節　技術・家庭　第3　指導計画の作成と内容の取扱い」の一部です。文中の[　①　]〜[　④　]に入る語句の組み合わせとして正しいものを，以下の1〜4の中から1つ選びなさい。

2　第2の内容の取扱いについては，次の事項に配慮するものとする。

(1)　指導に当たっては，衣食住やものづくりなどに関する実習等の結果を整理し考察する学習活動や，生活や社会における課題を解決するために[　①　]などを用いて考えたり，説明したりするなどの学習活動の充実を図ること。

(2)　指導に当たっては，コンピュータや[　②　]を積極的に活用して，実習等における情報の収集・整理や，実践結果の発表などを行うことができるように工夫すること。

(3)　基礎的・基本的な知識及び技能を習得し，基本的な概念などの理解を深めるとともに，仕事の楽しさや完成の

135

喜びを体得させるよう，実践的・体験的な活動を充実すること。また，生徒の[　③　]を踏まえて学習内容と将来の職業の選択や生き方との関わりについても扱うこと。

(4)　資質・能力の育成を図り，一人一人の個性を生かし伸ばすよう，生徒の興味・関心を踏まえた学習課題の設定，技能の習得状況に応じた少人数指導や教材・教具の工夫など個に応じた指導の充実に努めること。

(5)　生徒が，学習した知識及び技能を生活に活用したり，生活や社会の変化に対応したりすることができるよう，生活や社会の中から問題を見いだして課題を設定し解決する学習活動を充実するとともに，家庭や地域社会，[　④　]などとの連携を図るよう配慮すること。

	①	②	③	④
1	文章や統計，理論	高度情報通信	キャリア発達	小学校
2	言葉や図表，概念	高度情報通信	発達段階	企業
3	言葉や図表，概念	情報通信ネットワーク	キャリア発達	企業
4	文章や統計，理論	情報通信ネットワーク	発達段階	小学校

(☆☆◎◎◎◎◎)

【高等学校】

【1】高等学校学習指導要領(平成30年告示)解説　家庭編「第1部　各学科に共通する教科「家庭」第1章　総説　第4節　家庭科の科目編成」に内容として示されていないものを，次の(1)～(4)の中から1つ選びなさい。

(1)　「家庭総合」は，標準単位数が4単位の科目である。

(2)　いずれの科目においても，「A　人の一生と家族・家庭及び福祉」の(1)に生涯の生活設計を導入として位置付けるとともに，成年年齢の引下げを踏まえ，「C　持続可能な消費生活・環境」において，契約の重要性や消費者保護に関する内容の充実を図った。

(3)　共通教科としての家庭科においては，「家庭基礎」，「家庭総合」
　　及び「生活デザイン」の3科目を設け，生徒の多様な能力・適性，
　　興味・関心等に応じて必履修科目として1科目を選択的に履修させ
　　る。
(4)　「家庭基礎」は，標準単位数が2単位の科目である。

(☆○○○○○)

【2】高等学校学習指導要領(平成30年告示)解説　家庭編「第2部　主と
　　して専門学科において開設される教科「家庭」　第1章　総説　第4節
　　家庭科の科目編成」の内容として誤っているものを，次の(1)～(4)の中
　　から1つ選びなさい。
(1)　「子どもの発達と保育」「子ども文化」は，整理統合されて「保育
　　基礎」「保育実践」となった。
(2)　「リビングデザイン」は「住生活デザイン」に名称が変更された。
(3)　新設した科目は，「総合調理実習」である。
(4)　専門教科「家庭」は，20科目で構成されている。

(☆○○○○○)

【3】民法で規定されている相続について述べた文として適切でないもの
　　を，次の(1)～(4)の中から1つ選びなさい。
(1)　被相続人に子がいる場合には，子と配偶者が第1順位で相続人と
　　なる。
(2)　被相続人の子は，嫡出子であるか，非嫡出子であるかを問わない。
(3)　被相続人に直系尊属がいない場合で，直系卑属がいるときには，
　　直系卑属と配偶者が第2順位で相続人となる。
(4)　被相続人に直系卑属も直系尊属もいない場合に，兄弟姉妹と配偶
　　者が第3順位で相続人となる。

(☆☆☆○○○○)

【4】次の図は，令和2年度　少子化社会対策白書の「図　年齢別就業時間が週60時間以上の男性就業者の割合の推移」(内閣府)を示したものです。ア〜エにあてはまる年齢層の組み合わせとして正しいものを，以下の(1)〜(4)の中から1つ選びなさい。

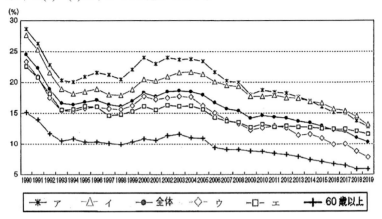

資料：総務省「労働力調査」
注：1．数値は，非農林業就業者（休業者を除く）総数に占める割合。
　　2．2011年の値は、岩手県、宮城県及び福島県を除く全国結果。

	ア	イ	ウ	エ
(1)	３０歳代	４０歳代	２０歳代	５０歳代
(2)	５０歳代	２０歳代	３０歳代	４０歳代
(3)	３０歳代	４０歳代	５０歳代	２０歳代
(4)	４０歳代	３０歳代	５０歳代	２０歳代

(☆☆☆☆◎◎◎)

【5】次の図は，2019年　国民生活基礎調査の概況(厚生労働省)の「Ⅰ世帯数と世帯人員の状況　65歳以上の者のいる世帯の世帯構造の年次推移」をまとめたものです。A〜Dにあてはまる項目の組み合わせとして正しいものを，以下の(1)〜(4)の中から1つ選びなさい。

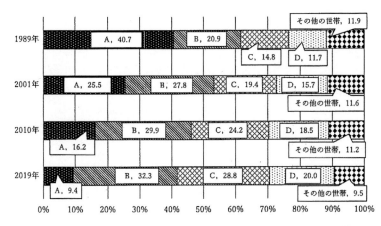

	A	B	C	D
(1)	夫婦のみの世帯	単独世帯	三世代世帯	親と未婚の子のみの世帯
(2)	三世代世帯	夫婦のみの世帯	単独世帯	親と未婚の子のみの世帯
(3)	三世代世帯	親と未婚の子のみの世帯	単独世帯	夫婦のみの世帯
(4)	夫婦のみの世帯	単独世帯	親と未婚の子のみの世帯	三世代世帯

(☆☆☆☆◎◎◎)

【6】地域包括支援センターが担う包括的支援事業の内容として誤っているものを，次の(1)～(4)の中から1つ選びなさい。
 (1)　介護予防ケアマネジメント　　(2)　総合相談支援
 (3)　権利擁護　　　　　　　　　　(4)　要介護の認定

(☆☆☆☆◎◎◎)

【7】契約について述べた文として適切でないものを，次の(1)～(4)の中から1つ選びなさい。
 (1)　契約の基本的なルールは消費者基本法に定められている。
 (2)　契約時に婚姻経験のある未成年者は，未成年者契約取消が認めら

れない。

(3)　未成年者でも小遣いの範囲で契約した場合，取り消すことができない。

(4)　通信販売業者が通信販売の広告の中で，契約申込みの撤回に関する特約を記載していない場合には，商品の引き渡された日又は指定権利の移転を受けた日から起算して8日間は返品ができる。

(☆☆◎◎◎◎)

【8】次の金融に関する略語・愛称と，それぞれが表す用語の組み合わせとして誤っているものを，次の(1)～(4)の中から1つ選びなさい。

	略語・愛称	用語
(1)	ETF	上場投資信託
(2)	iDeCo	企業型確定拠出年金
(3)	NISA	少額投資非課税制度
(4)	REIT	不動産投資信託

(☆☆☆☆◎◎◎)

【9】「持続可能な開発目標(SDGs)」について述べた文として誤っているものを，次の(1)～(4)の中から1つ選びなさい。

(1)　17の目標と169のターゲットで構成されている。

(2)　2001年に策定された「ミレニアム開発目標(MDGs)」の後継となる国際目標である。

(3)　国連の「SUSTAINABLE DEVELOPMENT REPORT 2020」によると，日本はジェンダー平等を実現するという目標を達成している。

(4)　国連の「SUSTAINABLE DEVELOPMENT REPORT 2020」において，日本が達成できた目標は3つである。

(☆☆☆◎◎◎◎)

【10】次の表は「家計調査 収支項目分類の基本原則」(総務省統計局)に記載されている支出の分類と項目をまとめたものです。ア～ウの組み合わせとして最も適切なものを，以下の(1)～(4)の中から1つ選びなさい。

支出の分類	項目
ア	保健医療
イ	社会保険料
ウ	預貯金預け入れ

	ア	イ	ウ
(1)	実支出以外の支出	非消費支出	非消費支出
(2)	消費支出	実支出以外の支出	消費支出
(3)	実支出以外の支出	非消費支出	実支出以外の支出
(4)	消費支出	非消費支出	実支出以外の支出

(☆☆◎◎◎◎)

【11】母子健康手帳について述べた文について[A]に入る語句を，以下の(1)～(4)の中から1つ選びなさい。

令和2年10月1日から[A]感染症に係る予防接種が定期接種の対象となることを踏まえて，1歳6カ月児健診，3歳児健診及び6歳児健診の予防接種の欄に，[A]感染症に係る予防接種が追加された。

(1) インフルエンザ菌b型 (2) ロタウイルス (3) 肺炎球菌
(4) B型肝炎

(☆☆☆☆◎◎◎◎)

【12】次のア～ウの作品とその作者の組み合わせとして正しいものを，以下の(1)～(4)の中から1つ選びなさい。
ア はらぺこあおむし イ いない いない ばあ
ウ ぐりとぐら

	ア	イ	ウ
(1)	エリック・カール	なかがわりえこ おおむらゆりこ	松谷みよ子 瀬川康男
(2)	なかがわりえこ おおむらゆりこ	松谷みよ子 瀬川康男	エリック・カール
(3)	エリック・カール	松谷みよ子 瀬川康男	なかがわりえこ おおむらゆりこ
(4)	松谷みよ子 瀬川康男	なかがわりえこ おおむらゆりこ	エリック・カール

(☆☆☆◎◎)

【13】育児休業について述べた文として適切でないものを，次の(1)～(4)の中から1つ選びなさい。ただし，令和3年4月1日時点で施行されている法令に基づくものとします。

(1) 両親ともに育児休業をする場合で，一定の要件を満たす場合には，子が1歳2か月になるまでの間，育児休業を取得することができる。

(2) 配偶者の出産後8週間以内の期間内にされた最初の育児休業については，特別な事情がなくても，再度の取得が可能である。

(3) 保育所などに入所できない場合に限り，子が1歳6か月まで(再延長で2歳まで)延長することが可能である。

(4) 小学校就学の始期に達するまでの子を養育する労働者が子を養育するために請求した場合には，事業主は所定労働時間を超えて労働させてはならない。

(☆☆☆☆◎◎◎◎)

【14】新生児から1歳6か月のあいだにあらわれる情緒の組み合わせとして最も適切なものを，次の(1)～(4)の中から1つ選びなさい。

	新生児	6か月	1歳	1歳6か月
(1)	不快	得意	しっと	恐れ
(2)	興奮	恐れ	得意	しっと
(3)	興奮	しっと	恐れ	得意
(4)	不快	しっと	恐れ	得意

(☆☆☆☆◎◎◎)

【15】 Aの図は，Bのミシンを使用して縫ったときの糸調子の様子を示しています。正しい糸調子にする方法として最も適切なものを，以下の(1)～(4)の中から1つ選びなさい。

A

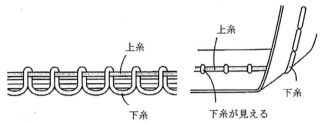

B

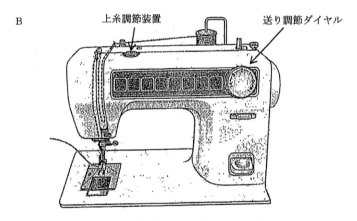

(1) 上糸が強いので，上糸調節装置の数字を小さくする。
(2) 上糸が弱いので，上糸調節装置の数字を大きくする。
(3) 下糸が強いので，送り調節ダイヤルの数字を小さくする。
(4) 下糸が弱いので，送り調節ダイヤルの数字を大きくする。

(☆☆◎◎◎)

【16】 次のア～エの図は，平成28年12月1日から使用されている洗濯表示の記号です。それぞれの記号について述べた文として誤っているもの

を，以下の(1)～(4)の中から1つ選びなさい。

ア 　　イ 　　ウ 　　エ

(1) アは，洗濯処理後のタンブル乾燥処理ができる。排気温度の上限は最高80℃。
(2) イは，塩素系及び酸素系漂白剤による漂白処理ができる。
(3) ウは，底面温度150℃を限度としてアイロン仕上げ処理ができる。
(4) エは，液温50℃を限度とし，洗濯機で通常の洗濯処理ができる。

(☆☆◎◎◎◎)

【17】次の図は，女物の単衣の長着を示したものです。ア～エの名称の組み合わせとして最も適切なものを，以下の(1)～(4)の中から1つ選びなさい。

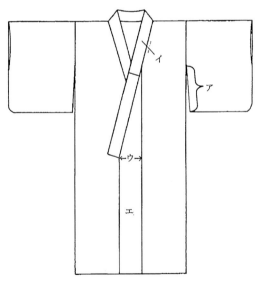

	ア	イ	ウ	エ
(1)	振り	共衿（掛け衿）	合褄幅	衽
(2)	身八つ口	共衿（掛け衿）	衽下がり	衽
(3)	振り	肩あて	合褄幅	剣先
(4)	身八つ口	肩あて	衽下がり	剣先

(☆☆☆◎◎◎)

【18】1938年に「石炭と空気と水からつくられ，クモの糸のように細く，鋼鉄のように強い」というキャッチ・フレーズで，アメリカのデュポン社が発表した合成繊維の名称を，次の(1)～(4)の中から1つ選びなさい。

(1) レーヨン　　(2) ポリエステル　　(3) アクリル

(4) ナイロン

(☆☆☆◎◎◎)

【19】パッチポケットを身ごろに縫い付ける際に力布を付ける位置を示した図として最も適切なものを，次の(1)～(4)の中から1つ選びなさい。

(1)　　　　　(2)　　　　　(3)　　　　　(4)

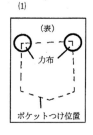 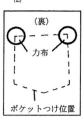 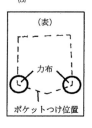 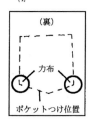

(☆☆☆◎◎◎)

【20】脂質について述べた文として最も適切なものを，次の(1)～(4)の中から1つ選びなさい。

(1) 中性脂肪とは，1つのグリセリンに3つの脂肪酸が結合した複合脂質であり，主にエネルギー源として利用される。

(2) 食品中の脂肪は，胆汁酸により乳化され，リパーゼの働きで脂肪

酸とモノグリセリドに分解され，小腸の細胞に吸収されて再び脂肪に合成される。

(3)　必須脂肪酸であるリノール酸・リノレン酸・アラキドン酸は，一価不飽和脂肪酸である。

(4)　HDLはコレステロールを肝臓から体の各組織に運び，LDLは組織中のコレステロールを肝臓に戻すはたらきをする。

(☆☆☆◎◎◎◎)

【21】「農山漁村の郷土料理百選」(農林水産省)に示された都道府県と郷土料理の組み合わせとして誤っているものを，次の(1)～(4)の中から1つ選びなさい。

	都道府県	郷土料理	
(1)	栃木県	おっきりこみ	生芋こんにゃく料理
(2)	岐阜県	栗きんとん	朴葉みそ
(3)	岡山県	ばらずし	ママカリずし
(4)	福岡県	水炊き	がめ煮

(☆☆☆◎◎◎)

【22】消費者庁が定める，アレルゲンを含む食品に関する表示について，令和元年度に見直しがされ，特定原材料に準ずるものに加えられた食品を，次の(1)～(4)の中から1つ選びなさい。

(1)　カシューナッツ　　(2)　ごま　　(3)　バナナ　　(4)　アーモンド

(☆☆☆◎◎◎◎)

【23】ソース，煮込み料理，ポタージュなどにとろみをつけるために用いる，バターと小麦粉を練り混ぜたものの名称を，次の(1)～(4)の中から1つ選びなさい。

(1)　ドウ　　(2)　ブイヨン　　(3)　ブール・マニエ　　(4)　メレンゲ

(☆☆◎◎◎)

【24】魚卵とその魚の組み合わせとして誤っているものを，次の(1)～(4)の中から1つ選びなさい。

	魚卵	魚
(1)	かずのこ	にしん
(2)	ぶりこ	はたはた
(3)	からすみ	あゆ
(4)	たらこ	すけとうだら

(☆☆◎◎◎)

【25】2020年12月に，「伝統建築工匠の技：木造建造物を受け継ぐための伝統技術」(文化庁)としてユネスコの無形文化遺産に登録された17件の国の選定保存技術ではないものを，次の(1)～(4)の中から1つ選びなさい。

(1) 玉鋼製造　　(2) 左官(日本壁)　　(3) 畳製作　　(4) 建造物装飾

(☆☆☆☆◎◎)

解答・解説

【中学校】

【1】3

〈解説〉食品群は，小学校では3群，中学校では6群，高等学校では4群のものを用いて学習する。それぞれの分類法について理解しておくこと。献立で使用されていないのは，4群のその他の野菜・果物である。

【2】4

〈解説〉選択肢4の卵の凝固温度について，卵白は60℃前後から凝固が始まり，80℃以上で完全に凝固する。卵黄は65℃前後から凝固が始まり，75℃で完全に凝固する。卵の特性についての問題は頻出なので，必ず覚えること。

【３】1

〈解説〉牛肉，豚肉について各部位の名前と特徴を確認しておくこと。牛のランプ肉はサーロインの後方に位置し，脂が少なく赤身の濃厚な味が特徴である。

【４】4

〈解説〉不可欠アミノ酸(必須アミノ酸)9種(イソロイシン，ロイシン，リジン，メチオニン，フェニルアラニン，トレオニン〈スレオニン〉，トリプトファン，バリン，ヒスチジン)と非必須アミノ酸11種(チロシン，システイン，アスパラギン酸，アスパラギン，セリン，グルタミン酸，グルタミン，プロリン，グリシン，アラニン，アルギニン)は覚えておくこと。

【５】4

〈解説〉正答以外の選択肢について，1は保存料，2はバニラの香りの主成分である香料，3は重曹である。

【６】2

〈解説〉炊飯の水の量は，米の重量×1.5倍，米の体積×1.2倍である。アは80×1.5＝120〔g〕，イは100×1.2＝120〔mL〕である。

【７】4

〈解説〉正答以外の選択肢について，1は豆みそではなく，米みその説明である。2は豆みその製造方法である。3について，しょうゆにはJAS規格があるが，みそにはない。

【８】4

〈解説〉選択肢4のカンピロバクターは細菌性である。食中毒には，細菌性，ウイルス性，寄生虫，自然毒，化学物質によるものがあるので，それぞれ原因となるものを整理して覚えておきたい。

【9】2

〈解説〉正答以外の選択肢について，1は農産物収穫後の農薬散布，3は衛生管理の手法，4は原材料の調達から生産，消費または廃棄まで追跡可能なシステムのことである。いずれも重要な語句なので理解を深めておきたい。

【10】3

〈解説〉食品表示の問題にも関わるので，生鮮食品と加工食品の区分について確認しておきたい。製造(その原料として使用したものとは，本質的に異なる新たなものを作り出すこと)または加工(あるものを材料として，その本質は保持させつつ新しい属性を付加すること)されたものが加工食品であり，調整(一定の作為は加えるが，加工には至らないもの)，または選別(一定の基準によって仕分け，分類することにあたるもの)されただけのものは生鮮食品とされる。また，組み合わせと混合の考え方について，生鮮食品の同種混合は生鮮食品だが，異種混合は加工食品になる。異種でもたんに組み合わせただけでは生鮮食品であるので注意する。

【11】3

〈解説〉亜鉛は全身の細胞に存在し，免疫システムに関与する。侵入してきた細菌やウイルスの感染防御に役立つ。たんぱく質やDNAの中にある遺伝物質を合成するために必要な物質である。特に妊娠中，乳幼児期の体の成長・発達のために必要である。亜鉛が不足すると味覚異常が生ずる。正答以外の選択肢について，1はカルシウム，リン，2は鉄，4はカリウムについての説明である。

【12】2

〈解説〉しょ糖は二糖類で，ぶどう糖と果糖が結合したものである。二糖類には他に乳糖，麦芽糖がある。炭水化物の分類についての問題は頻出である。単糖類，多糖類をそれぞれ整理して覚えること。

【13】3

〈解説〉選択肢アについて，利尻昆布はだし用で，昆布巻きやおでんの具に使われるのは柔らかい日高昆布である。エのあごだしは，トビウオからとっただしで，上品でスッキリとした甘味があり，味が深いといわれている。

【14】1

〈解説〉着物の着付けは練習しておくこと。女性用には身八つ口があり，身八つ口から手を入れておはしょりを整える。おはしょりは女物のみにあり男物にはない。

【15】3

〈解説〉胴囲(女)は胴の一番細いところを水平に一周測る。体の寸法の測り方と，サイズ表示について学習しておくこと。

【16】4

〈解説〉界面活性剤についての問題は頻出である。分子とはたらきについて，必ず図をあわせて学習しておくこと。

【17】(1)　2　　(2)　1

〈解説〉(1)　アについて，ナイロンの説明として正しいが，種類は合成繊維である。ウについて，レーヨンの説明としては正しいが，種類が再生繊維である。繊維の種類と分類，特徴についても整理して覚えること。　(2)　側面によじれがあり，中が空洞になっているので綿である。繊維の側面と断面の図についての問題は頻出なので，他の繊維についても確認しておくこと。

【18】3

〈解説〉まち針は，縫い線に対して垂直に，外側から2～3mmすくう。縫い線に対して斜めになったり，水平に打つと布がずれてしまう。

【19】 1

〈解説〉選択肢2は千鳥がけ，3は縦まつりである。他に，奥まつり等もある。

【20】 1

〈解説〉ローンは薄地，ギンガムとブロードは普通地。デニムは厚地である。薄地はポリエステル糸90番・ミシン針9番，普通地はポリエステル糸60番・ミシン針11番，厚地はポリエステル糸30〜60番，ミシン針14〜16番が適している。糸は番手が大きいほど細くなり，針は太くなる。

【21】 2

〈解説〉選択肢2は七宝文様である。麻の葉文様も確認しておくこと。それぞれの模様には意味があるのであわせて覚えておきたい。

【22】 (1) 3　　(2) 3

〈解説〉(1)　それぞれの繊維について，分類，手入れの仕方を整理して覚えること。　　(2)　選択肢3について，縦線1本の場合が「つり干し」で，縦線2本は「ぬれつり干し」である。洗濯表示の問題は頻出である。洗濯，乾燥，クリーニング，アイロンの表示を整理して必ず覚えること。

【23】 1

〈解説〉選択肢2〜4は3歳以上の内容である。

【24】 2

〈解説〉アは2000(平成12)年，イは1989年に国連総会で採択され，日本が批准したのは1994(平成6)年，ウは1947(昭和22)年に制定された。児童に関する法律の成り立ちと改正年と内容等を覚えること。

【25】3

〈解説〉マズローは欲求5段階説を唱えた。人間の欲求は，生理的欲求，
　安全の欲求，社会的欲求，承認欲求，自己実現の欲求の5つの断層に
　分かれているとした。乳幼児期と思春期に成長が著しいのが一般系，
　乳幼児期に急激に成長し12歳頃に完成するのが神経系である。発達の
　時期はそれぞれの器官によって時期が異なるので確認しておくこと。

【26】2

〈解説〉0歳で圧倒的に多いのは窒息による死亡。ア・イは，1〜4歳で急
　に増加することに注目。一人歩きができるようになり，行動範囲が広
　がり，溺水や転倒・転落が増えてくる。

【27】1

〈解説〉男女参画社会基本法は概要を確認しておきたい。世界の国々と比
　べて，我が国のジェンダーギャップについての調査やグラフは様々あ
　り，問題として頻出なので学習しておきたい。

【28】3

〈解説〉民法，戸籍法についての問題は頻出である。成人年齢が引き下げ
　られることにより，変わった点など必ず確認しておきたい。

【29】1

〈解説〉介護者で一番多いのは，配偶者，次いで要介護者の子である。配
　偶者による介護は「老老介護」の言葉を生んだ。

【30】1

〈解説〉選択肢1に該当するのは曲屋で，青森県南部や岩手県旧南部藩の
　地域で見られる。くど造りは九州筑後川流域で見られる建物様式で，
　屋根の棟がコの字形になっている。

【31】(1) 2　　(2) 4　　(3) 2

〈解説〉(1)　日本では南側に大きな窓を設けることが多い。夏は軒によって日差しを遮ることができる。選択肢Cは冬至，Bは春分・秋分である。　(2)　庇は屋根の端のことではなく，窓や出入り口などの上部に壁から突き出すように取り付けられたものである。違いを確認しておきたい。　(3)　紫外線の作用について，悪影響についても確認しておくこと。

【32】4

〈解説〉アは，一酸化炭素についての説明である。イは機械換気の説明である。自然換気は自然の風の流れや温度差を利用した換気である。

【33】3

〈解説〉ヒートショックは冬場の脱衣所や浴室等でおきやすい。2は挫滅症候群ともいい，身体の一部が長時間挟まれるなどして圧迫され，その解放後に起こる様々な症候をいう。4は長時間足を動かさず同じ姿勢でいると静脈に血栓ができ，それにより肺の血管が閉塞してしまうこと。

【34】2

〈解説〉災害によって停電し，避難で家を離れるときは，ガスの元栓だけでなくブレーカーも落としておくのがよい。災害による停電のあと，電気が復旧したときに通電火災を起こす恐れがある。

【35】1

〈解説〉それぞれの項目の内訳を確認しておくこと。実支出のうち非消費支出は，税金や社会保険料である。Bは預貯金の引き出し，借入金，財産売却，分割払い購入借り入れ金等，Dは預貯金の預け入れ，保険掛け金，借金返済，財産購入，分割払い購入，借り入れ金返済等がある。

【36】4

〈解説〉家電機器の普及・大型化・多様化や生活様式の変化等に伴い，動力・照明用のエネルギー消費が増加した。またエアコンの普及や気温の上昇により冷房用のエネルギー消費もほぼ2倍になっている。

【37】2

〈解説〉2020年のレジ袋有料化は時事的な問題で，これに関する出題は頻出である。循環型社会形成推進基本計画は，循環型社会形成推進基本法(平成12年)に基づき定められている。5年ごとに見直すことになっており，現在の第四次循環型社会形成推進基本計画は，2025年までである。

【38】1

〈解説〉CO_2の排出量は，先進国では緩やかであるが減少しているが，新興国では1990年代と比べ1.5倍近く増加している。様々な製品の製造を新興国で行い，輸入しているということが背景にある。

【39】3

〈解説〉日本の食品ロス量は年間570万tになる。日本人の1人当たりの食品ロス量は1年で約45kgである。食品ロスは大きく分けると事業系と家庭系に分けられ，全体の570万tのうち事業系食品ロスは309万t，家庭系食品ロスは261万tとなっている。

【40】4

〈解説〉①はグリーンマーク，②は国際エネルギースターロゴ，③はFSC森林認証マーク，④はレインフォレスト・アライアンス認証マークである。環境に関するマークは他にもあるので確認しておくこと。

【41】3

〈解説〉フェアトレード認証される製品はコーヒー，紅茶，バナナ等があ

る。経済・社会・環境の三つの原則により基準が定められている。フェアトレード認証ラベルも確認しておくこと。

【42】2
〈解説〉中学校学習指導要領から，家庭分野の目標についての語句の穴埋め，選択式の出題であった。目標について，文言は必ず覚えること。

【43】1
〈解説〉A家族・家庭生活の(1)自分の成長と家族・家庭生活は1年次の最初の授業で行なう。自分の成長や生活が家族や家庭生活に支えられていたことに気付かせることや小学校家庭科の授業を振り返り，これからの3年間の家庭科の導入授業として行なうことが出来るからである。内容について，A　家族・家庭生活だけでなく，B　衣食住の生活，C　消費生活・環境についても学習しておくこと。

【44】1
〈解説〉B　衣食住の生活の内容については(1)〜(7)の7項目があり，(1)〜(3)は食生活，(4)〜(5)は衣生活，(6)〜(7)は住生活に関する項目である。今回は住生活に関する出題であったが，他の分野についても学習しておくこと。

【45】4
〈解説〉内容の取扱いに関する出題であった。(1)(2)から問われたが，全体で(1)〜(4)の4項目あるので学習しておくこと。

【46】3
〈解説〉指導計画の作成と内容の取扱いから，内容の取扱いについての出題であった。問題にあげられている(1)〜(5)の5項目が示されており，授業に直結する具体的で重要な内容である。理解を深めておきたい。また，指導計画の作成に当たっての配慮事項は(1)〜(6)の6項目があげ

られている。次年度出題される可能性も高いので学習しておきたい。

【高等学校】

【1】(3)
〈解説〉高等学校学習指導要領(平成30年告示)解説　家庭編からの問題である。以前は「家庭基礎」(2単位)「家庭総合」(4単位)及び「生活デザイン」(4単位)の3科目からなっていたが，今回の改定で内容を再構成し「家庭基礎」「家庭総合」の2科目となった。「家庭基礎」では，高等学校の卒業段階において，自立した生活者として必要な実践力を育成することを重視した基礎的な内容構成である。「家庭総合」では，従前の「家庭総合」や「生活デザイン」の内容を引き継ぎ，生涯を見通したライフステージごとの生活を科学的に理解させるとともに，主体的に生活を設計することや，生活文化の継承・創造等，生活の価値や質を高め豊かな生活を創造することを重視した内容構成となっている。

【2】(4)
〈解説〉以前は20科目であったが，「総合調理実習」を新設し，「子どもの発達と保育」と「子ども文化」を「保育基礎」と「保育実践」に整理統合し，「リビングデザイン」を「住生活デザイン」に名称変更を行い，21科目に改めた。

【3】(3)
〈解説〉死亡した人の配偶者は常に相続人となる。配偶者以外の人で直系卑属がいる場合はで配偶者と一緒に相続人第1順位になる。

【4】(1)
〈解説〉世代別による労働時間の推移だけでなく，少子化に関わる働き方についての調査やグラフを確認しておくこと。

【5】(2)

〈解説〉世帯人員の状況についてのグラフを使った出題は頻出である。世帯構造の推移について深い理解が必要だ。そこから考えられる現代社会の問題点について考察しておきたい。

【6】(4)

〈解説〉地域包括支援センターは，65歳以上の高齢者と高齢者に関わる人であれば誰でも利用できる。4つの業務は選択肢にあげられた3つともう一つは包括的・継続的ケアマネジメントである。介護認定の申請をするのは市町村の窓口で，市町村の職員や委託を受けた居宅介護施設事業者の介護支援専門員が訪問し，介護認定審査会で審査する。

【7】(1)

〈解説〉契約について定めたものは「消費者契約法」である。契約取り消しについての問題は頻出なので，学習しておくこと。

【8】(2)

〈解説〉iDeCo(イデコ)は，個人型確定拠出年金である。他の年金制度と違い，個人が拠出した掛け金を自ら運用して資産をつくるという仕組みである。

【9】(3)

〈解説〉日本の目標別達成度について，取り組みが順調に進んでいる目標は，目標4(教育)・目標6(安全な水とトイレ)・目標8(働きがいと経済成長)・目標9(産業・技術革新)。達成度と進捗度が低く取り組みの強化が必要な目標は，目標5(ジェンダー平等)・目標10(不平等をなくす)・目標13(気候変動対策)・目標14(海の豊かさ)。達成度は低いが進捗度が順調な目標は，目標2(飢餓)・目標7(エネルギー)・目標17(パートナーシップ)である。

【10】(4)

〈解説〉イには社会保険料の他に税金も該当する。ウの実支出以外の支出
　　は，実際は自分の財産となっている品目である。借金の返済金，財産
　　購入，分割払い購入借り入れ金返済等が該当する。実収入以外の受取
　　には，支出の預貯金の引き出し，借入金，財産売却，分割払い購入借
　　り入金等がある。家計の収支について整理して覚えておきたい。

【11】(2)

〈解説〉ロタウイルスは乳幼児期(0〜6歳ころ)にかかりやすい病気。ロタ
　　ウイルスは感染力が強く，ごくわずかなウイルスが体内に入るだけで
　　感染してしまう。乳幼児の予防接種の定期接種と任意接種について，
　　種類を覚えておくこと。

【12】(3)

〈解説〉いずれも有名な絵本作者である。「いない　いない　ばあ」は0歳
　　用，「ぐりとぐら」は3〜5歳以上，「はらぺこあおむし」は4歳頃に適
　　した絵本である。発達に適した絵本を選ぶことは重要なので，良く読
　　まれている絵本については知識を深めておきたい。

【13】(4)

〈解説〉所定労働時間を超えて労働させてはいけないのは，小学校就学の
　　始期に達するまでの子ではなく，3歳までである。

【14】(2)

〈解説〉赤ちゃんの感情の分化である。出生時には「興奮」のみで，3か
　　月くらいで「快」「不快」が加わり3つの感情に増えていく。6か月頃
　　には「不快」が「怒り」「嫌悪」「恐れ」と分かれる。そして1歳くら
　　いで今度は「快」に「得意」「愛」という2つの分野があらわれる。そ
　　の後1歳半になると「愛」に「対児童」「対成人」が，「不快」に「し
　　っと」が追加される。2歳になると「快」に「よろこび」が追加され

て，主な感情が完成する。

【15】(1)
〈解説〉正常の縫い方であれば上糸と下糸が2枚の布のほぼ中央で交わる
ようになっている。糸調子の整え方については覚えておくこと。

【16】(4)
〈解説〉エについて，横線が1本ついているので，洗いの強さは通常では
なく弱い洗いである。洗濯表示の問題は頻出である。洗濯，漂白，乾
燥，アイロン，クリーニングについて整理して覚えること。

【17】(1)
〈解説〉女物の着物の名称である。男物とは違うのでそれぞれ覚えておく
こと。アと同じ位置で身頃側に開いている箇所は「身八つ口」といい
女物にしかない。衽が襟先の縫い止まりになっている箇所の幅を合棲
幅といい，衽幅より7～8mm狭くなっている。

【18】(4)
〈解説〉ナイロンが誕生してから80年が経つ。デュポンの研究者ウォーレ
ス・カロザースにより発明された画期的な素材である。繊維の種類と
特徴，断面や側面図について学習しておくこと。

【19】(2)
〈解説〉ポケットに手を入れる時に，ポケット口に負担がかかり，生地が
裂けたりする可能性がある。これを防ぐために口の部分に裏から力布
を当てる。

【20】(2)
〈解説〉選択肢(1)について，中性脂肪は脂質の分類としては単純脂質に
分類される。(3)は多価不飽和脂肪酸である。リノール酸とアラキドン

酸はn-6系，リノレン酸はn-3系の脂肪酸。(4)について，HDLは善玉コレステロール，LDLは悪玉コレステロールと言われる。HDLは余分なコレステロールを回収して動脈硬化を抑える。LDLは肝臓でできたコレステロールを全身の細胞に運ぶ役割がある。

【21】(1)

〈解説〉おっきりこみと生芋こんにゃく料理は群馬県の郷土料理である。群馬県の日照時間の長さと水はけのいい土壌が，こんにゃく芋の栽培に適していることから，全国生産量の約9割が群馬県で生産されている。栃木県の郷土料理はしもつかれが有名。正月に残った新巻鮭や酒かす，春先の大根やにんじんも使った，合理的で栄養のある常備菜である。

【22】(4)

〈解説〉表示義務がある「特定原材料」には，えび，かに，小麦，そば，卵，乳，落花生(ピーナッツ)の7品目。通知で表示を推奨する品目に，アーモンド，あわび，いか，いくら，オレンジ，カシューナッツ，キウイフルーツ，牛肉，くるみ，ごま，さけ，さば，大豆，鶏肉，バナナ，豚肉，まつたけ，もも，やまいも，りんご，ゼラチンの21品目がある。

【23】(3)

〈解説〉(1)は小麦粉に水を加えて練った生地，(2)は西洋だし，(4)は卵白を泡立てたものである。

【24】(3)

〈解説〉からすみは，ボラなどの卵巣を塩漬けし乾燥させたもの。うす切りにして食べたり焼いたりして食べる。

【25】(1)

〈解説〉登録された17件は，建造物修理，建造物木工，檜皮葺・柿葺，茅葺，檜皮採取，屋根板製作，茅採取，建造物装飾，建造物彩色，建造物漆塗，屋根瓦葺(本瓦葺)，左官(日本壁)，建具製作，畳製作，装潢修理技術，日本産漆生産・精製，縁付金箔製造である。玉鋼製造は1977年，国の選定保存技術として選定されている。

2021年度　実施問題

【中学校】

【1】次のア～エは，米について説明したものです。内容が正しいものの組み合わせとして最も適切なものを，下の1～4の中から1つ選びなさい。

ア　米は，構成しているでんぷんの種類とその割合により，主にうるち米ともち米に分けられる。

イ　米には，短粒のインディカ米，長粒のジャポニカ米などがある。

ウ　もち米のでんぷんは，アミロースをほぼ100％含み，うるち米に比べて粘度が大きい。

エ　玄米は，精白米に比べてビタミンB_1が多く含まれている。

1　アとイ　　2　アとエ　　3　イとウ　　4　ウとエ

(☆☆☆◎◎◎)

【2】ビタミンの種類とその働きの組み合わせとして適切でないものを，次の1～4の中から1つ選びなさい。

	種類	働き
1	ビタミンE	細胞膜の機能維持
2	ビタミンK	血液凝固作用
3	ビタミンC	細胞間組織の強化
4	ナイアシン	赤血球をつくる

(☆☆☆◎◎◎)

【3】食中毒の病因菌について，主な感染食品が食肉ではないものを，次の1～4の中から1つ選びなさい。

1　カンピロバクター

2　サルモネラ属菌

　　3　腸管出血性大腸菌(O157等)
　　4　腸炎ビブリオ

(☆☆☆○○○)

【4】機能性表示食品に関して説明している文として適切でないものを，次の1～4の中から1つ選びなさい。
　　1　機能性表示食品は，疾病に罹患していない人(未成年者，妊産婦及び授乳婦を除く。)を対象にした食品である。(妊婦：妊娠を計画している人を含む。)
　　2　機能性表示食品の安全性及び機能性の根拠に関する情報，健康被害の情報収集体制などの必要な事項が，商品の販売前に，事業者より消費者庁長官に届けられる。
　　3　機能性表示食品は，特定保健用食品とは異なり，国が安全性と機能性の審査を行っている。
　　4　消費者庁に届けられた機能性表示食品についての情報は，消費者庁のウェブサイトで公開される。

(☆☆☆○○○)

【5】「日本食品標準成分表2015年版(七訂)」において示されている食品の栄養などについて，次の各問いに答えなさい。
　(1)　次の食品について，可食部100g当たりに含まれるたんぱく質の量が多い順に正しく並べたものを，1～4の中から1つ選びなさい。
　　1　きな粉(全粒大豆，黄大豆)　→　木綿豆腐　→　油揚げ(生)　→　糸引き納豆
　　2　油揚げ(生)　→　きな粉(全粒大豆，黄大豆)　→　木綿豆腐　→　糸引き納豆
　　3　きな粉(全粒大豆，黄大豆)　→　油揚げ(生)　→　糸引き納豆　→　木綿豆腐
　　4　油揚げ(生)　→　木綿豆腐　→　きな粉(全粒大豆，黄大豆)　→　糸引き納豆

163

(2)　次のグラフは，ある食品の成分とその割合を示しています。その食品として最も適切なものを，1〜4の中から1つ選びなさい。

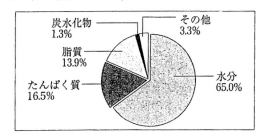

1　ロースハム
2　にんじん(根，皮つき，生)
3　しらす干し(微乾燥品)
4　鶏卵(全卵・生)

(☆☆☆☆◎◎◎)

【6】調理について，次の各問いに答えなさい。
(1)　次のア〜エは，ムニエルの調理方法について説明したものです。魚の切り身を焼く際，ア〜エを下準備の手順として最も適切に並び替えたものを，下の1〜4の中から1つ選びなさい。
　　ア　魚の表面の水分をふきとる。
　　イ　魚の両面に塩，こしょうをふる。
　　ウ　魚の両面に小麦粉をうすくまぶす。
　　エ　約10分おく。
　　1　ア　→　イ　→　ウ　→　エ
　　2　イ　→　ア　→　エ　→　ウ
　　3　イ　→　エ　→　ア　→　ウ
　　4　ウ　→　イ　→　ア　→　エ
(2)　弁当箱に主食，主菜，副菜をつめるとき，栄養のバランスが最もよくなる容積比の目安として最も適切なものを，次の1〜4の中から1つ選びなさい。ただし，主食は白米とします。

1 主食：主菜：副菜＝3：2：1

2 主食：主菜：副菜＝3：1：2

3 主食：主菜：副菜＝2：1：2

4 主食：主菜：副菜＝1：2：1

(☆☆☆◎◎◎)

【7】食品表示について，次の各問いに答えなさい。

(1) 鮮魚の表示について説明している文として適切でないものを，次の1〜4の中から1つ選びなさい。

1 魚種名など一般的な名称で表示される。

2 凍結させたものを解凍したものには「冷凍」と表示される。

3 輸入品には，原産国名が表示される。

4 国産品には，漁獲した水域名又は養殖場がある都道府県名が表示される。

(2) 消食表第317号食品表示基準(令和元年9月19日　一部改正)において，アレルゲンを含む食品の原材料表示について，表示が勧められている21品目に含まれない食品を，次の1〜4の中から1つ選びなさい。

1 カシューナッツ　　2 さけ　　3 パパイヤ　　4 鶏肉

(☆☆☆◎◎◎)

【8】次の文は，「にっぽんの伝統野菜」(農林水産省)に示された文章の一部です。(　ア　)，(　イ　)にあてはまる組み合わせとして最も適切なものを，あとの1〜4の中から1つ選びなさい。

> アジアの東端に位置する日本で，現在栽培されている野菜のほとんどは，海外から，渡ってきたものです。南方や北方，乾燥地帯が原産の野菜たちは，何百年にもわたり，地域の気候，風土，土壌に適応するよう変化し，地域独特の野菜として根付きました。そして，そこに生きる人たちの食生活に馴染むものが，代々受け継がれてきました。これらの地野菜は，

旅人や僧侶らと一緒に，あるいは，北前船などの交易によって各地に伝えられ，新しい土地の環境に合わせて，再び，その姿や形を変えていきました。関西では蕪を食していた（　ア　）が，長野へ伝わり，葉を漬物にして食す（　イ　）になったという言い伝えは，有名な話です。このように，日本各地には，その土地の自然環境に応じて，昔の姿や形のまま，栽培が続けられ，郷土の人たちに愛され，今なお，その土地の食文化に根付いている，多様な野菜があります。

	ア	イ
1	津田かぶ	広島菜
2	温海かぶ	日野菜
3	天王寺かぶら	野沢菜
4	聖護院かぶ	小松菜

(☆☆☆◎◎◎)

【9】だしの取り方を説明している文として最も適切なものを，次の1～4の中から1つ選びなさい。

1　こんぶだしは，こんぶを水につけておき，沸騰後に取り出す。

2　かつおぶしだしは，かつおぶしを水から入れ，沸騰後に火を止め，上ずみをこす。

3　かつおぶしとこんぶの混合だしは，沸騰したらかつおぶしを入れ，再び沸騰したらこんぶを入れ火を止め，上ずみをこす。

4　煮干しだしは，煮干しを水につけておき，沸騰後2～3分ほど煮出して，こす。

(☆☆☆◎◎◎)

【10】次の〈図〉は，立体構成(ジャケット)及び平面構成(浴衣)の構成図です。(ア)～(エ)にあてはまる各部の名称の組み合わせとして最も適切

なものを，下の1～4の中から1つ選びなさい。

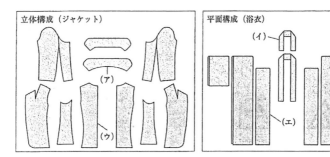

	（ア）	（イ）	（ウ）	（エ）
1	かけえり	表えり	前身ごろ	そで
2	裏えり	かけえり	後ろ身ごろ	おくみ
3	裏えり	かけえり	わき身ごろ	おくみ
4	かけえり	表えり	後ろ身ごろ	そで

（☆☆☆◎◎◎）

【11】次は，天然繊維を電子顕微鏡で拡大した写真です。下の各問いに答えなさい。

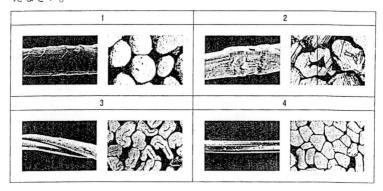

(1) 1～4の電子顕微鏡写真の中から，綿にあてはまるものを1つ選びなさい。

167

(2)　次の天然繊維の特徴にあてはまるものを，1〜4の中から1つ選び
なさい。

> しなやかで，光沢がある。湿気をよく吸う。アルカリに弱
> く，虫害を受けやすい。紫外線で黄変，劣化する。

(☆☆☆◎◎◎◎)

【12】次の(ア)〜(エ)は洗濯表示(取扱い表示)の記号の意味を説明したもの
です。その説明と洗濯表示の組み合わせとして正しいものを，下の1
〜4の中から1つ選びなさい。
(ア)　酸素系漂白剤の使用はできるが，塩素系漂白剤は使用禁止。
(イ)　日陰の平干しがよい。
(ウ)　底面温度150℃を限度としてアイロン仕上げができる。
(エ)　液温は30℃を限度とし，洗濯機で弱い洗濯処理ができる。

	(ア)	(イ)	(ウ)	(エ)
1				
2				
3				
4				

(☆☆☆◎◎◎)

【13】次の〈図〉のような平ひもをぐるりと縫いつけたトートバッグを製
作する際，(ア)〜(オ)を縫う手順に正しく並び替えたものを，あとの1
〜4の中から1つ選びなさい。

〈図〉

(ア)：わきを縫う。
(イ)：バッグの口を三つ折りにして縫う。
(ウ)：ポケットと平ひもをバッグ本体につける。
(エ)：ポケットの口を三つ折りにして，まつり縫いをする。 　　　ポケットの底を二つ折りにする。
(オ)：バッグ本体の底の角を開き，まちを縫う。

1　(エ)　→　(イ)　→　(ウ)　→　(オ)　→　(ア)
2　(ア)　→　(オ)　→　(イ)　→　(エ)　→　(ウ)
3　(エ)　→　(ウ)　→　(ア)　→　(オ)　→　(イ)
4　(ア)　→　(エ)　→　(ウ)　→　(オ)　→　(イ)

(☆☆☆◎◎◎)

【14】繊維に適したアイロンの温度の組み合わせとして最も適切なもの
　を，次の1～4の中から1つ選びなさい。

アイロンの温度	低 80～120℃	中 140～160℃	高 180～210℃
1	ポリウレタン	毛	綿・麻
2	アクリル	毛	絹
3	ポリウレタン	ポリエステル	絹
4	毛	ポリエステル	綿・麻

(☆☆☆◎◎◎)

【15】ハーフパンツを作成する際の型紙について，次の各問いに答えなさい。

(1)　次の〈図〉は，無地の布に型紙を配置している状態を表しています。A～Dのうち，型紙の配置が正しいものの組み合わせを，下の1～4の中から1つ選びなさい。

〈図〉

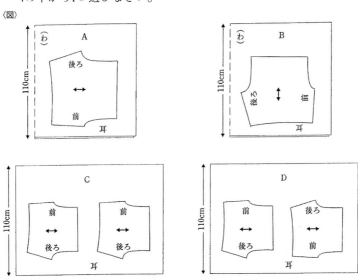

1　AとC　　2　BとC　　3　BとD　　4　AとD

(2)　次の図は，ハーフパンツの型紙の一部です。ハーフパンツの腰囲を4cm広げるときの補正した型紙として最も適切なものを，次の1～4の中から1つ選びなさい。ただし，図の網掛け部分は，補正部分を表すものとします。

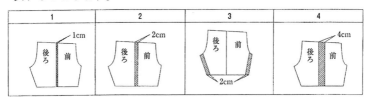

(☆☆☆◎◎◎)

【16】布を縫い合わせるときの，まち針の打ち方と，まち針を打つ順番について，最も適切なものの組み合わせを，下の1〜4の中から1つ選びなさい。

〈まち針の打ち方〉

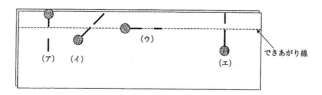

〈まち針を打つ順番〉　※　⊗は，まち針を打つ位置を表す。　○の中の数字は，まち針を打つ順番を表す。

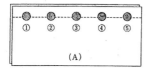

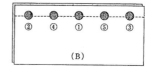

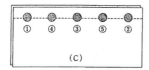

	〈まち針の打ち方〉	〈まち針を打つ順番〉
1	(ア)	(B)
2	(イ)	(A)
3	(ウ)	(A)
4	(エ)	(C)

(☆☆☆◎◎◎)

【17】裁縫ミシンについて示したものです。下の各問いに答えなさい。

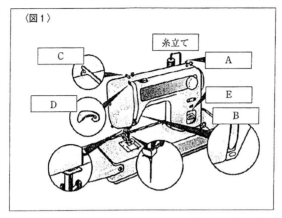

〈図1〉

(1) 上糸をかける順番について，〈図1〉の「糸立て」の次にかける箇所として正しいものを，次の1～4の中から1つ選びなさい。

1 A　　2 B　　3 C　　4 D

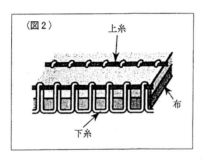

〈図2〉

(2) 〈図2〉は，布をミシンで縫った部分を拡大したものです。このような状態のときのミシンの調整の仕方として正しいものを，次の1～4の中から1つ選びなさい。

1 上糸調節装置の目盛りを小さくする。

2 上糸調節装置の目盛りを大きくする。

3 〈図1〉のEを押して調節する。

4 より細い番号のミシン針に付け替える。

(☆☆☆◎◎)

172

【18】次の〈表〉は，洗剤の主な種類と特徴についてまとめたものです。〈表〉のうち，BとCにあてはまる内容の組み合わせとして正しいものを，下の1～4の中から1つ選びなさい。

〈表〉

種類	液性	特徴
せっけん	A	C
合成洗剤		D
	B	E

	B	C
1	中性	冷水に溶けにくい。汚れ落ちはよい。
2	弱アルカリ性	冷水によく溶け、汚れ落ちはよい。手荒れを起こすことがある。
3	中性	冷水によく溶け、洗い上がりの風合いがよい。
4	弱アルカリ性	すすぎが不足すると、長期の保管により黄ばみやすい。

(☆☆☆◎◎◎)

【19】次の文は，児童憲章の一部です。文中の(　　)に入る語句を，下の1～4の中から1つ選びなさい。

> 　われらは，日本国憲法の精神にしたがい，児童に対する正しい観念を確立し，すべての児童の幸福をはかるために，この憲章を定める。
> 　児童は，人として尊ばれる。
> 　児童は，(　　)として重んぜられる。
> 　児童は，よい環境の中で育てられる。

1　家族の一員　　2　社会の一員　　3　個人
4　かけがえのない人

(☆☆☆◎◎◎)

【20】次の文は，児童虐待の事例を説明したものです。「児童虐待の防止等に関する法律」(平成12年)第2条や「児童虐待の定義と現状」(平成

26年度 厚生労働省)で示された児童虐待の定義で分類したとき，あてはまるものを，下の1～4の中から1つ選びなさい。

> 家に閉じ込める，食事を与えない，ひどく不潔にする，自動車の中に放置する，重い病気になっても病院に連れて行かない。

1 ネグレクト　　2 レジリエンス　　3 身体的虐待

4 性的虐待

(☆☆☆◎◎◎)

【21】次は，幼稚園教育要領(平成29年告示)「第1章 総則」に述べられている，「幼児期の終わりまでに育ってほしい姿」です。(ア)～(ウ)に入る語句の組み合わせとして正しいものを，下の1～4の中から1つ選びなさい。

(1) 健康な心と体

(2) 自立心

(3) (ア)

(4) 道徳性・規範意識の芽生え

(5) 社会生活との関わり

(6) (イ)

(7) 自然との関わり・生命尊重

(8) 数量や図形，標識や文字などへの関心・感覚

(9) 言葉による伝え合い

(10) (ウ)

	ア	イ	ウ
1	協同性	思考力の芽生え	豊かな感性と表現
2	豊かな感性と表現	協同性	自制心
3	思考力の芽生え	自制心	協同性
4	自制心	豊かな感性と表現	思考力の芽生え

(☆☆☆☆◎◎◎)

【22】次の〈図〉は，新生児の頭の骨を表したものです。 ① ，
② にあてはまる語句の組み合わせとして正しいものを，下の1〜
4の中から1つ選びなさい。

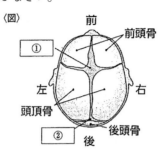

〈図〉

	①	②
1	大泉門	後側頭泉門
2	前側頭泉門	小泉門
3	大泉門	小泉門
4	前側頭泉門	後側頭泉門

(☆☆☆◎◎◎)

【23】次の文は，「仕事と生活の調和(ワーク・ライフ・バランス)憲章」
(平成22年　内閣府)の〔仕事と生活の調和が実現した社会の姿〕の項
目として示されたものです。(ア)〜(ウ)にあてはまる語句の組
み合わせとして正しいものを，下の1〜4の中から1つ選びなさい。

1　就労による(ア)的自立が可能な社会
2　健康で豊かな生活のための(イ)が確保できる社会
3　多様な働き方・生き方が(ウ)できる社会

	ア	イ	ウ
1	経済	時間	選択
2	経済	居場所	支援
3	精神	時間	支援
4	精神	居場所	選択

(☆☆☆◎◎◎)

【24】次のア〜エは「公的介護保険制度の現状と今後の役割」(平成30年
　　度　厚生労働省)に関する文です。内容が正しいものの組み合わせを，
　　下の1〜4の中から1つ選びなさい。
　　ア　市町村が行う介護保険の被保険者は，原則としてその市町村の区
　　　域内に住所を有する65歳以上の者か40歳以上64歳までの医療保険加
　　　入者のいずれかである。
　　イ　介護保険制度による保険給付は，被保険者の要介護状態に関する
　　　給付のみで，要支援状態に関しては，給付されない。
　　ウ　介護給付を受けようとする被保険者は，要介護者に該当すること
　　　及びその該当する要介護状態区分について，市町村の認定を受ける
　　　ことが必要である。
　　エ　介護給付として保険給付がされるのは，居宅サービス費や地域密
　　　着型サービス費などの支給であり，施設サービス費は支給されない。
　　1　アとイ　　　2　アとウ　　　3　イとウ　　　4　ウとエ
　　　　　　　　　　　　　　　　　　　　　　　　　(☆☆☆◎◎◎)

【25】2020年4月1日現在施行されている民法が定める，婚姻に関する説明
　　として最も適切なものを，次の1〜4の中から1つ選びなさい。
　　1　男女ともに，18歳にならなければ，婚姻をすることができない。
　　2　直系血族又は六親等内の傍系血族の間では，婚姻をすることがで
　　　きない。ただし，養子と養方の傍系血族との間では，この限りでな
　　　い。
　　3　婚姻は，戸籍法の定めるところにより届け出ることによって，そ
　　　の効力を生ずる。この届出は，当事者双方及び成年の証人一人以上
　　　が署名した書面で，又はこれらの者から口頭で，しなければならな
　　　い。
　　4　未成年者が婚姻をしたときは，これによって成年に達したものと
　　　みなす。
　　　　　　　　　　　　　　　　　　　　　　　　　(☆☆☆◎◎◎)

【26】次の平面図で示している間取りを，1〜4の中から1つ選びなさい。

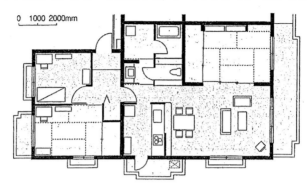

0 1000 2000mm

1 3DK   2 3LDK   3 4DK   4 4LDK

(☆☆☆◎◎◎)

【27】全ての人が利用できるように，最初から意図して生活用品や生活空間などを設計することを表す用語として最も適切なものを，次の1〜4の中から1つ選びなさい。
1 パッシブシステム
2 スクラップアンドビルド
3 ユニバーサルデザイン
4 ゾーニング

(☆☆☆☆◎◎◎)

【28】次の文は，建築基準法第28条第2項の一部です。( )に入るものを，下の1〜4の中から1つ選びなさい。

> 居室には換気のための窓その他の開口部を設け，その換気に有効な部分の面積は，その居室の床面積に対して，( )以上としなければならない。

1 15分の1   2 20分の1   3 25分の1   4 30分の1

(☆☆☆◎◎◎)

【29】日本の伝統的な住まいの工夫に関する文として適切でないものを，次の1～4の中から1つ選びなさい。

1　「坪庭」は，部屋の中に光や風を取り入れるために，建物と建物の間につくられる。

2　隣家との間に「うだつ」という防風壁が付いている。

3　「合掌造り」は，断熱効果がある茅を材料にし，雪に耐える屋根の形をしている。

4　母屋と馬屋が一体となった「曲り屋」は，空気の流れで馬の背や乾し草を乾かす。

(☆☆☆◎◎◎)

【30】次の〈表〉は，室内にある主な化学物質の発生源と主な健康被害について表したものです。(ア)～(オ)にあてはまる化学物質名A～Eの組み合わせとして最も適切なものを，下の1～4の中から1つ選びなさい。

〈表〉

化学物質	発生源	健康被害
(ア)	洗剤、ラッカー、塗料、接着剤	疲労、めまい、体力減退、不眠、呼吸器疾患の悪化
(イ)	じゅうたん用洗剤、しみ落とし剤 ドライクリーニング溶剤	頭痛、皮膚の炎症、しびれ
(ウ)	防虫剤、防臭剤	めまい、頭痛、腎炎
(エ)	接着剤、防かび剤	目・のどの痛み、頭痛、嗅覚の鈍化
(オ)	殺虫スプレー、ヘアスプレー 芳香剤、靴磨き剤	めまい、頭痛

A：パラジクロロベンゼン

B：ホルムアルデヒド

C：トルエン

D：塩化メチル

E：テトラクロロエチレン

	(ア)	(イ)	(ウ)	(エ)	(オ)
1	A	B	D	C	E
2	B	D	C	E	A
3	D	C	E	A	B
4	C	E	A	B	D

(☆☆☆◎◎◎)

【31】「騒音に係る環境基準について」(平成24年改正　環境省)における環境基準のうち，地域の類型A(専ら住居の用に供される地域)及びB(主として住居の用に供される地域)における昼間，夜間の騒音の基準値として最も適切なものを，次の1〜4の中から1つ選びなさい。

	昼間	夜間
1	50デシベル以下	40デシベル以下
2	55デシベル以下	45デシベル以下
3	60デシベル以下	50デシベル以下
4	65デシベル以下	55デシベル以下

(☆☆☆☆◎◎◎◎)

【32】「消防白書」(平成30年版)で示されている，平成29年度中の建物火災の主な出火原因のうち，最も件数が多いものを，次の1〜4の中から1つ選びなさい。

1　こんろ　　2　たばこ　　3　たき火　　4　ストーブ

(☆☆☆◎◎◎)

【33】次の〈表〉は，消費者を支える法律とその説明をまとめたものです。その組み合わせとして適切でないものを，次の1〜4の中から1つ選びなさい。

〈表〉

	法律	説明
1	製造物責任法 (PL法)	製造物の欠陥により，人の生命，身体又は財産に係る被害が生じた場合における製造業者等の損害賠償の責任について定めることにより，被害者の保護を図り，国民生活の安定向上と国民経済の健全な発展に寄与することを目的としている。
2	消費者契約法	取引を公正にし，購入者等が受けることのある損害の防止を図ることにより，購入者等の利益を保護し，あわせて商品の流通および役務の提供を適切かつ円滑にし，もって国民経済の健全な発展に寄与することを目的としている。
3	消費者基本法	消費者の利益の擁護及び増進に関し，消費者の権利の尊重及びその自立の支援その他の基本理念を定め，国，地方公共団体及び事業者の責務を明らかにするとともに，消費者の利益の擁護及び増進に関する総合的な施策の推進を図り，国民の消費生活の安定及び向上を確保することを目的としている。
4	消費者安全法	消費生活における被害を防止し，安全を確保するため，都道府県及び市町村による消費生活相談等の事務の実施及び消費生活センターの設置，消費者事故等に関する情報の集約等を講ずることにより，消費者が安心して安全で豊かな消費生活を営むことができる社会の実現に寄与することを目的としている。

(☆☆☆◎◎◎)

【34】デビットカードの説明として正しいものを，次の1～4の中から1つ
選びなさい。
　1　カードに繰り返しチャージ(入金)して，何度でも支払いに利用でき
　　る。
　2　カードを使用すると，即座に代金が口座から引き落とされる。
　3　あらかじめ代金を先払いしてカードを買う。使うたびに残額が減
　　っていく。
　4　代金の支払いを一括または分割で，支払い期日までに払う。

(☆☆☆◎◎◎)

【35】次の〈図〉は，クレジットカードの仕組み(三者間契約)について表
したものです。(ア)～(ウ)にあてはまる内容の組み合わせとして正しい
ものを，下の1～4の中から1つ選びなさい。

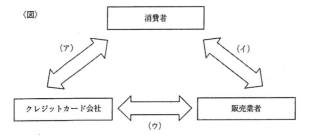

	(ア)	(イ)	(ウ)
1	加盟店契約	立替払契約	売買契約
2	加盟店契約	売買契約	立替払契約
3	立替払契約	売買契約	加盟店契約
4	立替払契約	加盟店契約	売買契約

(☆☆☆◎◎◎)

【36】次の〈表〉は，おもな悪質商法についてまとめたものです。悪質商
法とその説明の組み合わせとして適切でないものを，次の1～4の中か
ら1つ選びなさい。

〈表〉

	悪質商法	説明
1	アポイントメントセールス	家庭や職場などを訪問し、無理に商品の購入や契約をさせる。
2	マルチ商法	誰でも簡単に高収入が得られるなどと勧誘し、次の販売員を勧誘させ、ピラミッド型に組織を拡大させる。
3	キャッチセールス	街頭で消費者を呼び止め、その場で勧誘したり、喫茶店や店舗、営業所に連れ込んだりして、商品などを購入させる。
4	ネガティブオプション	勝手に商品を送りつけ、代金を一方的に請求したり、代金引換郵便にしたりして支払わせる。

(☆☆☆◎◎◎)

【37】循環型社会形成推進基本法について、次の各問いに答えなさい。

(1) 次は、循環型社会形成推進基本法　第2条です。(ア)〜(ウ)に入る語句の組み合わせとして最も適切なものを、下の1〜4の中から1つ選びなさい。

> この法律において「循環型社会」とは、製品等が廃棄物等となることが抑制され、並びに製品等が循環資源となった場合においてはこれについて適正に循環的な利用が行われることが(ア)され、及び循環的な利用が行われない循環資源については適正な処分が確保され、もって(イ)の消費を抑制し、(ウ)への負荷ができる限り低減される社会をいう。

	ア	イ	ウ
1	助長	天然資源	環境
2	助長	人工資源	自然
3	促進	人工資源	自然
4	促進	天然資源	環境

(2) 次の〈図〉は、第三次循環型社会形成推進基本計画で示されていた「循環型社会の姿」をまとめたものです。　①　〜　③　にあてはまる言葉の組み合わせとして正しいものを、あとの1〜4の中から1つ選びなさい。

181

〈図〉

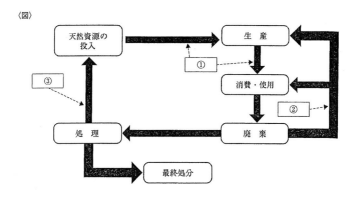

	①	②	③
1	リユース	リデュース	リサイクル
2	リデュース	リサイクル	リユース
3	リユース	リサイクル	リデュース
4	リデュース	リユース	リサイクル

(☆☆☆◎◎◎)

【38】次の文の説明にあてはまるマークとして最も適切なものを，下の1
〜4の中から1つ選びなさい。

| 回収して洗浄することにより，繰り返し使用できるガラスび |
| んにつけられる。 |

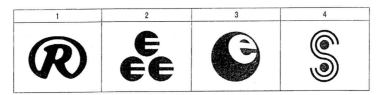

(☆☆☆◎◎◎)

【39】次は，中学校学習指導要領(平成29年告示)「第2章　各教科　第8節
技術・家庭　第2　各分野の目標及び内容〔家庭分野〕1　目標」の全
文です。文中の[　①　]〜[　③　]に入る語句の組み合わせとして正し
いものを，下の1〜4の中から1つ選びなさい。

> 　生活の営みに係る見方・考え方を働かせ，衣食住などに関す
> る実践的・体験的な活動を通して，よりよい生活の実現に向け
> て，生活を[　①　]資質・能力を次のとおり育成することを目指
> す。
> 　(1)　家族・家庭の機能について理解を深め，家族・家庭，衣
> 　　食住，[　②　]などについて，生活の自立に必要な基礎的
> 　　な理解を図るとともに，それらに係る技能を身に付けるよ
> 　　うにする。
> 　(2)　家族・家庭や地域における生活の中から問題を見いだし
> 　　て課題を設定し，解決策を構想し，実践を評価・改善し，
> 　　考察したことを[　③　]するなど，これからの生活を展望
> 　　して課題を解決する力を養う。
> 　(3)　自分と家族，家庭生活と地域との関わりを考え，家族や
> 　　地域の人々と協働し，よりよい生活の実現に向けて，生活
> 　　を工夫し創造しようとする実践的な態度を養う。

	①	②	③
1	工夫し改善する	消費や環境	論理的に実行
2	工夫し改善する	消費や安全	具体的に表現
3	工夫し創造する	消費や環境	論理的に表現
4	工夫し創造する	消費や安全	実行し体験

(☆☆☆◎◎◎)

【40】次は，中学校学習指導要領(平成29年告示)「第2章　各教科　第8節
技術・家庭　第2　各分野の目標及び内容〔家庭分野〕2　内容　A
家族・家庭生活　(2)　幼児の生活と家族」の一部です。[　①　]，
[　②　]に入る語句の組み合わせとして正しいものを，あとの1〜4の

中から1つ選びなさい。

> (2)　幼児の生活と家族
> 　ア　次のような知識を身に付けること。
> 　(ア)　幼児の[　①　]の特徴が分かり，子供が育つ環境とし
> 　　ての[　②　]について理解すること。

	①	②
1	生育と生活	家族の関係
2	発達と生活	家族の役割
3	発達と生育	家族の役割
4	発達と遊び	家族の関係

(☆☆☆◎◎◎)

【41】次は，中学校学習指導要領(平成29年告示)「第2章　各教科　第8節
技術・家庭　第2　各分野の目標及び内容〔家庭分野〕　2　内容　B
衣食住の生活　(1)　食事の役割と中学生の栄養の特徴」の一部です。
[　①　]，[　②　]に入る語句の組み合わせとして正しいものを，下の
1～4の中から1つ選びなさい。

> (1)　食事の役割と中学生の栄養の特徴
> 　ア　次のような知識を身に付けること。
> 　(ア)　生活の中で食事が果たす役割について理解すること。
> 　(イ)　中学生に必要な[　①　]が分かり，[　②　]食習慣に
> 　　ついて理解すること。

	①	②
1	栄養の特徴	健康によい
2	栄養の概量	バランスのとれた
3	栄養の種類	健康によい
4	栄養の特質	バランスのとれた

(☆☆☆☆◎◎◎◎)

184

【42】次は，中学校学習指導要領(平成29年告示)「第2章　各教科　第8節　技術・家庭　第2　各分野の目標及び内容〔家庭分野〕2　内容　B　衣食住の生活　(4)　衣服の選択と手入れ」の一部です。[　①　]，[　②　]に入る誤句の組み合わせとして正しいものを，下の1～4の中から1つ選びなさい。

> (4)　衣服の選択と手入れ
> 　ア　次のような知識及び技能を身に付けること。
> 　　(ア)　衣服と社会生活との関わりが分かり，[　①　]着用，[　②　]着用及び衣服の適切な選択について理解すること。

	①	②
1	場面に応じた	計画的な
2	場面に応じた	個性を生かす
3	目的に応じた	計画的な
4	目的に応じた	個性を生かす

(☆☆☆◎◎◎)

【43】次は，中学校学習指導要領(平成29年告示)「第2章　各教科　第8節　技術・家庭　第3　指導計画の作成と内容の取扱い」の一部です。[　①　]，[　②　]に入る語句の組み合わせとして正しいものを，あとの1～4の中から1つ選びなさい。

> 2　第2の内容の取扱いについては，次の事項に配慮するものとする。
> 　(1)　指導に当たっては，衣食住や[　①　]などに関する実習等の結果を整理し考察する学習活動や，生活や社会における課題を解決するために言葉や図表，[　②　]などを用いて考えたり，説明したりするなどの学習活動の充実を図ること。

	①	②
1	製作	具体物
2	製作	概念
3	ものづくり	具体物
4	ものづくり	概念

(☆☆☆◎◎◎)

【高等学校】

【1】 高等学校学習指導要領(平成30年告示)の「第2章　各学科に共通する各教科　第9節　家庭　第2款　各科目　第2　家庭総合　2　内容　A　人の一生と家族・家庭及び福祉」に示されていないものを，次の(1)～(4)の中から1つ選びなさい。

(1) 生涯を見通した自己の生活について主体的に考え，ライフスタイルと将来の家庭生活及び職業生活について考察するとともに，生活資源を活用して生活設計を工夫すること。

(2) 家庭や地域のよりより生活を創造するために，自己の意思決定に基づき，責任をもって行動することや，男女が協力して，家族の一員としての役割を果たし家庭を築くことの重要性について考察すること。

(3) 子供を生み育てることの意義について考えるとともに，子供の健やかな発達のために親や家族及び地域や社会の果たす役割の重要性について考察すること。

(4) 高齢者の自立生活を支えるために，家族や地域及び社会の果たす役割の重要性について考察し，高齢者の心身の状況に応じた適切な支援の方法や関わり方を工夫すること。

(☆☆☆◎◎◎)

【2】 次は，高等学校学習指導要領(平成30年告示)解説　家庭編「第1部　第2章　家庭科の各科目　第2節　家庭総合　2　内容とその取扱い　D　ホームプロジェクトと学校家庭クラブ活動」に示されたホームプロジ

ェクトについての文です。(ア)～(ウ)に入る語句の組み合わせ
として正しいものを，下の(1)～(4)の中から1つ選びなさい。

> 　ホームプロジェクトとは，内容のAからCまでの学習を進める
> 中で，(ア)の中から課題を見いだし，課題解決を目指して
> (イ)に計画を立てて実践する問題解決的な学習活動である。
> ホームプロジェクトを実践することによって，内容のAからCま
> での学習で習得した知識と(ウ)を一層定着し，総合化するこ
> とができ，問題解決能力と実践的態度を育てることができる。

	ア	イ	ウ
(1)	自己の家庭生活	協働的	技術
(2)	学校や地域の生活	協働的	技能
(3)	自己の家庭生活	主体的	技能
(4)	学校や地域の生活	主体的	技術

(☆☆☆◎◎◎)

【3】民法で規定されている親子について述べた文として適切でないもの
を，次の(1)～(4)の中から1つ選びなさい。
(1) 妻が婚姻中に懐胎した子は，夫の子と推定する。
(2) 婚姻の成立の日から二百日を経過した後又は婚姻の解消若しくは
取消しの日から三百日以内に生まれた子は，婚姻中に懐胎したもの
と推定する。
(3) 嫡出否認の訴えは，夫が子の出生を知った時から二年以内に提起
しなければならない。
(4) 夫は，子の出生後において，その嫡出であることを承認したとき
は，その否認権を失う。

(☆☆☆☆◎◎◎)

【4】男女共同参画社会について述べた文として，下線部が誤っているも
のを次の(1)～(4)の中から1つ選びなさい。
(1) 男女雇用機会均等法が1997年に改正され，男女双方に対する募

187

集・採用についての性別を理由とする差別が禁止された。

(2)　「平成30年度　雇用均等基本調査」(厚生労働省)の事業所調査によると，男性の育児休業を開始した者の割合は平成28年度から平成29年度は大きく上昇した。

(3)　配偶者からの暴力の防止及び被害者の保護に関する法律の一部を改正する法律が平成25年に成立した。

(4)　女子差別撤廃条約は，1979年の国連総会において採択され，日本は1985年にこの条約を締結した。

(☆☆☆☆◎◎◎)

【5】成年後見制度について述べた文として適切でないものを，次の(1)〜(4)の中から1つ選びなさい。

(1)　法定後見制度は，「後見」「保佐」「補助」の3つに分かれている。

(2)　「保佐」とは，精神上の障害(認知症・知的障害・精神障害など)により，判断能力が著しく不十分な人を保護・支援するための制度である。

(3)　成年後見人等には，本人の親族のみが選ばれる。

(4)　身寄りがないなどの理由で，申立てをする人がいない認知症高齢者，知的障害者，精神障害者の保護を図るため，市町村長に法定後見の開始の審判の申立権が与えられている。

(☆☆☆◎◎◎)

【6】1991年に採択された「高齢者のための国連原則」に示されている5つの領域にあてはまらないものを，次の(1)〜(4)の中から1つ選びなさい。

(1)　自立(independence)

(2)　参加(participation)

(3)　健康(health)

(4)　自己実現(self-fulfilment)

(☆☆☆◎◎◎)

【7】次のア〜エの日本国内の消費者行政に関わる出来事を，年代の古い順に並べたものとして最も適切なものを，下の(1)〜(4)の中から1つ選びなさい。

ア 「消費者保護基本法」改正(消費者基本法に改称)

イ 「製造物責任法(PL法)」公布

ウ 内閣府に消費者庁及び消費者委員会設置

エ 国民生活センター設立

(1) ウ→ア→エ→イ

(2) ア→エ→イ→ウ

(3) イ→エ→ウ→ア

(4) エ→イ→ア→ウ

(☆☆☆☆◎◎◎◎)

【8】家計調査における収支項目や比率の計算式として正しいものを，次の(1)〜(4)の中から1つ選びなさい。

(1) 平均貯蓄率＝(預貯金＋保険料)−(預貯金引出＋保険金)

(2) 平均消費性向＝消費支出÷可処分所得×100

(3) エンゲル係数＝金融資産純増÷可処分所得×100

(4) 貯蓄純増＝実収入−実支出

(☆☆☆☆◎◎◎)

【9】妊婦に関して述べた文として誤っているものを，次の(1)〜(4)の中から1つ選びなさい。

(1) 妊娠初期の妊婦は，胎児の神経管閉鎖障害のリスク低減のために，通常の食品以外の食品に含まれるカルシウムを400μg/日摂取することが望まれる。

(2) 妊娠時に高血圧を発症した場合，妊娠高血圧症候群という。

(3) 妊娠した者は，厚生労働省令で定める事項につき，速やかに，市町村長に妊娠の届出をするようにしなければならない。

(4) 妊娠中の母親の飲酒は，胎児・乳児に対して低体重・顔面を中心

とする奇形・脳障害などを引き起こす可能性がある。

(☆☆☆◎◎◎)

【10】乳幼児に関して述べた文として誤っているものを，次の(1)〜(4)の中から1つ選びなさい。
 (1)　頭蓋には，大泉門，小泉門と呼ばれるすきまがあり，大泉門より小泉門の方が早く閉じる。
 (2)　脈拍数は乳児期より幼児期の方が多く，年齢が増すと徐々に増えてくる。
 (3)　生後1週間で，体重が1割ほど減少しその後増加に転じることを，生理的体重減少という。
 (4)　運動機能の発達には，頭部から臀部，中心部から末端部という一定の順序と方向性がみられる。

(☆☆☆◎◎◎)

【11】乳幼児に関して述べた文として最も適切なものを，次の(1)〜(4)の中から1つ選びなさい。
 (1)　母子保健法により，市町村は，1歳6か月児健康診査と2歳児健康診査の2回を実施しなければならない。
 (2)　「平成27年度　乳幼児栄養調査結果の概要」によると，授乳期の栄養方法は，10年前に比べ，母乳栄養より人工栄養を用いる人が増えた。
 (3)　乳幼児突然死症候群(SIDS)は，平成30年には，乳児期の死亡原因として第4位となっている。
 (4)　幼児期においては，年齢とともにレム睡眠が増加し，幼児は昼寝をとる必要がなくなる。

(☆☆☆☆◎◎◎)

【12】平成24年度に成立した「子ども・子育て関連3法」に基づく「子ども・子育て支援新制度」について述べた文として最も適切なものを，

次の(1)～(4)の中から1つ選びなさい。

(1) 保育認定には，1号認定から4号認定の4種類がある。

(2) 認定こども園では，子どもは，年齢や保護者の働いている状況に関わりなく教育・保育を一緒に受ける。

(3) すべての認定こども園は，保育教諭を配置しなければならない。

(4) 「子ども・子育て関連3法」のうちの一つは，「子ども・子育て支援法」である。

(☆☆☆☆◎◎◎◎)

【13】バイアステープの布目線の方向とはぎ方を示した図として最も適切なものを，次の(1)～(4)の中から1つ選びなさい。

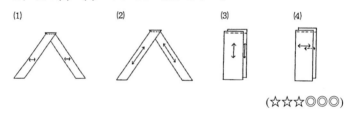

(☆☆☆◎◎◎)

【14】次のア～エは，棒針編みの編み目記号です。記号とその名称の組み合わせとして最も適切なものを，下の(1)～(4)から1つ選びなさい。

	ア	イ	ウ	エ
(1)	表目	ねじり目	右増し目	浮き目
(2)	表目	かけ目	右上二目一度	すべり目
(3)	裏目	ねじり目	右上二目一度	浮き目
(4)	裏目	かけ目	右増し目	すべり目

(☆☆☆☆◎◎◎)

【15】スカートを広げるための腰枠形式の下スカートの名称を，次の(1)
　　〜(4)の中から1つ選びなさい。
　(1)　トーガ　　(2)　パニエ　　(3)　ブリオー　　(4)　ダルマティカ
　　　　　　　　　　　　　　　　　　　　　　　　　　(☆☆☆◎◎◎)

【16】木材パルプを原料とする繊維の名称として最も適切なものを，次の
　　(1)〜(4)の中から1つ選びなさい。
　(1)　レーヨン　　(2)　キュプラ　　(3)　アクリル　　(4)　ナイロン
　　　　　　　　　　　　　　　　　　　　　　　　　(☆☆☆◎◎◎◎)

【17】印伝の説明として最も適切なものを，次の(1)〜(4)の中から1つ選び
　　なさい。
　(1)　布地に漆や糊を用い，金箔を押して模様を表現したもの。
　(2)　鹿や羊のなめし革に，染料や漆で模様を染めつけたもの。
　(3)　数十本の糸を一束として，それを幾束か一定の方式で，斜めに交
　　　差させながら組んでいき紐状にしたもの。
　(4)　金箔を和紙にはりつけ，細く裁断したものを織り込んだ織物。
　　　　　　　　　　　　　　　　　　　　　　　　　　(☆☆☆◎◎◎)

【18】「総合食料自給率，品目別自給率等」(農林水産省)の中で，平成30
　　年度の日本の食料自給率について述べた文として誤っているものを，
　　次の(1)〜(4)の中から1つ選びなさい。
　(1)　きのこ類の自給率は38％である。
　(2)　米の自給率は97％である。
　(3)　大豆の自給率は6％である。
　(4)　野菜の自給率は77％である。
　　　　　　　　　　　　　　　　　　　　　　　　　　(☆☆☆◎◎◎)

【19】機能性表示食品に関して述べた文として適切でないものを，次の
　　(1)〜(4)の中から1つ選びなさい。

(1)　特定の保健の目的が期待できる(健康の維持及び増進に役立つ)という食品の機能性を表示することができる食品である。

(2)　安全性の確保を前提とし，科学的根拠に基づいた機能性が，事業者の責任において表示されるものである。

(3)　機能性表示食品の対象となる食品には，生鮮食品を含まない。

(4)　安全性及び機能性の根拠に関する情報，健康被害の情報収集体制など必要な事項が，商品の販売前に，事業者より消費者庁長官に届け出られる。

(☆☆☆◎◎◎)

【20】食塩の調理上の性質について述べた文として誤っているものを，次の(1)～(4)の中から1つ選びなさい。

(1)　食肉や卵の熱凝固を促進する。

(2)　ビタミンCの酸化をおくらせる。

(3)　サトイモなどの粘度を下げる。

(4)　イースト菌の発酵を促進する。

(☆☆☆◎◎◎)

【21】糖質について述べた文として最も適切なものを，次の(1)～(4)の中から1つ選びなさい。

(1)　二糖類に分類されるしょ糖は，砂糖の主成分であり，フルクトースとも呼ばれる。

(2)　でんぷんは，各種の消化酵素の作用を受けて，グルコースなどの単糖類となって，小腸壁から血液中に吸収される。

(3)　細胞内に取り込まれ，直接利用される糖質はマルトースである。

(4)　スクロースは果糖とも呼ばれ，果実類やはちみつに多く含まれる。

(☆☆☆◎◎◎)

【22】次のア～エは，中国料理の調理用語です。それぞれの用語と切り方の組み合わせとして最も適切なものを，あとの(1)～(4)の中から1つ選

びなさい。

ア　絲　イ　条　ウ　丁　エ　片

	ア	イ	ウ	エ
(1)	輪切り	乱切り	さいの目切り	みじん切り
(2)	せん切り	乱切り	ぶつ切り	薄切り
(3)	輪切り	拍子木切り	ぶつ切り	みじん切り
(4)	せん切り	拍子木切り	さいの目切り	薄切り

(☆☆☆◎◎◎)

【23】コレクティブハウスについて述べた文として最も適切なものを，次の(1)～(4)の中から1つ選びなさい。

(1) 食堂や家事スペース，休憩室や作業室などの共同スペースをもちつつも各住戸の独立性が確保された集合住宅の形式。

(2) 住まいを取得したい人同士が集まり，話し合いを重ねながら建築家とともにつくり上げていく集合住宅。

(3) 友達同士や見知らぬ人同士で台所やバス・トイレを共有しながら一つの家に住む形式。

(4) 高齢者の生活特性に配慮し，バリアフリー化された公営住宅と生活援助員による日常生活支援サービスの提供をあわせて行う，高齢者世帯向けの公的賃貸住宅。

(☆☆☆◎◎◎)

【24】文化庁が指定した重要伝統的建造物群保存地区に含まれないものを，次の(1)～(4)の中から1つ選びなさい。

(1) 川越市川越(埼玉)

(2) 竹富町竹富島(沖縄)

(3) 伊根町伊根浦(京都)

(4) 出雲市斐川町(島根)

(☆☆☆◎◎◎)

【25】次のア〜エの照明器具の説明とその名称の組み合わせとして最も適切なものを，下の(1)〜(4)の中から1つ選びなさい。

ア　天井に設置された照明用コンセントに取り付ける照明器具
イ　足元を照らす照明器具
ウ　天井に埋め込む小型照明器具
エ　壁面に取り付ける照明器具

		ア	イ	ウ	エ
(1)		スポットライト	フットライト（セーフライト）	ペンダントライト	スタンドライト
(2)		シーリングライト	フットライト（セーフライト）	ダウンライト	ブラケット
(3)		スポットライト	フロアスタンド	ダウンライト	スタンドライト
(4)		シーリングライト	フロアスタンド	ペンダントライト	ブラケット

(☆☆☆○○○)

解答・解説

【中学校】

【1】2

〈解説〉イ　インディカ米は長粒，ジャポニカ米は短粒である。日本で栽培されているジャポニカ米は，朝鮮半島・中国東北部でも栽培されている。インディカ米は，日本国内では俗に「タイ米」，「南京米」などとよばれている品種で，世界のコメ生産量の80％以上を占める。
ウ　もち米のでんぷんはアミロペクチン100％。うるち米はアミロペクチン80％とアミロース20％からなる。

【2】4

〈解説〉4のナイアシンの働きが誤り。赤血球をつくるビタミンは，葉酸である。ナイアシンは，水溶性ビタミンB群の一つでビタミンB_3ともいわれ，補酵素として，糖質・脂質・たんぱく質の代謝に関与する。

【25】次のア〜エの照明器具の説明とその名称の組み合わせとして最も適切なものを，下の(1)〜(4)の中から1つ選びなさい。

ア　天井に設置された照明用コンセントに取り付ける照明器具
イ　足元を照らす照明器具
ウ　天井に埋め込む小型照明器具
エ　壁面に取り付ける照明器具

	ア	イ	ウ	エ
(1)	スポットライト	フットライト（セーフライト）	ペンダントライト	スタンドライト
(2)	シーリングライト	フットライト（セーフライト）	ダウンライト	ブラケット
(3)	スポットライト	フロアスタンド	ダウンライト	スタンドライト
(4)	シーリングライト	フロアスタンド	ペンダントライト	ブラケット

(☆☆☆○○○)

解答・解説

【中学校】

【1】2

〈解説〉イ　インディカ米は長粒，ジャポニカ米は短粒である。日本で栽培されているジャポニカ米は，朝鮮半島・中国東北部でも栽培されている。インディカ米は，日本国内では俗に「タイ米」，「南京米」などとよばれている品種で，世界のコメ生産量の80％以上を占める。
ウ　もち米のでんぷんはアミロペクチン100％。うるち米はアミロペクチン80％とアミロース20％からなる。

【2】4

〈解説〉4のナイアシンの働きが誤り。赤血球をつくるビタミンは，葉酸である。ナイアシンは，水溶性ビタミンB群の一つでビタミンB_3ともいわれ，補酵素として，糖質・脂質・たんぱく質の代謝に関与する。

【3】4

〈解説〉選択肢の中で，食中毒の原因食品が食肉ではなく生の魚なのは，好塩菌である4の腸炎ビブリオだけである。1のカンピロバクターによる食中毒は，鶏肉が原因食品になることが多い。2のサルモネラ菌による食中毒の原因食品としては鶏卵が知られているが，鶏の生肉でも発症する。3の腸管出血性大腸菌(O157)の原因食品は牛肉などの生肉が多い。

【4】3

〈解説〉機能性表示食品は，摂取することで発揮される機能を商品に表示することができるが，表示する機能の科学的根拠や商品の安全性については消費者庁に届け出するのみでよく，審査や許可は特にない。

【5】(1)　3　　(2)　1

〈解説〉(1)　選択肢にある食品は，すべて大豆製品である。大豆の栄養成分は同じであるから，各選択肢の食品に含まれる水分量によって，たんぱく質含有量が変わる。水分量の最も少ないきな粉(4〜5％)はたんぱく質含有量が最も多く，水分量の最も多い豆腐(85〜88％)はたんぱく質量が最も少ないことになる。この条件に合うのは3である。(2)　たんぱく質と脂質がおよそ同割合含まれているのは，ハムか鶏卵である。水分量が65.0％と少ないことから，答えはロースハム。

【6】(1)　3　　(2)　2

〈解説〉(1)　魚に塩，こしょうをふるのは，調理をするかなり前。逆に，肉の場合は調理開始のタイミングで塩・こしょうをふる。魚に塩，こしょうをふってからしばらくおくと水分がでてくる。この水分に生臭さの成分が含まれているのでキッチンペーパーなどでふきとってから，小麦粉をまぶして焼くと，魚臭さもなくなる。このことを知っていれば，調理順序もわかる。　　(2)　主菜が多すぎると，脂肪やたんぱく質の取り過ぎとなり，肥満につながりやすくなる。副菜は，野菜・

きのこ類・いも類・海藻などビタミンや無機質を多く含むおかずである。

【7】(1) 2　　(2) 3
〈解説〉(1)　冷凍後に解凍した場合は,「冷凍」ではなく「解凍」と記載する。　　(2)　パパイヤを除外した選択肢中の3品目は,アレルゲンの表示推奨品目に含まれる。その他の品目は,アーモンド,あわび,いか,いくら,オレンジ,キウイフルーツ,牛肉,くるみ,ごま,さば,大豆,バナナ,豚肉,まつたけ,もも,やまいも,りんご,ゼラチンである。

【8】3
〈解説〉問題文の空欄に挟まれた「長野へ伝わり,葉を漬物にして食す」の文言から,長野県の特産物「野沢菜」である。天王寺かぶらは,一般的なかぶと比べると糖度が1.5倍ほど高く,生で食べると柿のようなしっとりした甘さで,煮くずれしにくい。「なにわの伝統野菜」認証制度の対象品目になっており,漬物は大阪Eマーク食品の対象となっている。

【9】4
〈解説〉1は,沸騰後ではなく沸騰直前に取り出す。2は,「かつおぶしを水から」ではなく「かつおぶしを沸騰してから」入れる。3は,正しくは「こんぶを水からつけておき,沸騰直前にこんぶを取り出し,再び沸騰したらかつおぶしを入れ」火を止め,上ずみをこす。4について,煮干しが大きい場合は,あらかじめ頭と内臓を取り除いておくこともある。

【10】2
〈解説〉(ア)は,図だけでは表えりか裏えりか判断しにくいので,(イ)〜(エ)の名称の組み合わせから総合的に判断する。

【11】(1)　3　　(2)　4

〈解説〉(1)　顕微鏡写真に表れた天然繊維のもつ特徴に気づくことが大
　　切。1は，表面が鱗状になっていることに注目。これは毛である。2は，
　　繊維に節らしきものがみられ，中空があることから，亜麻と考えられ
　　る。3は，繊維がねじれていることに注目すれば綿とわかる。4の繊維
　　は，なめらかな雰囲気の表面である。断面はなんとなく三角形に近い
　　形をしているので該当するのは，絹。　　(2)　説明文の「しなやか…ア
　　ルカリに弱く…虫害を受けやすい」という3つの特徴から該当するの
　　は，絹。

【12】3

〈解説〉選択肢1の(イ)の記号は，「日陰のぬれ平干し」を意味する。1と2
　　の(エ)の記号は，「液温は30℃を限度とし，洗濯機で非常に弱い洗濯処
　　理ができる」を意味する。

【13】3

〈解説〉まず(エ)のポケットの作業を行う。次に，(ウ)のポケットと平ひ
　　もを本体につける，具体的には，ポケットの底を本体に縫い付け，平
　　ひもの端と端を縫い合わせて輪にする作業を行う。(ウ)の次の段階を
　　考えるとき，ポケットと平ひもを本体の布に縫い付けているミシン目
　　に注目。バッグの口の少し手前で縫い目がストップし，折り返してひ
　　もの反対側を縫っている。このことに気づくと，(イ)のバッグの口を
　　三つ折りして縫う作業は最後の作業であることがわかる。

【14】1

〈解説〉適したアイロンの温度が低温に該当するのは，ポリウレタン，ア
　　クリル，ナイロン。中温は，絹，毛，ポリエステル。高温は，綿，麻
　　である。

【15】(1)　4　　(2)　2

〈解説〉(1)　Aは，布目の縦方向と型紙の縦方向が同じなので正。Bは，布目の縦方向と型紙の縦方向が異なっているので誤り。Cは，パンツの片方側だけが2つできてしまう。Dは，それぞれ天地を逆に配置しているため，Aと同じで正。　(2)　型紙は実物の片側半分なので，補正部分は，腰囲4cmの2分の1の2cmとなる。

【16】4

〈解説〉2枚の布の位置がずれないようにまち針を打つには，布の両端→中央→中央と端の間の順序で打っていくとよい。打ち方は，縫い線(できあがり線)に対して垂直に打つ。

【17】(1)　3　　(2)　1

〈解説〉(1)　糸立てから「C：糸かけ」→「B：案内板」→「D：天びん」の順序に糸を通していく。　(2)　〈図2〉は上糸の強すぎる場合の縫い目。上糸の糸調子を弱くする。すなわち，目盛りを小さくすればよい。

【18】1

〈解説〉液性については，Aは弱アルカリ性。Bは中性。せっけんは，油脂(脂肪酸)と水，水酸化ナトリウム(苛性ソーダ)や水酸化カリウム(苛性カリ)から作られるため，アルカリ性を示す。特徴については，Cのせっけんは，冷水に溶けにくく，汚れ落ちがよい。すすぎが不十分だと長期保存で黄ばむ。Dの弱アルカリ性の合成洗剤の特徴としては，汚れ落ちはよいが，手荒れを起こすことあり。Eの合成洗剤の特徴であるが，おしゃれ着洗いに中性の洗剤を使用することを考えれば，布への負担が小さく，色落ちも抑えられているため，デリケートな衣料の洗濯に向いており，風合いのよい仕上がりが期待できる。

【19】2

〈解説〉児童憲章の前文である。児童憲章は1951年5月5日に宣言され，子

どもの人権を尊重し，幸せを実現することを宣言した憲章である。
1947年の児童福祉法の制定，1951年5月5日の児童憲章の制定，1989年
の子どもの権利条約の採択は重要である。

【20】 1

〈解説〉問題の内容は，育児放棄に該当する。育児放棄のことを「ネグレ
クト」という。虐待の加害者で一番多いのは「実母」で，被害を受け
る年齢層は「小学生」が最も多い。なお，レジリエンスは，困難な状
況にもかかわらず，しなやかに適応して生きのびる力を意味する心理
学的な用語である。

【21】 1

〈解説〉(1)〜(10)の全体の流れにおいて，番号が増えるに従い，内容が高
レベルになっている。したがって，選択肢にある「協同性」，「思考力
の芽生え」，「豊かな感性と表現」の文言で，いちばん心身の成熟がみ
られるのは「豊かな感性と表現」でウに該当し，幼児期の3歳位で獲
得できるのは「協同性」でアに該当すると推察できる。なお，「自制
心」は，幼稚園教育要領(平成29年告示)では触れられていない。また，
ここで掲げられた育ってほしい姿は，小学校教諭と共有・連携し，小
学校教育との円滑な接続を図ることが求められている。学校教育法第
23条の幼稚園における教育目標も参照のこと。

【22】 3

〈解説〉胎児は，泉門(骨と骨の隙間)があることによって，頭の形を変形
させ狭い産道を通ることができる。②の小泉門は生後8週くらいに閉
じ，①の大泉門は生後1歳半頃に閉じる。

【23】 1

〈解説〉イについて，「仕事と生活の調和(ワーク・ライフ・バランス)憲
章」においては，家族や友人などとの充実した時間，自己啓発や地域

活動への参加のための時間を持てる社会を目指している。ウについて，子育てや親の介護の時間が必要など個人の置かれた状況に応じて多様な働き方が選択でき，しかも公正な処遇が確保されている社会である。

【24】2

〈解説〉イは，要支援状態でも介護保険制度による保険は支給される。なお，要支援には要支援I，要支援IIがある。エは，介護保険で介護サービスを受けられる施設として，特別養護老人ホーム(特養)，介護老人保健施設(老健)，介護療養型医療施設がある。

【25】4

〈解説〉1は，現民法では，婚姻可能年齢は，女子は16歳。2022年4月，改正民法の施行により男女とも18歳以上となる。2は，民法においては「直系血族又は三親等内の傍系血族」との間の婚姻を禁止している。3は，婚姻の届出における成年の証人は，1名ではなく2名必要である。

【26】2

〈解説〉2つの畳の部屋と1つの洋間の計3つの部屋に，リビング・ダイニング・キッチンがあるので3LDKである。

【27】3

〈解説〉共生社会の基盤になるノーマライゼーションを具体的に推進するものとして，ユニバーサルデザインがある。1のパッシブシステムは，採光を考えた窓のサイズや設置位置，通風・換気に配慮した開口部の設置など，環境がもっている太陽の光や風などの自然の力を暮らしの中で利用していくこと。太陽光発電システムや太陽熱温水器など，さらに積極的に自然再生エネルギーを取り入れていくアクティブシステムに対する語句。2は，古くなった住まいを(増改築ではなく)取り壊してすぐに建てかえるやり方。日本の建築手法は，諸外国に比べて建築

寿命の短いスクラップアンドビルドといわれている。4は，住まいの中で行われる生活行為をもとに用途や機能によって空間を分類すること。都市においては，都市計画などで，用途などによって地域を区分することをいう。

【28】2

〈解説〉換気のための開口部の面積は，床面積の20分の1以上とされている(建築基準法第28条第2項)。また，2003年の改正施行により，シックハウス対策のため，クロルピリホスの使用禁止やホルムアルデヒドの使用制限，24時間(常時)換気の設置が義務付けられた。建築基準法第28条第1項では，換気の他に採光のための開口部の面積も定められており，床面積の7分の1以上となっている。なお，採光や換気のための基準は，居室に対する基準で，ふすま，障子等の随時開放できるもので仕切られた部屋は1室とみなして計算する。また，納戸や更衣室は居室とみなされず，開口部の必要はない。

【29】2

〈解説〉2の「うだつ」は，正しくは防火壁。1の「坪庭」は，町屋造りの建物に見られる。3の「合掌造り」は，岐阜県白川郷や富山県五箇山が有名。4の「曲り屋」は，岩手県盛岡市周辺にみられる。

【30】4

〈解説〉シックハウス症候群の主な症状は，(エ)の症状である。原因化学物質は，Bのホルムアルデヒドである。このことさえわかっていれば，(エ)がBの選択肢は1つなので正解に導ける。また，Cのトルエンは，(ア)の塗料や接着剤の溶剤として使われる。

【31】2

〈解説〉ささやきの声などの静かな声は30デシベル程度。事務所の中など普通の静けさは50デシベル程度。ふだんの会話だと60デシベル程度で

ある。基準値の表示は「〇〇以下」と表わすことから、昼間は「55デシベル以下」と判断する。

【32】1

〈解説〉「消防白書」(平成30年版)によると、建物火災の出火原因の第1位は「こんろ」、第2位が「たばこ」である。また、死者発生火災の出火原因の第1位は「ストーブ」で、第2位は「たばこ」。死亡者で最も多いのは高齢者で、逃げ遅れによるものが多い。

【33】2

〈解説〉問題の2の説明文に該当するのは、独占禁止法である。消費者契約法は、契約に際して、嘘をついて誤解させて契約させた場合、断定的な判断で誤解させて契約させた場合、不利益になることを隠して契約させた場合、断られたのに居座って勧誘を続け契約させた場合、断ったのに引き留めて帰らせず契約させた場合などに該当すれば、契約を取り消すことができることを定めている。

【34】2

〈解説〉デビットカードは、即時・一括払いのカードである。クレジットカードと異なり、普通預金の口座残高(または設定した利用限度額のいずれか低いほう)を超える支払いはできない。1に該当するのは、チャージ型のプリペイドカード。代表的な例として交通機関のチャージシステムがある。3に該当するのは、図書カードや商品券。4に該当するのは、クレジットカードなど後払いの方法である。

【35】3

〈解説〉(ウ)の加盟店契約は、販売業者とクレジットカード会社があらかじめクレジットの取扱いについて締結している契約。クレジット処理の手数料として、購入金額の数%(3〜7%)を販売業者がカード会社に支払うしくみになっている。クレジットカードを使った三者間契約に

対して，消費者と販売業者とが直接売買契約を結ぶ契約は二者間契約という。

【36】1

〈解説〉1の説明は，悪質な訪問販売の説明。アポイントメントセールスは，電話やダイレクトメールを使い「抽選に当たりました」などといって呼び出し，強引に契約させる商法のこと。なお，4は「送りつけ商法」ともいう。

【37】(1)　4　　(2)　4

〈解説〉(1)　廃棄物等の「発生抑制」，「循環資源の循環的な利用」および「適正な処分」が確保されることによって，天然資源の消費が抑制され，環境への負荷ができる限り低減されて循環型社会が成立する。(2)　①について，2箇所を指していることから，消費する際，また生産する際，本当に必要なものかどうか考える，つまり発生の抑制リデュースである。②について，廃棄した物を処理せずに，再び生産に利用したり，消費したりするのでリユース。③は，処理したものを天然資源と合わせて(代えて)生産に投入する流れになっていることからリサイクル。

【38】1

〈解説〉問題文に該当するのは，リターナブルびん。関係する法律は，容器包装リサイクル法である。2はEマーク(地域特産品認証マーク)，3は省エネマーク，4はシルバーマーク。高齢者が安心してシルバーサービスを利用できるような安全性・倫理性・快適性の基準を満たす事業所に公布される。

【39】3

〈解説〉家庭分野の目標であるが，小学校との接続を踏まえ，小学校学習指導要領(平成29年告示)の「家庭」の目標と比較して覚えておくとよ

い。①の「生活を工夫し創造する資質・能力」は，家庭分野の学習で育成を目指す資質・能力であり，生涯にわたって健康で豊かな生活を送るための自立に必要なものとされている。②は，家庭分野の内容が羅列されていることを理解しておくと「消費や環境」であることがわかる。③は，小学校学習指導要領では「…考えたことを表現」となっているが，中学では「…考察したことを論理的に表現」となっている。

【40】2

〈解説〉「A　家族・家庭生活　(2)　幼児の生活と家族」の内容は，平成20年告示の中学校学習指導要領の「A　家族・家庭と子どもの成長　(3)　幼児の生活と家族について，次の事項を指導する。」と構成，文言の違いはあるが，内容については大きく変わっていない。乳幼児の心身の発達とそれを支える親や幼児と信頼関係のある家族の役割の重要性を学ぶ。家族・家庭生活に関しての大きな変更点は「高齢者」の扱いである。これまでは「3　内容の取扱い」において「高齢者などの地域の人々とのかかわりについても触れるよう留意すること」とされたのみであったが，新学習指導要領では，内容の「A　家族・家庭生活　(3)　家族・家庭や地域との関わり」において，「高齢者など地域の人々と協働する必要があることや介護など高齢者との関わり方について理解すること」，「高齢者など地域の人々と関わり，協働する方法について考え，工夫すること」と，高齢者介護など，より具体的な内容が盛り込まれた。

【41】1

〈解説〉「(1)　食事の役割と中学生の栄養の特徴」で押さえるべき知識と技能は，「中学生に必要な栄養の特徴」については平成20年告示の中学校学習指導要領と同じ。エネルギー，たんぱく質，カルシウムなどの栄養素の十分な摂取の必要性を理解させる。続く「健康によい食習慣について理解すること」は今回，初めて示された。欠食や偏食の問題点，1日3食，食事とともに運動や睡眠の重要性を理解させる，とし

ている。

【42】4

〈解説〉「(4)　衣類の選択と手入れ」で押さえるべき知識と技能は，平成
20年告示の中学校学習指導要領の内容と変わっていない。したがって，
①は「目的に応じた」着用であり，②は「個性を生かす」着用である。
選択肢にある「計画的な」は「衣服の計画的な活用の必要性」として
(イ)に盛り込まれた内容である。なお，衣服の計画的な活用とは，「衣
服の過不足や処分を考えることを通して，着用しなくなった衣服を再
利用したりリサイクルしたりする」，「健康・快適だけではなく，資源
や環境への配慮の視点から，廃棄までを見通して衣服を購入すること
や，長持ちさせるための手入れが大切であることにも気付く」とされ
ている。

【43】4

〈解説〉掲載された部分は，平成20年告示の中学校学習指導要領の「第3
指導計画の作成と内容の取扱い　4」の内容とほぼ同じである。これ
は，内容の取扱いにおける配慮事項として「言語活動の充実」を示し
たもので，単に言葉だけでなく，「設計図や献立表といった図表及び
衣食住やものづくりに関する概念などを用いて考えたり，説明したり
するなどの学習活動」のことも表している。そして，これらの言語活
動の充実によって，技術・家庭科のねらいの定着を一層確実にするこ
とができるとしている。

【高等学校】

【1】(3)

〈解説〉(3)の説明文に該当するのは「家庭基礎」(2　内容　A　(3)　イ)
の内容。家庭総合では「子供を産み育てることの意義や，＜保育の重
要性について考え，＞子どもの健やかな発達＜を支える＞ために…を考
察する＜とともに，子供との適切な関わり方を工夫する＞こと。」と

なっており，<　　　>の部分が追加されている。

【2】(3)

〈解説〉アについて，ホームプロジェクトは，自己の家庭生活に目を向け
　　て課題を見いだす個人での学習活動である。選択肢の「学校や地域の
　　生活」から課題を見いだすのは，学校家庭クラブである。イは，自分
　　が中心になって計画を立てることから該当する語句は「主体的」であ
　　る。ウは，今回の学習指導要領の改訂では，「技術」の語句は「技能」
　　となっている。これは，育成を目指す資質・能力が「知識及び技能」，
　　「思考力，判断力，表現力等」，「学びに向かう力，人間性等」に再整
　　理されたことによる。

【3】(3)

〈解説〉嫡出否認とは，父親が子どもの出生に対して，親子関係を否定す
　　ることである。嫡出否認の訴えは，夫が子の出生を知ったときから1
　　年以内に提起しなければならない。

【4】(1)

〈解説〉(1)の1997年(平成9年)の男女雇用機会均等法の改正について，
　　1999年(平成11年)4月1日に改正法が施行されたが，この改正法では，
　　男女双方ではなく女性に対する差別禁止，ポジティブ・アクション，
　　セクシュアルハラスメントにかかる規定が創設された。また，母性健
　　康管理措置が義務規定化された。(2)の育児休業取得率は，女性は8割
　　台で推移し，男性は低水準ではあるものの上昇傾向にある(平成30年
　　度：6.16％)。(3)の通称「DV防止法(配偶者暴力防止法)」の一部改正法
　　は，2013年(平成25年)に成立。この改正で，配偶者からの暴力だけな
　　く，生活の本拠を共にする交際相手からの暴力やその被害者について
　　も，法が適用されるようになった。(4)の女子差別撤廃条約は，1979年
　　に国連において採択されたが，日本は1985年の国会で条約締結を承認，
　　批准したため，1985年の締結となる。

【5】(3)

〈解説〉親族の後見人がいない場合は，司法書士や社会福祉士が代行する。
　　なお，(2)については，判断能力の程度によって「後見・保佐・補助」
　　が決まる。判断が全くできない場合は「後見」，著しく不十分な場合
　　は「保佐」，判断能力が不十分な場合は「補助」となる。

【6】(3)

〈解説〉「高齢者のための国連原則」は，各国政府に対し自国の政策プロ
　　グラムに組み入れるよう要請する目的で採択されたもので，自立・参
　　加・ケア(care)・自己実現・尊厳(dignity)の5項目である。

【7】(4)

〈解説〉消費者問題に関連する法律，組織の主な流れは，消費者保護基本
　　法：1968年国民生活センター設立：1970年製造物責任法：1995年消費
　　者庁設置：2009年，となっている。

【8】(2)

〈解説〉(1)の平均貯蓄率は，正しくは「平均貯蓄率＝(貯蓄純増/可処分所
　　得)×100」。総務省の調査によると全体では，手取り収入の約2割を貯
　　蓄に回している。日本は，可処分所得に占める消費支出の割合(消費性
　　向)は，世界の中では非常に低い。一方，可処分所得に占める貯蓄の割
　　合(貯蓄性向)は，世界の中でも非常に高い。将来に対する生活不安や
　　住宅取得の問題，倹約を美徳とする国民性などが原因と考えられる。
　　(3)のエンゲル係数は，正しくは「エンゲル係数＝料料費÷消費支出×
　　100」で，消費支出に占める食費の割合。(4)の貯蓄純増は，正しくは
　　「貯蓄純増＝(預貯金＋保険掛金)－(預貯金引出＋保険取金)」。

【9】(1)

〈解説〉(1)の神経管閉鎖障害は，カルシウムではなく葉酸不足が発生原
　　因のひとつとされている。そのため，発症リスクを低減するためには

葉酸を摂取する。2000年に厚生労働省が出した「神経管閉鎖障害の発症リスク低減のための妊娠可能な年齢の女性等に対する葉酸の摂取に係る適切な情報提供の推進について」では，食事からの摂取に加え0.4mgの栄養補助食品からの摂取が推奨されている(1日の摂取量は1mgを超えないようにする)。なお，先天異常の多くは妊娠直後から妊娠10週以前に発生していることから，妊娠後からではなく妊娠を計画している段階からの摂取が望ましい。厚生労働省の健康情報サイト「e-ヘルスネット」の記事「葉酸とサプリメント-神経管閉鎖障害のリスク低減に対する効果」なども目を通しておくとよい。

【10】(2)

〈解説〉正しくは「乳児の脈拍，呼吸数は幼児より多く～年齢が増すに従い徐々に減少してくる」。低年齢なほど新陳代謝が盛んで体温調節などの機能が未発達なため，脈拍数が多くなり，体温も高めである。

【11】(3)

〈解説〉(1)は，2歳児健康診査ではなく，3歳児健康診査である。診査の対象は，正確には「満1歳6か月を超え2歳に達しない幼児，満3歳を超え満4歳に達しない幼児」と示されている。(2)は，母乳栄養の割合は増えている。「平成27年度　乳幼児栄養調査結果の概要」では，生後1か月，生後3か月ともに，10年前に比べ母乳栄養の割合が増えており，どちらも50%を超えている。(3)は，2018(平成30)年度は60名(概数)がSIDSで亡くなっている。乳幼児の死亡原因では第4位である。なお，「あおむけ寝・母乳・禁煙」がSIDSの発症率を下げるポイントとされている。(4)は，年齢とともにレム睡眠は減少していく。レム睡眠は，体は眠っているが脳は起きている状態である。赤ちゃんの場合，ノンレム睡眠とレム睡眠の繰り返しが大人より頻繁で，睡眠の約50%がレム睡眠といわれる。成長するに従い，レム睡眠の割合は減少していき，やがて大人になると，レム睡眠は睡眠全体の25%くらいになる。

【12】(4)

〈解説〉(1)の保育認定は，1号認定〜3号認定の3種類である。幼稚園や保育所，認定こども園，地域型保育等の施設を利用する際には，市町村から保育認定(支給認定)を受ける。子どもが満3歳以上で「保育を必要とする事由」に該当しない場合は，1号認定。両親が共働きでない場合はほとんど1号認定となる。3歳以上で保育を必要とする子どもは，2号認定。3歳未満で保育を必要とする子どもは，3号認定。(2)の「…年齢や保護者の働いている状況に関わりなく」が誤り。3歳未満の子どもについては，親が働いている場合において受け入れる。(3)は，「保育教諭を配置しなければならない」が誤り。認定こども園の保育教諭は，幼稚園教諭の免許状と保育士資格を併有することを「原則とする」となっており，絶対的ではない。幼保特例制度が設けられており，2025年3月までは幼稚園教諭または保育士のどちらかの免許・資格のみでも対応できるようになっている。また，所有していない免許・資格の取得についても便宜が図られている。

【13】(1)

〈解説〉角から縦，横ともに等距離の寸法を取り，角と直線で結ぶと正バイアス(45°)の線が引ける。あとは，その線と平行に必要幅で線を引いてバイアステープを作る。伸びやすく変形しやすいので曲線部分の縫い代の始末や縁取りに用いられる。

【14】(4)

〈解説〉アの裏目に対して，表目は縦棒❙で表示。イのかけ目は，糸を手前に持ってくるだけで編まないので，広げてみると穴があいた状態になる。ウの右増し目は，縦線の右側にもう1本伸びていることから右側に目を増やす記号であることがわかる。エのすべり目は，言葉通り目を編まずにもう片方の針に滑らせること。靴下のかかと部分を編むときなどに行う。

【15】(2)

〈解説〉パニエは，チュールなどのハリのある素材で作られていることが多く，ふんわりとしたシルエットを作りたいときに活用する。トーガは，洋服の原型といわれる古代ローマ帝国時代のドレープの衣。ブリオーは，中世ヨーロッパで着用されたチュニック型のワンピース。ダルマティカは，広袖で丈長のゆったりとしたチュニックの一種。初期のキリスト教徒がよく着用し，現在もカトリックの祭服として使われている。

【16】(1)

〈解説〉木材パルプが原料であることから，合成繊維のアクリルとナイロンは対象外。レーヨンとキュプラは再生繊維で，原料は両方ともセルロース。しかしながら，キュプラは綿実に付着する短毛からつくるコットンリンターパルプで，植物の種子についている種毛繊維や皮や茎にある靱皮繊維からできている非木材パルプになる。対して，レーヨンは木材パルプのセルロースが原料である。

【17】(2)

〈解説〉鹿などのなめし革に染料や漆で模様を描いたものは印伝といわれ，むかしの製法を伝える山梨県の甲州印伝は，伝統工芸品の指定を受けている。バッグや財布などの作品が多い。(1)や(4)は，生地に金箔で模様を押したり，織り込む手法。佐賀錦や西陣織では金箔を使用したものも多い。能装束や僧侶の袈裟にも使われることが多い。(3)は組紐。

【18】(1)

〈解説〉野菜類，きのこ類は，比較的国内での栽培・消費が多い食品である。野菜類の77％は妥当な数値であることから，きのこ類の自給率も野菜類に近い数値であることが推察できる。実際，農林水産省の調べでは，きのこ類の自給率は88％となっている。

【19】(3)

〈解説〉(3)は，正しくは生鮮食品を含めすべての食品が対象になっている。トクホや栄養機能食品と同様に，サプリメント・加工食品・生鮮食品を含めたすべての食品が対象である。機能性表示食品の表示内容として病気の予防・診断・治療などの医学的な表現や改造的な表現(例：AカップがDカップに，増毛しますなど)，糖尿病など特定の疾患の人を対象とした表示などは禁止されている。

【20】(4)

〈解説〉(4)は，イーストの発酵を促進させるのは，塩ではなく砂糖である。発酵を利用したパン作りに塩を必ず入れるのは，発酵促進ではなく小麦粉に弾力性を持たせるためである。

【21】(2)

〈解説〉(1)の二糖類に分類されるしょ糖は，フルクトースではなくスクロース。フルクトースは単糖類の果糖である。(3)について，糖質は小腸でブドウ糖に分解され，吸収される。そのため，正しくは「直接利用される糖質はグルコース(ブドウ糖)」である。(4)は，スクロースではなく，フルクトース。

【22】(4)

〈解説〉一番わかりやすいのはアの絲。せん切りが該当するが，文字からも糸のように切ることが想像できる。エの片は薄切り。一片といった言い方をすることからも薄いひときれがイメージできる。ウの丁はさいの目切り。ぶつ切りに該当するのは，日本の乱切りに相当する塊(コワイ)である。イの条は拍子木切り。

【23】(1)

〈解説〉(2)の説明に該当する住まいはコーポラティブ住宅，(3)に該当するのは，若者中心に増加しているシェアハウス，(4)に該当するのは，

　　サービス付き高齢者住宅であるケアハウス

【24】(4)

〈解説〉(1)の川越市には，蔵造り商家がたち並ぶ。(2)の竹富島は，白砂
　　の道とグック(石積)，屋敷林に囲まれた屋敷に分棟形式の赤瓦屋根の
　　民家がたち並ぶ。(3)の若狭湾の伊根浦は，船の格納庫の上に住居を配
　　した造りの舟屋群。(4)は，斐川(ひかわ)町の防風林が有名だが，保存
　　地区ではない。屋敷の主に西側と北側に「築地松(ついじまつ)」とい
　　う黒松の屋敷林を植え，柔らかい土地を安定させ，強い季節風を防ぐ。
　　なお，重要伝統的建造物群保存地区は，全国で120か所が登録されて
　　いる(2019年時点)。

【25】(2)

〈解説〉直接照明には，シーリングライト，ダウンライト，ペンダントラ
　　イトがあり，光源の中心を通る水平線よりも下方向に90％以上の光が
　　向けられるものを指す。光が直接届くので，照明効率がよく経済的。
　　ダウンライトは，天井に埋め込むタイプ，ペンダントライトは，天井
　　から吊り下げるタイプの照明である。エのブラケットは，階段や玄関
　　などに設置することが多い。

2020年度　実施問題

【中学校】

【1】次の〈表〉は，おもなビタミンの働きについてまとめたものです。表中の(ア)〜(エ)にあてはまるビタミンの組み合わせとして正しいものを，下の1〜4の中から1つ選びなさい。

	ビタミン	働き
脂溶性ビタミン	ビタミンA	粘膜維持、暗所における視力調節
	(ア)	カルシウムとリンの吸収促進、骨の硬質強化
	(イ)	脂肪の酸化防止、細胞膜の強化
	ビタミンK	血液凝固因子の形成
水溶性ビタミン	ビタミンB_1	糖代謝の補酵素
	(ウ)	抗貧血作用、核酸合成
	ビタミンB_2	生体内の各種代謝の補酵素
	(エ)	結合組織たんぱく質（コラーゲン）の合成、鉄吸収促進
	ビタミンB_6	アミノ酸代謝に関与

	(ア)	(イ)	(ウ)	(エ)
1	ビタミンE	ビタミンD	ビタミンC	ビタミンB_{12}
2	ビタミンD	ビタミンE	ビタミンC	ビタミンB_{12}
3	ビタミンE	ビタミンD	ビタミンB_{12}	ビタミンC
4	ビタミンD	ビタミンE	ビタミンB_{12}	ビタミンC

(☆☆☆◎◎◎)

【2】次の〈表〉は，日本食品標準成分表2015年版(七訂)における食品の成分値です。(ア)〜(エ)は，だいず，豚肉，さやいんげん，ほしひじきのいずれかがあてはまります。(ア)〜(エ)にあてはまる食品の組み合わせとして最も適切なものを，あとの1〜4の中から1つ選びなさい。

〈表〉 (可食部100gあたり)

食品名	廃棄率	エネルギー	水分	たんぱく質	脂質	炭水化物	無機質 カルシウム	鉄	ビタミン A レチノール	β-カロテン当量	レチノール活性当量	D	B₁	B₂	ナイアシン	C	食塩相当量
	%	kcal	g	g	g	g	mg	mg	µg	µg	µg	µg	mg	mg	mg	mg	g
(ア)	3	23	92.2	1.8	0.1	5.1	48	0.7	(0)	590	49	(0)	0.06	0.11	0.6	8	0
(イ)	0	422	12.4	33.8	19.7	29.5	180	6.8	(0)	7	1	(0)	0.71	0.26	2.0	3	0
(ウ)	0	149	6.5	9.2	3.2	58.4	1000	6.2	(0)	4400	360	(0)	0.09	0.42	1.8	0	4.7
(エ)	0	148	71.2	21.5	6	0.2	4	0.7	3	0	3	0.1	0.94	0.22	6.5	1	0.1

(注)だいず：国産、黄大豆・乾燥   豚肉：もも・皮下脂肪なし・生   さやいんげん：若ざや・生
ほしひじき：ステンレス釜・乾燥

	（ア）	（イ）	（ウ）	（エ）
1	さやいんげん	だいず	ほしひじき	豚肉
2	豚肉	ほしひじき	だいず	さやいんげん
3	豚肉	だいず	ほしひじき	さやいんげん
4	さやいんげん	ほしひじき	だいず	豚肉

(☆☆☆◎◎◎)

【3】調理に関する次の各問いに答えなさい。

(1) 次の文は，肉について説明したものです。内容が適切でないものを，次の1～4の中から1つ選びなさい。

1 加熱すると，身が縮む。

2 はじめに強火でまわりを加熱すると，表面のたんぱく質がかたまり，うま味の流出を防ぐ。

3 汁ものとして肉から出るうま味を利用するときは，水から煮る。

4 長時間煮込むと，筋がかたくなる。

(2) 次の文は，魚について説明したものです。内容が適切でないものを，次の1～4の中から1つ選びなさい。

1 一般に，産卵後は脂質含有量が多い。

2 加熱すると，赤身魚の肉は収縮してかたくなり，白身魚は肉が

　　　ほぐれやすくやわらかくなる。

　　3　生肉に塩をふると，水分が出て肉がしまる。

　　4　うろこがしっかり体について光沢があるものが新鮮である。

(☆☆☆◎◎◎)

【4】次の(ア)～(エ)は，脂質について説明したものです。内容が正しい
　　ものの組み合わせを，下の1～4の中から1つ選びなさい。

　(ア)　多価不飽和脂肪酸には，体内で合成できないため，食品から摂
　　　らなければならない必須脂肪酸がある。

　(イ)　リン脂質は，おもに細胞膜をつくる。

　(ウ)　脂質は，1g当たり4kcalのエネルギー源となる。

　(エ)　DHA，EPAは，赤身の魚よりも，白身の魚に多く含まれる。

　　1　(ア)と(イ)　　　2　(ア)と(ウ)　　　3　(イ)と(ウ)　　　4　(イ)と(エ)

(☆☆☆◎◎◎)

【5】次の(ア)～(エ)は，加工食品の表示について説明したものです。内
　　容が正しいものの組み合わせを，下の1～4の中から1つ選びなさい。

　(ア)　最も多い原材料が生鮮食品の場合は，原材料の産地が表示され
　　　る。

　(イ)　ナトリウムの量は，「食塩相当量」で表示される。

　(ウ)　最も多い原材料が加工食品の場合は，原材料の産地が表示され
　　　る。

　(エ)　容器包装に入れられた加工食品には，熱量，たんぱく質，脂質，
　　　炭水化物，ビタミンが表示される。

　　1　(ア)と(イ)　　　2　(イ)と(ウ)　　　3　(ウ)と(エ)　　　4　(ア)と(エ)

(☆☆☆☆◎◎◎)

【6】次の文は，消費者庁HPに示されている遺伝子組換え食品の義務表
　　示対象農産物について示したものです。(　　　)にあてはまる食品を，
　　あとの1～4の中から1つ選びなさい。

216

日本で安全性が確保され，流通させることが認められている遺伝子組換え食品は，平成30年2月時点では，じゃがいも，大豆，てんさい，とうもろこし，なたね，わた，アルファルファ，（　　）の8品目です。

1　パパイヤ　　2　バナナ　　3　オレンジ　　4　パイナップル

(☆☆☆◎◎)

【7】いわし(生)を使用した調理実習で，つみれ汁を作ります。1人当たり可食部80gのいわしが必要です。いわしの廃棄率を50％として，必要量を算出したとき，4人グループでは，いわしは何尾必要ですか。最も適切なものを，次の1〜4の中から1つ選びなさい。ただし，いわし1尾を120gとします。

1　2尾　　　2　3尾　　　3　5尾　　　4　6尾

(☆☆☆◎◎)

【8】アレルギー物質を含む食品として，食品表示法で，表示が義務づけられている特定原材料7品目の組み合わせで正しいものを，次の1〜4の中から1つ選びない。

1	いか	あわび	いくら	乳	小麦	ごま	くるみ
2	えび	あわび	いくら	牛肉	だいず	そば	くるみ
3	いか	かに	卵	牛肉	だいず	ごま	落花生
4	えび	かに	卵	乳	小麦	そば	落花生

(☆☆☆◎◎)

【9】次の文は，食品の保存について説明したものです。内容が最も適切なものを，次の1〜4の中から1つ選びなさい。

1　冷蔵庫で保存すると，腐敗を止めることができる。

2　細菌の増える条件は，温度と栄養分の二つである。

3　冷凍食品は−18℃以下で保存する。

4　いも類は冷蔵庫で保存する。

(☆☆☆◎◎◎)

【10】次の〈表〉は，農林水産省「農山漁村の郷土料理百選(平成20年3月発行)」において，各都道府県から選ばれた郷土料理をまとめたものです。県名と郷土料理の組み合わせが誤っているものを，次の1～4の中から1つ選びなさい。

〈表〉

	県名	郷土料理	
1	宮城県	ずんだ餅	せんべい汁
2	新潟県	笹寿司	のっぺい汁
3	高知県	かつおのたたき	皿鉢料理
4	鹿児島県	鶏飯（けいはん）	きびなご料理

(☆☆☆◎◎◎)

【11】次の〈表〉は，ある中学生女子の1日分の献立とその材料及び分量をまとめたものです。中学生女子に必要な栄養素を満たす献立を考えるとき，(ア)にあてはまる昼食の献立とその材料として最も適切なものを，あとの1～4の中から1つ選びなさい。

〈表〉

	献立	材料　　　　　※（　）内は分量：g
朝食	おにぎり	米(120)、たらこ(20)、梅干し(10)
	焼き魚	さけ(80)
	青菜のごまあえ	ほうれんそう(50)、ごま(5)、しょうゆ(5)、砂糖(3)
	みそ汁	じゃがいも(50)、豆腐(20)、はくさい(50)、みそ(15)
	デザート	みかん(80)
昼食	(ア)	
夕食	シーフードスパゲティ	スパゲティ(100)、ツナ(80)、えび(40)、いか(40)、しめじ(30)、しょうゆ(15)、油(5)
	サラダ	レタス(50)、きゅうり(50)、にんじん(20)、マヨネーズ(5)
	フルーツヨーグルト	ヨーグルト(100)、りんご(60)

1	チキンライス	米(120)、鶏肉(40)、たまねぎ(20)、グリーンピース(5) ケチャップ(15)、油(5)
	ゆで卵	卵(60)
	コンソメスープ	スープの素(3)、ウィンナー(20)、ピーマン(5)
2	牛丼	米(120)、牛肉(80)、たまねぎ(40)、みりん(25)、しょうゆ(15)
	かぼちゃの煮物	かぼちゃ(75)、しょうゆ(8)、みりん(8)、砂糖(1)
	みそ汁	だいこん(20)、油揚げ(10)、みそ(15)
3	サンドイッチ	パン(120)、ハム(40)、チーズ(40)、きゅうり(20)、マーガリン(5)
	海藻サラダ	乾燥わかめ(10)、ミニトマト(30)、ブロッコリー(30)、だいこん(50)、 ドレッシング(5)
	レモンティー	紅茶、レモン(10)、砂糖(5)
4	お好み焼	小麦粉(80)、山芋(20)、キャベツ(30)、卵(60)、ぶた肉(40)、 いか(40)、かつおぶし(3)、油(3)
	アスパラガスの炒め物	アスパラガス(60)、ベーコン(20)、油(3)
	緑茶	緑茶

(☆☆☆◎◎◎)

【12】次の〈図〉は，あるセーターの表示です。このセーターに適した洗剤と洗濯表示の説明が最も適切なものを，あとの1〜4の中から1つ選びなさい。

〈図〉

	洗剤	洗濯表示の説明
1	弱アルカリ性	液温は40℃を限度とし、手洗いができる。塩素系及び酸素系漂白剤の使用禁止。
2	中性	パークロロエチレン及び石油系溶剤による弱いドライクリーニングができる。自然乾燥をするときは、日陰の平干しがよい。
3	弱アルカリ性	底面温度は150℃を限度として、スチームなしでアイロン仕上げができる。塩素系および酸素系漂白剤の使用禁止。
4	中性	自然乾燥をするときは、日陰のつり干しがよい。液温は40℃を限度とし、手洗いができる。

(☆☆☆◎◎◎)

【13】次の〈表〉は，繊維の種類と手入れにかかわる性質についてまとめたものです。ポリエステルにあたるものを，次の1〜4の中から1つ選びなさい。

〈表〉

	洗濯にかかわる性質				着装にかかわる性質		特徴
	ぬれた時の強度	耐日光性	適する洗剤の液性	アイロン温度	吸湿性	防しわ性	
1	◎	◎	弱アルカリ性	低	△	◎	保温性が高い。ぬれても縮まない。毛玉ができやすい。熱水で硬くなる。
2	○	△(黄変)	中性	中	◎	◎	保温性が高い。水中でもむと縮む。虫害を受けやすい。
3	◎	◎	弱アルカリ性	中	△	◎	ぬれても縮まない。乾きが速い。再汚染しやすい。
4	◎	○	弱アルカリ性	高	◎	△	丈夫で洗濯に強い。水をよく吸収する。しわになりやすい。肌触りがよい。

◎：性能がよい　○：ふつう　△：性能が劣る
アイロン温度は、高：180〜210℃、中：140〜160℃、低：80〜120℃でかけることを示す。

(☆☆☆◎◎◎)

【14】次の繊維，糸や布の改質や加工について述べた文として適切でないものを，1〜4の中から1つ選びなさい。
1　パーマネントプレス加工とは，折り目が消えず，しわや型くずれを防ぐ加工方法である。

220

2　異形断面繊維とは，繊維の断面形状を変えることにより，光沢を出したり，吸水性を向上させたりしたものである。

3　混紡糸とは，2種類以上の長繊維に撚りをかけたものである。

4　透湿防水加工とは，水蒸気は外部へ出し，水滴は内部へ通さない加工方法である。

(☆☆☆◎◎◎)

【15】次の手順は，女性の浴衣の着方を説明したものです。（　ア　）〜（　エ　）にあてはまる語句の組み合わせとして最も適切なものを，下の1〜4の中から1つ選びなさい。

---

① （　ア　）をそろえ，背中心とすその位置を決める。

↓

② （　イ　）の（　ア　）を左腰骨の位置に合わせる。

↓

③ （　ウ　）を重ね，腰ひもをしめる。

↓

④ そで付け下のあきである（　エ　）から手を入れて，おはしょりを整える。

↓

⑤ えりもとを合わせて，胸もとにひもをしめる。最後に帯をしめる。

	ア	イ	ウ	エ
1	そで	下前（左前身ごろ）	上前（右前身ごろ）	身八つ口
2	えり先	下前（右前身ごろ）	上前（左前身ごろ）	身八つ口
3	えり先	下前（左前身ごろ）	上前（右前身ごろ）	おくみ
4	そで	下前（右前身ごろ）	上前（左前身ごろ）	おくみ

(☆☆☆◎◎◎)

221

【16】次の〈表〉は，日本の伝統的な織物や染め物の名称と最も関係が深い府県名についてまとめたものです。その組み合わせとして誤っているものを，1〜4の中から1つ選びなさい。

〈表〉

	織物や染め物	府県名
1	小千谷縮	新潟県
2	西陣織	京都府
3	加賀友禅	山形県
4	紅型	沖縄県

(☆☆☆◎◎◎)

【17】次の〈表〉は，世界の民族衣装の種類とその国名をまとめたものです。その組み合わせとして誤っているものを，次の1〜4の中から1つ選びなさい。

〈表〉

	民族衣装の種類	国名
1	アオザイ	ベトナム
2	ポンチョ	ペルー
3	サリー	インド
4	ゴ	メキシコ

(☆☆☆◎◎◎)

【18】次の図は，ハーフパンツの型紙を無地の110cm幅の布地に配置したものです。あとの各問いに答えなさい。

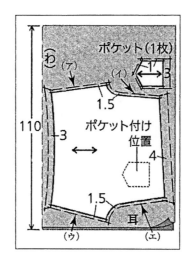

(1)　ハーフパンツのパンツたけが40cmの場合，布地の必要量として最も適切なものを，次の1〜4の中から1つ選びなさい。ただし，ゆとりは考えないものとします。

　1　94cm　　　2　80cm　　　3　47cm　　　4　40cm

(2)　図中の(ア)〜(エ)のうち，ハーフパンツの後ろまた上となる部分を，次の1〜4の中から1つ選びなさい。

　1　(ア)　　　2　(イ)　　　3　(ウ)　　　4　(エ)

(3)　次のA〜Fはハーフパンツの製作過程です。A〜Fを正しい製作手順に並べたとき，①〜④にあてはまる製作過程の組み合わせとして最も適切なものを，あとの1〜4の中から1つ選びなさい。

A　また下を縫う	B　また上を縫う
C　すそを縫う	D　胴囲を縫う
E　縫いしろを始末する	F　ポケットを付ける

＜製作手順＞

E→(　①　)→(　②　)→(　③　)→B→(　④　)

	①	②	③	④
1	F	A	C	D
2	A	C	D	F
3	C	D	F	A
4	D	F	A	C

(☆☆☆◎◎◎)

【19】裁縫ミシンについて，下の各問いに答えなさい。

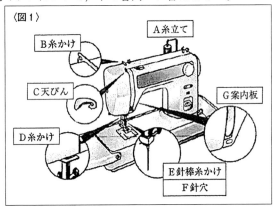

〈図1〉

A糸立て
B糸かけ
C天びん
G案内板
D糸かけ
E針棒糸かけ
F針穴

(1) 〈図1〉の裁縫ミシンについて，上糸をかける手順として正しいものを，次の1～4の中から1つ選びなさい。

1　A→B→C→G→D→E→F

2　A→B→G→C→E→D→F

3　A→G→B→C→D→E→F

4　A→B→G→C→D→E→F

(2) コントローラーを踏んだところ，ミシン針が同じ部分をくり返し刺し続けていて布が進みませんでした。その原因を，次の1～4の中から1つ選びなさい。

1　かまの中にほこりや糸が詰まっている。

2　送り調節ダイヤルの目盛りが0(ゼロ)になっている。

3　上糸調節装置の数字が一番小さくなっている。

4　針が曲がっている。

(3) 〈図2〉は，布をミシンで縫った部分を拡大したものです。このような状態のとき，ミシンのどの部分を操作したら正しい糸調子になりますか。最も適切なものを，下の1〜4の中から1つ選びなさい。

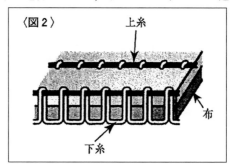

〈図2〉
上糸
布
下糸

1　送り調節ダイヤル
2　はずみ車
3　返し縫いスイッチ
4　上糸調節装置

(☆☆☆○○○)

【20】高齢社会の現状と高齢者福祉について述べたものとして，下線部が誤っているものを，次の1〜4の中から1つ選びなさい。

1　1956年発表の国際連合報告書で，高齢者人口の割合が<u>7％</u>を超えた国を「aged country」(高齢の国)とした。

2　0〜14歳の人口を年少人口，<u>15〜59歳の人口を生産年齢人口，60歳以上の人口を高齢者人口</u>という。

3　地域包括支援センターとは，<u>介護保険法</u>に規定された施設で，地域の高齢者の保健・福祉・医療の向上，虐待防止，介護予防などを総合的に行う機関であり，市区町村に設置される。

4　日本の人口ピラミッド(年齢別人口構成図)は，少子化の影響により<u>三角形にならない。</u>

(☆☆☆○○○)

【21】次の(ア)～(エ)は，幼児期の子どもの遊びの種類と育つ力について述べたものです。それぞれの内容があてはまる児童文化財の組み合わせとして最も適切なものを，下の1～4の中から1つ選びなさい。

(ア)　構成遊び：工夫し，つくり出すことを楽しむ。感性，創造力，表現力，構成力が育つ。

(イ)　受容遊び：聞く，見る，読むことを楽しむ。感性，想像力，言語能力が育つ。

(ウ)　集団遊び：協力や競争を楽しむ。協調性，判断力が育つ。

(エ)　模倣遊び：人のまねをするおもしろさを知る。模倣力，想像力，生活を理解する力が育つ。

	(ア)	(イ)	(ウ)	(エ)
1	ままごと，人形遊び	鬼ごっこ，サッカー，トランプ	絵本，紙芝居	ボール，三輪車
2	ままごと，人形遊び	絵本，紙芝居	鬼ごっこ，サッカー，トランプ	ボール，三輪車
3	ブロック，折り紙，お絵かき	絵本，紙芝居	鬼ごっこ，サッカー，トランプ	ままごと，人形遊び
4	ブロック，折り紙，お絵かき	鬼ごっこ，サッカー，トランプ	絵本，紙芝居	ままごと，人形遊び

(☆☆☆◎◎◎)

【22】次の(ア)～(エ)は乳幼児の発育・発達について説明したものです。内容が正しいものの組み合わせを，下の1～4の中から1つ選びなさい。

(ア)　新生児の頭蓋骨にある小泉門は出生後約1ヶ月で，大泉門は出生後約1年～1年6か月で閉じる。

(イ)　幼児の体の発達は目ざましく，身長は1歳で生まれたときの約1.5倍，3歳で約2倍になる。

(ウ)　乳歯は生後約6か月頃からはえ始め，3歳頃には28本がはえそろう。

(エ)　乳幼児期に，器官や機能の中で最も早く発育するのは，神経系である。

　　　1　(ア)と(イ)　　　2　(イ)と(ウ)　　　3　(ウ)と(エ)　　　4　(ア)と(エ)

(☆☆☆◎◎◎)

【23】次の〈表〉は，日本の定期予防接種の時期を示したものです。表中の(ア)～(エ)にあてはまるものの組み合わせとして最も適切なものを，下の1～4の中から1つ選びなさい。

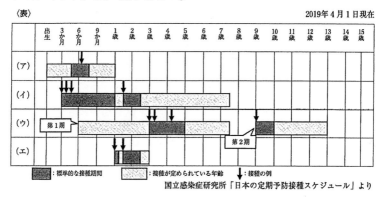

〈表〉　　　　　　　　　　　　　　　　　　　　　　　2019年4月1日現在

国立感染症研究所「日本の定期予防接種スケジュール」より

	(ア)	(イ)	(ウ)	(エ)
1	DPT-IPV　1期	日本脳炎	水痘	BCG
2	日本脳炎	水痘	BCG	DPT-IPV　1期
3	水痘	BCG	DPT-IPV　1期	日本脳炎
4	BCG	DPT-IPV　1期	日本脳炎	水痘

(☆☆☆◎◎◎)

【24】公的年金制度について述べた文として，下線部が誤っているものを，次の1～4の中から1つ選びなさい。

1　国民年金保険料は，全額が社会保険料控除の対象である。

2　日本に住む18歳以上60歳未満の者は，外国人を含めて国民年金に加入し，保険料を納めることが法律で義務づけられている。

3　老齢基礎年金を受けるためには，原則として，保険料を納付した期間と免除された期間に合算対象期間を加えた期間が10年以上必要となる。

4　平成29年国民生活基礎調査(厚生労働省)によると，高齢者世帯では，平均すると収入の66.3%を公的年金・恩給が占めている。

(☆☆☆◎◎◎)

【25】「子どもの権利条約」が国際連合総会で採択された年を，次の1～4
の中から1つ選びなさい。

1　1948年　　2　1959年　　3　1989年　　4　1994年

(☆☆☆◎◎◎)

【26】次の文は，子供や家族を支える施設や機関について説明したもので
す。下線部の内容が適切でないものを，次の1～4の中から1つ選びな
さい。

1　保育所は，保護者が<u>就労</u>などのため，家庭で保育できない0歳から
就学前までの乳幼児が対象である。

2　認定こども園は，保育所と幼稚園の機能を合わせもつ施設である。
<u>0歳から就学前までのすべての</u>乳幼児が対象となる。

3　児童館は，<u>12歳まで</u>のすべての児童を対象にした施設である。最
近では子育て中の親の集まりを企画するなど，子育て支援の機能も
整えている。

4　幼稚園は，<u>3歳から就学前までの幼児</u>が対象であり，保育時間はお
おむね9時から14時である。

(☆☆☆◎◎◎)

【27】次の(ア)～(エ)は住宅における設計図で使用される記号です。平面
表示記号とその名称が正しい組み合わせを，下の1～4の中から1つ選
びなさい。

(ア)　　　　　(イ)　　　　　(ウ)　　　　　(エ)

1	(ア) 片開き窓	(イ) 引き違い窓	(ウ) 引き違い戸	(エ) 雨戸
2	(ア) 引き違い窓	(イ) 片開き窓	(ウ) 雨戸	(エ) 引き違い戸
3	(ア) 引き違い戸	(イ) 雨戸	(ウ) 片開き窓	(エ) 引き違い窓
4	(ア) 片開き窓	(イ) 両開き窓	(ウ) 引き違い戸	(エ) 雨戸

(☆☆☆◎◎◎)

228

【28】コンセントに差込んだプラグの周辺に綿ぼこりや湿気などが付着することにより，差込みプラグの刃の間に電流が流れ，火花放電を繰り返すことで，絶縁樹脂表面に炭化導電路が形成され，発火する現象を，次の1～4の中から1つ選びなさい。

1　トラッキング現象　　　2　ストール現象
3　ヒートアイランド現象　　4　バックドラフト現象

(☆☆☆◎◎◎)

【29】次の文は，住まいや地域の居住環境の質の向上，住宅困窮者に対する居住の安全確保などをめざし，近年の深刻な少子高齢化の進行，人口や世帯人員の減少などの社会状況の変化に対応するために，2006年，新たに制定された法律の一部です。この法律の名称として正しいものを，下の1～4の中から1つ選びなさい。

> (目的)
> 第1条　この法律は，住生活の安定の確保及び向上の促進に関する施策について，基本理念を定め，並びに国及び地方公共団体並びに住宅関連事業者の責務を明らかにするとともに，基本理念の実現を図るための基本的施策，住生活基本計画その他の基本となる事項を定めることにより，住生活の安定の確保及び向上の促進に関する施策を総合的かつ計画的に推進し，もって国民生活の安定向上と社会福祉の増進を図るとともに，国民経済の健全な発展に寄与することを目的とする。

1　建築基準法　　　　　　　　　　2　民法
3　住宅の品質確保の促進等に関する法律　　4　住生活基本法

(☆☆☆◎◎◎)

【30】次の〈表〉は，消費者庁「食品添加物のはなし(平成23年2月)」に示されている食品添加物の種類・目的と効果・食品添加物の例につい

てまとめたものです。組み合わせとして適切でないものを，次の1〜4の中から1つ選びなさい。

〈表〉

	種類	目的と効果	食品添加物の例
1	甘味料	食品に甘みを与える。	キシリトール
2	着色料	食品を着色し、色調を調整する。	アスパルテーム
3	保存料	カビや細菌などの発育を抑制、食品の保存性を向上させる。	ソルビン酸
4	膨張剤	ケーキなどをふっくらさせ、ソフトにする。	炭酸水素ナトリウム

(☆☆☆◎◎◎)

【31】結露の防止対策について述べた文として，内容が適切でないものを，次の1〜4の中から1つ選びなさい。

1　入浴後浴室の戸は開放しないようにし，風呂のふたを閉め，30分から1時間以上換気を行う。

2　炊事中は，換気扇を回す。

3　洗濯物を室内で干さないようにする。

4　室内に湿度計を設置し，その値が80％を超えないようにする。

(☆☆☆◎◎◎)

【32】「住宅の品質確保の促進等に関する法律」に基づく住宅性能表示制度(新築)について述べた文として，内容が適切でないものを，次の1〜4の中から1つ選びなさい。

1　12分野の性能表示により，住まいの性能が分かるようになっている。

2　国に登録された第三者機関の評価が受けられる。

3　評価内容を住宅の建設工事や住宅引き渡しの契約に活かすことができる。

4　建設住宅性能評価書が交付された住宅でトラブルが発生した場合，国土交通大臣が指定する「指定住宅紛争処理機関(各地の単位弁護士会)」に紛争処理を申請することができる。

(☆☆☆◎◎◎)

【33】ゼロ・エネルギー住宅において，「高断熱基準」を満たした上で，快適な室内空間を保ちながら，エネルギーを有効に使うために必要な手立てについて，誤っているものを，次の1～4の中から1つ選びなさい。

1　高効率空調　　2　高効率バルブ設備　　3　高効率照明
4　高効率給湯設備

(☆☆☆◎◎◎)

【34】「消費者基本法」の第1条に示されたものを，次の1～4の中から1つ選びなさい。

1	この法律は、消費者と事業者との間の情報の質及び量並びに交渉力の格差に鑑み、事業者の一定の行為により消費者が誤認し、又は困惑した場合等について契約の申込み又はその承諾の意思表示を取り消すことができることとするとともに、事業者の損害賠償の責任を免除する条項その他の消費者の利益を不当に害することとなる条項の全部又は一部を無効とするほか、消費者の被害の発生又は拡大を防止するため適格消費者団体が事業者等に対し差止請求をすることができることとすることにより、消費者の利益の擁護を図り、もって国民生活の安定向上と国民経済の健全な発展に寄与することを目的とする。
2	この法律は、消費者と事業者との間の情報の質及び量並びに交渉力等の格差にかんがみ、消費者の利益の擁護及び増進に関し、消費者の権利の尊重及びその自立の支援その他の基本理念を定め、国、地方公共団体及び事業者の責務等を明らかにするとともに、その施策の基本となる事項を定めることにより、消費者の利益の擁護及び増進に関する総合的な施策の推進を図り、もって国民の消費生活の安定及び向上を確保することを目的とする。
3	この法律は、製造物の欠陥により人の生命、身体又は財産に係る被害が生じた場合における製造業者等の損害賠償の責任について定めることにより、被害者の保護を図り、もって国民生活の安定向上と国民経済の健全な発展に寄与することを目的とする。
4	この法律は、特定商取引（訪問販売、通信販売及び電話勧誘販売に係る取引、連鎖販売取引、特定継続的役務提供に係る取引、業務提供誘引販売取引並びに訪問購入に係る取引をいう。以下同じ。）を公正にし、及び購入者等が受けることのある損害の防止を図ることにより、購入者等の利益を保護し、あわせて商品等の流通及び役務の提供を適正かつ円滑にし、もって国民経済の健全な発展に寄与することを目的とする。

(☆☆☆◎◎◎)

【35】クレジットカードの支払い方法について，次の各問いに答えなさい。

(1)　次の〈図〉は，クレジットカードによる商品購入の仕組み(三者間契約の場合)を表したものです。図中の矢印の(ア)～(ウ)にあては

まる内容の組み合わせで正しいものを，下の1〜4の中から1つ選び
なさい。

〈図〉

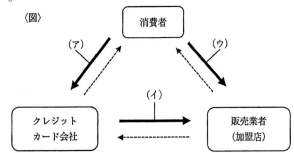

		(ア)	(イ)	(ウ)
1		クレジットカードの暗証番号の入力またはサイン	カード発行	クレジット契約の申込み
2		クレジット契約の申込み	代金立替払	クレジットカードの暗証番号の入力またはサイン
3		カード発行	クレジット契約の申込み	代金立替払
4		クレジットカードの暗証番号の入力またはサイン	代金立替払	カード発行

(2)　リボルビング払いの説明として最も適切なものを，次の1〜4の中
から1つ選びなさい。

1　代金を一括で支払う方法

2　商品・サービスの提供を受ける前に支払いをする方法

3　回転するという意味で，月々の支払額を事前に決めておき，利
用可能内で支払う方法

4　夏・冬のボーナス支給時期に合わせて支払う方法

(☆☆☆◎◎)

【36】次の「消費者の8つの権利」のうち，1962年にアメリカのケネディ
大統領が「消費者の利益の保護に関する連邦会議特別教書」において
提示した4つの権利の組み合わせで正しいものを，あとの1〜4の中か
ら1つ選びなさい。

(ア)　安全である権利　　　　(イ)　生活の基本的ニーズが保障される権利

(ウ)	補償を受ける権利	(エ)	意見が反映される権利
(オ)	知らされる権利	(カ)	消費者教育を受ける権利
(キ)	選択する権利	(ク)	健康な環境の中で働き生活する権利

1	(イ) (ウ) (カ) (ク)
2	(ア) (エ) (オ) (キ)
3	(ウ) (エ) (オ) (ク)
4	(ア) (ウ) (オ) (キ)

(☆☆☆◎◎◎)

【37】次の各問いに答えなさい。

(1) 環境省が推進している3Rの取組について正しい組み合わせを，次の1～4の中から1つ選びなさい。

1	リデュース	リペア	リサイクル
2	リユース	リサイクル	リフューズ
3	リデュース	リユース	リサイクル
4	リサイクル	リペア	リフューズ

(2) 環境省「21世紀環境立国戦略」(2007年)の中で，地球環境の危機を克服する持続可能な社会を目指す取組として提示されている正しい組み合わせを，次の1～4の中から1つ選びなさい。

1	循環型社会	自然共生社会	農耕社会
2	自然共生社会	低炭素社会	循環型社会
3	農耕社会	低炭素社会	循環型社会
4	自然共生社会	農耕社会	低炭素社会

(☆☆☆☆◎◎◎)

【38】次の〈図〉は，賞味期限と消費期限のイメージ(消費者庁)です。図中の(ア)～(ウ)にあてはまる組み合わせで最も適切なものを，あとの1～4の中から1つ選びなさい。

233

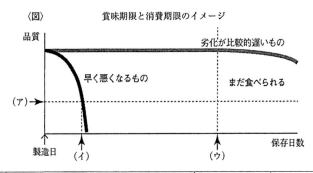

〈図〉　　賞味期限と消費期限のイメージ

	(ア)	(イ)	(ウ)
1	風味や食味がよくおいしく食べられる限界	消費期限	賞味期限
2	安全に食べられる限界	消費期限	賞味期限
3	風味や食味がよくおいしく食べられる限界	賞味期限	消費期限
4	安全に食べられる限界	賞味期限	消費期限

(☆☆☆◯◯◯)

【39】次は，中学校学習指導要領(平成29年告示)「第2章　各教科　第8節技術・家庭　第2　各分野の目標及び内容〔家庭分野〕　1　目標」の全文です。　①　～　④　に入る語句を，あとの1～4の中から1つずつ選びなさい。

　生活の営みに係る見方・考え方を働かせ，衣食住などに関する実践的・　①　な活動を通して，よりよい生活の実現に向けて，生活を工夫し創造する資質・能力を次のとおり育成することを目指す。

(1)　　②　について理解を深め，家族・家庭，衣食住，消費や環境などについて，生活の自立に必要な基礎的な理解を図るとともに，それらに係る技能を身に付けるようにする。

(2)　家族・家庭や地域における生活の中から問題を見いだして課題を設定し，解決策を構想し，実践を評価・改善し，考察したことを論理的に表現するなど，これからの生活を　③　課題を解決する力を養う。

234

---

(3) 自分と家族，家庭生活と地域との関わりを考え，家族や地域の人々と ④ ，よりよい生活の実現に向けて，生活を工夫し創造しようとする実践的な態度を養う。

---

① 1 体験的　　　　　　　　2 理論的
　 3 具体的　　　　　　　　4 協働的
② 1 家族・家庭の役割　　　2 家族・家庭の機能
　 3 家庭の役割　　　　　　4 家庭の機能
③ 1 展望して　　　　　　　2 見通して
　 3 見直して　　　　　　　4 改善して
④ 1 協力し　　　　　　　　2 話し合い
　 3 連携し　　　　　　　　4 協働し

(☆☆☆◎◎◎)

【40】次は，中学校学習指導要領(平成29年告示)「第2章　各教科　第8節　技術・家庭　第3　指導計画の作成と内容の取扱い」の一部です。 ① ， ② に入る語句の組み合わせとして正しいものを，あとの1～4の中から1つ選びなさい。

2　第2の内容の取扱いについては，次の事項に配慮するものとする。

(3)　基礎的・基本的な知識及び技能を習得し， ① などの理解を深めるとともに，仕事の楽しさや完成の喜びを体得させるよう，実践的・体験的な活動を充実すること。また，生徒の ② を踏まえて学習内容と将来の職業の選択や生き方との関わりについても扱うこと。

---

	①	②
1	基本的な概念	キャリア発達
2	基本的な概念	キャリア段階
3	基本的な事項	キャリア発達
4	基本的な事項	キャリア段階

(☆☆☆◎◎◎)

【高等学校】

【1】次は，高等学校学習指導要領(平成30年告示)の「第2章　各学科に
共通する各教科　第9節　家庭　第1款　目標」の一部です。(ア)
～(エ)に入る語句の組み合わせとして正しいものを，下の(1)～(4)
の中から1つ選びなさい。

> (ア)に係る見方・考え方を働かせ，実践的・体験的な学習活
> 動を通して，様々な人々と(イ)し，よりよい社会の(ウ)に
> 向けて，男女が協力して主体的に家庭や(エ)の生活を創造す
> る資質・能力を次のとおり育成することを目指す。

	ア	イ	ウ	エ
(1)	家庭の生活	協力	向上	社会
(2)	生活の営み	協働	構築	地域
(3)	生活の営み	協力	構築	社会
(4)	家庭の生活	協働	向上	地域

(☆☆☆◎◎◎)

【2】高等学校学習指導要領(平成30年告示)解説　家庭編「第1部　第2章
家庭科の各科目　第2節　家庭総合　2　内容とその取扱い　D　ホー
ムプロジェクトと学校家庭クラブ活動」においてホームプロジェクト
の指導に当たって留意することに示されていないものを，次の(1)～(4)
の中から1つ選びなさい。

(1) 家庭科の授業の一環として，年間指導計画に位置付けて実施する
こと。

(2) 内容のAからCまでの指導に当たっては，中学校の「生活の課題と実践」を踏まえ，より発展的な取組になるように，学習内容を自己の家庭生活と結び付けて考え，常に課題意識をもち，題目を選択できるようにすること。

(3) ホームルーム活動，生徒会活動，学校行事，総合的な探究の時間など学校全体の教育活動との関連を図るようにすること。

(4) 学習活動は，計画，実行，反省・評価の流れに基づいて行い，実施過程を記録させること。

(☆☆☆◎◎◎)

【3】成年年齢が，2022年4月から18歳に引き下げられますが，成年年齢が引き下げられたあとも，20歳にならないとできないものを，次の(1)〜(4)の中から1つ選びなさい。

(1) 親の同意なしにクレジットカードをつくる。

(2) 公認会計士や司法書士，医師免許，薬剤師免許などの国家資格を取得する。

(3) 養子を迎える。

(4) 10年有効のパスポートを取得する。

(☆☆☆☆◎◎◎)

【4】ハヴィガーストが述べた青年期の発達課題として最も適切なものを，次の(1)〜(4)の中から1つ選びなさい。

(1) 気心の合う社交集団をみつける。

(2) 個人としての自立を達成する。

(3) 自分の年齢集団の人と率直な親しい関係を確立する。

(4) 社会的に責任ある行動をとりたいと思い，またそれを実行する。

(☆☆☆◎◎◎)

【5】認知症に関する説明として誤っているものを，次の(1)〜(4)の中から1つ選びなさい。

(1)　2012年の日本における，65歳以上の認知症高齢者は462万人であり，65歳以上の人口に占める認知症高齢者の割合は約15%であった。

(2)　認知症とは，色々な原因で脳の細胞が死んでしまったり，脳の働きが悪くなったりしたために様々な障害が起こり，生活する上での支障がおよそ6ヵ月以上継続している状態のことである。

(3)　認知症の症状として，「中核症状」と「周辺症状(BPSD)」がある。

(4)　日本人に最も多い認知症は，脳血管性認知症である。

(☆☆☆◎◎◎)

【6】ボディメカニクスに関して述べた文として誤っているものを，次の(1)～(4)の中から1つ選びなさい。

(1)　ボディメカニクスとは，身体の骨格や筋，内臓等の力学的相互関係をいう。

(2)　ボディメカニクスの原則には，支持基底面積を広くとることが挙げられる。

(3)　虚弱状態でベッドの上にいる側臥位の要介護者を端座位にするとき，介護者は要介護者の臀部を支点に介護をすると，介護者にとっても身体への負担軽減となる。

(4)　全介助が必要な要介護者を移動させるとき，要介護者の身体への負担を軽減させるために，抱上げによる介助を行わなければならない。

(☆☆☆◎◎◎)

【7】総務省が示した「平成29年家計調査年報」における，2016年と比較した2017年の2人以上の世帯のうち，勤労者世帯の家計収支について述べた文として最も適切なものを，次の(1)～(4)の中から1つ選びなさい。

(1)　実収入は名目増加となった。

(2)　非消費支出は名目減少となった。

(3)　可処分所得は実質減少となった。

(4)　消費支出は実質減少となった。

(☆☆☆◎◎◎)

【8】未成年者契約の取消しについて述べた文として誤っているものを，次の(1)～(4)の中から1つ選びなさい。
  (1)　小遣いなど，法定代理人が目的を定めないで処分を許した財産を未成年者が使う場合は，未成年者契約取消しが認められない。
  (2)　取消権の時効は，未成年者が成年に達してから5年か，契約から15年を経過した日である。
  (3)　未成年者契約の取消しは，未成年者からでも法定代理人からでも通知できる。
  (4)　未成年者契約の取消しをすると，契約時にさかのぼって，最初から無効なものとされ，未成年者が受取った商品やサービスは，現に利益を受ける範囲で返還すればよい。

(☆☆☆◎◎◎)

【9】「「子どもとメディア」の問題に対する提言」(日本小児科医会)において示されていないものを，次の(1)～(4)の中から1つ選びなさい。
  (1)　4歳までのテレビ・ビデオ視聴は控えましょう。
  (2)　授乳中，食事中のテレビ・ビデオの視聴は止めましょう。
  (3)　子ども部屋にはテレビ，ビデオ，パーソナルコンピューターを置かないようにしましょう。
  (4)　保護者と子どもでメディアを上手に利用するルールをつくりましょう。

(☆☆☆◎◎◎)

【10】次は，児童福祉法　第1条の全文です。(　ア　)～(　エ　)に入る語句の組み合わせとして正しいものを，あとの(1)～(4)の中から1つ選びなさい。

239

> 　全て児童は，児童の権利に関する条約の精神にのつとり，適切に（　ア　）されること，その生活を保障されること，愛され，（　イ　）されること，その心身の健やかな成長及び発達並びにその（　ウ　）が図られることその他の（　エ　）を等しく保障される権利を有する。

	ア	イ	ウ	エ
(1)	教育	尊重	自立	愛護
(2)	養育	尊重	育成	福祉
(3)	養育	保護	自立	福祉
(4)	教育	保護	育成	愛護

(☆☆☆◎◎◎)

【11】四種混合ワクチンで予防の対象となる病気の組み合わせとして正しいものを，下の(1)～(4)の中から1つ選びなさい。

> ア　日本脳炎　　イ　百日咳　　ウ　結核　　エ　風疹
> オ　ジフテリア　　カ　ポリオ　　キ　破傷風

(1)　ア・イ・エ・オ　　(2)　イ・オ・カ・キ
(3)　ア・ウ・オ・キ　　(4)　イ・ウ・エ・カ

(☆☆☆◎◎◎)

【12】次のア～ウのマークについて，それぞれの名称の組み合わせとして最も適切なものを，あとの(1)～(4)の中から1つ選びなさい。

ア

イ

ウ

	ア	イ	ウ
(1)	耳マーク	ＳＧマーク	マタニティマーク
(2)	うさぎマーク	ＧＳマーク	トモニンマーク
(3)	耳マーク	ＧＳマーク	トモニンマーク
(4)	うさぎマーク	ＳＧマーク	マタニティマーク

(☆☆☆◎◎)

【13】 半そでカジュアルシャツ(カフスなし)のそでのぬい代のとり方として最も適切なものを，次の(1)～(4)の中から1つ選びなさい。

(1)　　　　　　　　(2)　　　　　　　　(3)　　　　　　　　(4)

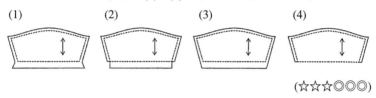

(☆☆☆◎◎)

【14】 次の表は，繊維の公定水分率をまとめたものです。表中のア～エにあてはまる繊維の組み合わせとして最も適切なものを，下の(1)～(4)の中から1つ選びなさい。

繊維名	公定水分率
ア	8.5
イ	11.0
ウ	12.0
エ	15.0

	ア	イ	ウ	エ
(1)	綿	羊毛	麻	絹
(2)	麻	羊毛	綿	絹
(3)	綿	絹	麻	羊毛
(4)	麻	絹	綿	羊毛

(☆☆☆◎◎)

【15】 紬の説明として最も適切なものを，次の(1)～(4)の中から1つ選びなさい。

(1)　麻の上質な糸で織った布

(2)　真綿を引き伸ばして細く糸にしたもので織った絹織物

(3)　絡み織りの一種で，経糸2本がからむごとに一越が交差した最も簡単な絡み織り組織

(4)　製織するとき，筬の一羽に経糸2本を通した後練織物

(☆☆☆☆◎◎◎)

【16】アクリル繊維にアイロンをかける場合の温度として最も適切なものを，次の(1)～(4)の中から1つ選びなさい。

(1)　120℃　　(2)　150℃　　(3)　180℃　　(4)　200℃

(☆☆☆◎◎◎)

【17】次のア～エは，コートについて説明したものです。その説明とコートの組み合わせとして最も適切なものを，下の(1)～(4)の中から1つ選びなさい。

ア　塹壕用防水外套，またはその形のコートで，右肩に共布の二重覆いがつけられ，ポケットが多くベルト締めになっている。

イ　オーバーコートの袖をとり，かわりに肩からケープをつけた形の外套。

ウ　比翼仕立てで背はプレーンでセンター・シームが入り，多くの場合に上襟にベルベットをつけた男子用のコート。

エ　両前合わせでフードがついたコートで，ボタンの代わりにトグルとひもの組み合わせで前を留める。

	ア	イ	ウ	エ
(1)	トレンチコート	インバネス	チェスターフィールド	ダッフルコート
(2)	タイロッケン	インバネス	フロックコート	ピー・コート
(3)	タイロッケン	バルマカン	チェスターフィールド	ピー・コート
(4)	トレンチコート	バルマカン	フロックコート	ダッフルコート

(☆☆☆☆◎◎◎)

【18】次の表は，「和食―日本人の伝統的な食文化―」(農林水産省)に記された行事の食をまとめたものです。年中行事と食べ物の組み合わせ

242

として誤っているものを，(1)～(4)の中から1つ選びなさい。

	年中行事	食べ物
(1)	上巳	菱餅
(2)	人日	素麺
(3)	端午	柏餅
(4)	重陽	栗飯

(☆☆☆◎◎◎)

【19】ビタミンB_2に関して述べた文として誤っているものを，次の(1)～(4)の中から1つ選びなさい。

(1) ビタミンB_2は，補酵素として，エネルギー代謝や物質代謝に関与している。

(2) ビタミンB_2は，光に弱く，アルカリで分解されやすい化学的性質をもつ。

(3) ビタミンB_2の欠乏症には，成長障害や口角炎が挙げられる。

(4) ビタミンB_2を多く含む食品には，野菜，じゃがいも，果物がある。

(☆☆☆◎◎◎)

【20】次の表は，「日本食品標準成分表2015年版(七訂)」による米(水稲穀粒)の成分値についてまとめたものです。ア～エにあてはまる栄養素の組み合わせとして正しいものを，下の(1)～(4)の中から1つ選びなさい。

	ア	イ	ウ	エ
玄米	2.7 g	290mg	0.41mg	3.0 g
はいが精米	2.0 g	150mg	0.23mg	1.3 g
精白米（うるち米）	0.9 g	95mg	0.08mg	0.5 g

(可食部100 g あたり)

	ア	イ	ウ	エ
(1)	脂質	リン	ビタミンB_1	食物繊維（総量）
(2)	食物繊維（総量）	リン	ビタミンB_2	脂質
(3)	食物繊維（総量）	カルシウム	ビタミンB_1	脂質
(4)	脂質	カルシウム	ビタミンB_2	食物繊維（総量）

(☆☆☆◎◎◎)

【21】カンピロバクター食中毒に関して述べた文として誤っているもの
を，次の(1)～(4)の中から1つ選びなさい。

(1)　カンピロバクターは，乾燥に弱く，通常の加熱調理で死滅する特
性をもっている。

(2)　主な原因食品は，鶏肉である。

(3)　潜伏期間は，腸炎ビブリオよりも短く，30分～5時間である。

(4)　感染して数週間後に「ギランバレー症候群」を発症することもあ
る。

(☆☆☆◎◎◎)

【22】次の表は，ある日の夕食の献立についてまとめたものです。この献
立を「4つの食品群の年齢別・性別・身体活動レベル別食品構成」の
「身体活動レベルⅡ(ふつう)」における，16歳女子の1人1日当たりの重
量にあてはめた場合，1日の重量の$\frac{1}{3}$を満たしていない食品を，下の
(1)～(4)の中から1つ選びなさい。

献立	材料	分量(g)	献立	材料	分量(g)
カレー	精白米	100	卵とわかめの	卵	20
ピラフ	豚肉	50	スープ	わかめ（戻し）	10
	たまねぎ	25		たまねぎ	20
	にんじん	10		しめじ	5
	じゃがいも	35		片栗粉	5
	油	3		ブイヨン・塩	
	カレー粉、調味料		和風サラダ	豆腐	30
ホワイト	バター	7		サニーレタス	20
ソース	小麦粉	7		大根	20
	牛乳	80		赤パプリカ	10
	生クリーム	5		ごま油	1
	塩・こしょう			調味料	
			オレンジゼリー	100%オレンジジュース	70
				砂糖	5
				ゼラチン	2

(1)　乳・乳製品　　(2)　魚介・肉類　　(3)　野菜類　　(4)　油脂類

(☆☆☆◎◎◎)

244

【23】次の表のア〜エは，住まいとその住まいが伝統的に使われている主
な国の組み合わせです。正しいものに○，誤っているものに×を付け
た場合，その組み合わせとして正しいものを，下の(1)〜(4)の中から1
つ選びなさい。

	住まい	主な国
ア	ゲル	モンゴル
イ	トンコナン	南アフリカ共和国
ウ	トゥルッリ（トルッロ）	イタリア
エ	ヤオトン	ペルー

	ア	イ	ウ	エ
(1)	×	○	×	○
(2)	○	×	×	○
(3)	×	○	○	×
(4)	○	×	○	×

(☆☆☆◎◎◎)

【24】次の図は，日本の伝統的な民家の屋根の形態です。屋根形式の名称
の組み合わせとして正しいものを，下の(1)〜(4)の中から1つ選びなさ
い。

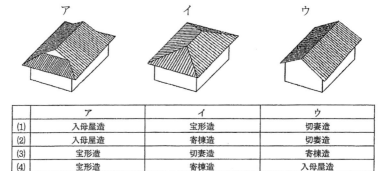

	ア	イ	ウ
(1)	入母屋造	宝形造	切妻造
(2)	入母屋造	寄棟造	切妻造
(3)	宝形造	切妻造	寄棟造
(4)	宝形造	寄棟造	入母屋造

(☆☆☆◎◎◎)

【25】シックハウス症候群に関して述べた文として誤っているものを，次
の(1)〜(4)の中から1つ選びなさい。

(1)　シックハウス対策としては，ホルムアルデヒドの使用制限や換気設備の設置義務が挙げられる。

(2)　「建築物衛生法」において，事務所や店舗などの用途で一定規模以上の建築物においては，ホルムアルデヒドの量の測定を義務付けている。

(3)　シックハウス症候群とは，医学的に確立した単一の疾患のことである。

(4)　ダニやカビ，ハウスダストもシックハウス症候群の原因となる場合がある。

(☆☆☆◎◎◎)

解答・解説

【中学校】

【1】4

〈解説〉脂溶性ビタミンは水に溶けにくく，アルコールや油脂に溶けやすい。欠乏症(多く含む食品)を示すと次の通りである。ビタミンA…皮膚乾燥・角膜乾燥症・夜盲症など(レバー，バター等)，ビタミンD…骨軟化症・くる病等(肝油，卵等)，ビタミンE…神経機能の低下(アーモンド，かぼちゃ等)，ビタミンK…血液凝固障害(肝臓，緑黄色野菜等)。水溶性ビタミンは水に溶けるが油脂に溶けにくい。ビタミンB_1…食欲不振・脚気等(豚肉，卵黄等)，ビタミンB_{12}…悪性貧血等(肉類，乳製品等)，ビタミンB_2…口角炎・成長停止(肝臓，卵等)，ビタミンC…壊血病(果実，野菜等)，ビタミンB_6…アミノ酸代謝異常(肉類，野菜等)。水溶性ビタミンは他にナイアシン，パントテン酸，葉酸，ビオチン等がある。

【2】1

〈解説〉日本食品標準成分表を見ると，たんぱく質が多いのは(イ)と(エ)なので，これらがだいずと豚肉に該当する。両者のうち水分が多い(エ)が豚肉，(イ)がだいずである。次に，(ア)と(ウ)では，水分が多い(ア)のほうがさやいんげん，(ウ)は水分量の他，カルシウムが突出していることからも，ほしひじきと判断できる。

【3】(1) 4 (2) 1

〈解説〉(1) 肉は加熱すると筋繊維や結合組織が収縮して固くなるが，水に入れて長時間加熱すると，コラーゲンがゼラチン化して肉は柔らかくなる。ビーフシチュー等はその好例である。 (2) 魚は季節によって脂質やグリコーゲンの含有量が増えておいしさを増す。この時期を旬といい，一般に魚は産卵前が旬となる。身もしまり，脂質含有量も多くおいしい時期である。

【4】1

〈解説〉ウ エネルギー源となる栄養素は脂質，たんぱく質，炭水化物で，脂質は1gにつき9kcal，他は4kcalである。 エ DHAはドコサヘキサエン酸，EPAはエイコサペンタエン酸であり，あじ，いわし，さんまなどの赤身の魚の魚油に多い。

【5】1

〈解説〉ウ 原料原産地表示制度は，加工食品に使用された原材料の原産地を商品に表示する制度のことで，重量割合第1位の原材料が生鮮食品の場合は産地表示，加工食品の場合は製造地表示となる。 エ 容器包装における栄養成分表示については，食品単位当たりの熱量，たんぱく質，脂質，炭水化物の他，食塩相当量である。

【6】1

〈解説〉遺伝子組み換え食品とは，他の生物の遺伝子を取り出し，植物に

人為的に取り込んで，病気や害虫に強くしたり，栄養価を高めたり，有害物質を減少させたりして，作り変えられた食物のこと。現在8品目が「義務表示対象農産物」とされている。

【7】4

〈解説〉いわしの廃棄率は50％なので，可食部80gに対し倍の160g必要である。4人分では160〔g〕×4＝640〔g〕となり，1尾が120gなので640÷120＝5.333…となり6尾必要となる。一般に必要量を求める場合は次の算出式による。必要量＝可食部÷(100－廃棄率)×100である。

【8】4

〈解説〉ある特定の食品を食べると体がアレルギー反応を起こし，皮膚のかゆみやじんましん等の反応が出ることを，食物アレルギーという。アレルギー物質として表示義務のある7品目の他に，キウイフルーツ，あわび，いくら，いか，さばなど，可能な限り表示することとされている20品目がある。

【9】3

〈解説〉1　冷蔵庫での保存は，腐敗を遅らせることはできるが止めることはできない。　2　細菌の増える条件は温度と栄養分と水分が必要である。　4　いも類はなるべく涼しく直射日光の当たらない場所で常温保存する。

【10】1

〈解説〉せんべい汁は，青森県八戸市周辺の郷土料理で，同料理専用の南部せんべいを用い，しょうゆ味で煮たてた汁物あるいは鍋料理である。

【11】3

〈解説〉6つの食品群とその具体的な食品名を挙げると次のようになる。なお，(　　)内は女子の摂取量のめやすである。　第1群(300g)…魚・

肉・卵・豆・豆製品。　第2群(400g)…牛乳・乳製品・小魚・海藻。第3群(100g)…緑黄色野菜。　第4群(400g)…その他の野菜・果物。第5群(420)g…米・パン・めん・いも・砂糖。　第6群(20g)…油脂。これらを基に，朝食と夕食の摂取量を比較すると，第2群と第6群が少ないことがわかるので，両者を補充できる献立を探す。

【12】2

〈解説〉毛の洗濯には中性洗剤を用いる。図の洗濯表示は，左から「液体は40℃を限度とし手洗いができる」，「塩素系および酸素系漂白剤の使用禁止」，「日陰の平干しがよい」，「底面温度110℃を限度としてアイロン仕上げができる」，「パークロロエチレン及び石油系溶剤による弱いドライクリーニングができる」を意味している。

【13】3

〈解説〉1　ポリエステルには毛玉はできない。　2　ポリエステルは弱アルカリ性の洗剤を使用する。　4　大変防しわ性に優れている。なお，ポリエステルは乾きが早く，熱に強く，帯電しやすいという特徴もある。

【14】3

〈解説〉混紡糸は異なる短繊維を混ぜて紡績する(糸をつくること)ことである。それぞれの繊維の特徴を取り入れたもので，例えば綿とポリエステルの混紡糸はワイシャツやブラウスに利用される。他に交織(異なる種類の糸を用いて織ること)や交編(異なる種類の糸を用いて編むこと)などもある。

【15】2

〈解説〉浴衣は木綿の単衣(ひとえ＝裏地のない)の着物で，元は湯上り着だったもの。和服は男女を問わず，左前身ごろ(上前と呼ぶ)が上になる。なお，選択肢エの「おくみ」は，前身ごろにえりからすそまで縫

いつけられている細長い布の部分。

【16】3

〈解説〉加賀友禅は石川県金沢市で染められている友禅染である。金沢では江戸中期頃，加賀染や御国染(おくにぞめ)という従来からの染色技法をベースに，京友禅の技法を取り入れて，手書き糊防染の友禅染を発達させた。山形県は紅花染めが有名である。

【17】4

〈解説〉ゴはブータンの男性の民族衣装である。仕立て，対たけ，筒そでの和服に似たへちまえり付きの衣装だが，和服の1.5倍近くのおくみの広さが特徴である。女性の民族衣装はキラという。

【18】(1)　1　　(2)　4　　(3)　1

〈解説〉(1)　設問のハーフパンツは脇なしのものである。布地の必要量は(パンツたけ＋縫いしろ)×2なので，一番近いのは94cmである。(2)　また上は，椅子に掛け腰を伸ばした状態で，ウエストから座面までを右側面で測る。(イ)か(エ)で迷ったら，ポケットは通常左側に付けることと，カーブの深い方が後ろまた上であることから判断する。(3)　縫いしろの始末やポケット付けは，布を縫い合わせる前の平面状態の方が処理しやすいことに着目する。また上とまた下の縫いしろはロックミシンで始末し，すそは三つ折りで始末をする。なお，すそと胴囲は縫う順序を逆にする方法もある。

【19】(1)　4　　(2)　2　　(3)　4

〈解説〉(1)　上糸のかけ方の順序を間違えると，きれいに縫えなかったり，ミシンの故障の原因となったりするので，手順をマスターしておきたい。また，上糸をかける前にはずみ車を手前に回して天びんを上げること，針穴を通す時は手前から向こう側に通すが糸を前に引っ張らないようにすることなどに注意する。　(2)　1　ほこりや糸詰まり

は針棒が動かない原因になる。　3　上糸の数字が小さくなっていると上糸が切れる原因になる。　4　針が曲がっていると針目が飛ぶ。(3)　上糸がきつい状態なので，上糸の調子を弱くする。すなわち上糸調節装置のダイヤルの数字を大きくする。

【20】2
〈解説〉生産年齢人口は15〜59歳ではなく，15〜64歳が正しい。老年人口は60歳以上でなく65歳以上の人口である。

【21】3
〈解説〉成長の順に並べると，「(イ)受容遊び」(1〜2歳から)→「(エ)模倣遊び」(2歳頃から)→「(ア)構成遊び」(2〜3歳から)→「(ウ)集団遊び」(4〜5歳から)である。なお，設問の「幼児期」の前の乳児期には，「感覚遊び」(おしゃぶりやメリーゴーランドで，感覚機能や運動機能が育つ)や，「運動遊び」(手足をばたばたすることから始まり，歩いたり体の動きそのものを楽しんだりする)がある。併せて覚えておこう。

【22】4
〈解説〉イ　出生時の身長は，約50cmである。身長の発育の速度は低月齢ほど大きく，生後1か月の間に約5cm伸びる。生後1年で約1.5倍，5年で約2倍強になる。　ウ　乳歯は生後6か月から生え始めるが，2歳6か月頃で上下10本ずつ計20本が生えそろう。しかし生える順序も含め個人差が大きい。

【23】4
〈解説〉日本の予防接種には，定期接種(A類疾病，B類疾病)と任意接種がある。種類も変わってくるので最新のものを「日本の定期/任意予防接種スケジュール」(国立感染症研究所)で確認しよう。

【24】2

〈解説〉日本の年金制度では，国籍に関係なく外国人であっても日本国内に住所を有していると年金についての権利・義務が発生する。国民年金は「20歳以上60歳未満」の人であれば加入しなければならない。厚生年金も会社などに就職した場合，一定の要件を満たせば国籍に関わらず加入義務が生じる。

【25】3

〈解説〉「子どもの権利条約(正式名称：児童の権利に関する条約)」は，児童(18歳未満)の権利について定めた国際条約である。1959年に採択された「児童の権利に関する宣言」の30周年にあわせて1989年に国際連合総会で採択され，1990年9月に発効した。なお，日本においては1994年5月に発効した。

【26】3

〈解説〉児童館は，児童福祉法第40条に規定されている児童厚生施設の一つである。児童とは0歳から18歳未満の子どもを指す。児童館は児童に健全な遊び場を与え，その健康を増進し，または情操を豊かにすることを目的にしている。専門の指導員によって季節や地域の実情に合わせて健全な遊びの指導が行われている。地域によっては子ども会や母親クラブなどの地域組織活動も行っている。

【27】1

〈解説〉平面計画を図にしたものが平面図である。建築の図面は，JIS(日本工業規格)による平面図記号(「JIS A 0150」を用いている)で実寸の$\frac{1}{50}$または$\frac{1}{100}$等の縮図で描く。

【28】1

〈解説〉2　ストール現象とは，流入してきたドレンを排出できず熱交換器内にドレンが滞留してしまうこと。　3　ヒートアイランド現象は

郊外に比べ都市部ほど気温が高くなる現象である。　4　バックドラフト現象は火災現場で起きる爆発現象のことである。

【29】4
〈解説〉住生活基本法に基づき，現在は，2016年度から2025年度までを計画期間とした住生活基本計画がまとめられている。

【30】2
〈解説〉食品添加物とは，加工や保存などの目的で製造工程において食品に添加，混和などの方法で使用されるものである。アスパルテームはたんぱく質を構成する2つのアミノ酸が結合した人工甘味料で，強い甘さを持つ。着色料はタール系色素やくちなし色素などを用いる。

【31】4
〈解説〉室内の快適な湿度は40〜60%とされている。40%以下になると目や肌，のどの乾燥を感じるだけでなく，インフルエンザウイルスが活動しやすくなる。反対に60%以上になると結露・カビ・ダニが発生しやすい。エアコンで常に温度がコントロールされている室内では湿度に鈍感になっているので，湿度計を使用した方がよい。

【32】1
〈解説〉住宅性能表示制度とは，住宅の性能を統一された表示ルールで比較できるように表示を行うことを定めた制度のことで，10項目の設計・施行の性能が，等級により具体的に明示されている。性能の違いが一目でわかるうえに，着工前に欲しい性能の等級などを決めることができる。また，希望により有償で第三者機関が指定通りの性能であるかをチェックしてくれる。

【33】2
〈解説〉ゼロ・エネルギー住宅はZEH(ゼッチ)ともいい，住宅の断熱性・

省エネ性能を上げること，太陽光発電などでエネルギーをつくること
により，年間の一次消費エネルギー量の収支をプラスマイナス「ゼロ」
にする住宅を指す。住宅における一次消費エネルギーは，空調，給湯，
照明，換気などの機器類が消費するエネルギーを合算して算出する。

【34】2

〈解説〉1　2001年に施行された「消費者契約法」である。不適切な勧誘
で消費者が「誤認」や「困惑」して契約した場合取り消しができる。
未成年者の契約についても定めている。　3　「製造物責任法(PL法)」
で1995年に施行された。製造物の欠陥によって生命，身体または財産
に損害を受けた場合，被害者が製造者に損害賠償を求めることができ
る。　4　1976年公布の「特定商取引法」である。訪問販売などから
被害を未然に防ぐための法律である。クーリング・オフなどのルール
を定めている。

【35】(1)　2　　(2)　3

〈解説〉(1)　設問は三者間契約だが二者間契約もある。販売者と消費者
の契約で，代金を一括または分割払いする方法である。設問の(ア)の
矢印の反対は利用明細の送付やカード発行などがある。(イ)の反対は
商品購入の明細書や売り上げ処理・カードの有効チェックがある。同
じく(ウ)の反対は商品取引渡しである。　(2)　リボルビング支払いは
クレジットカードの支払方法の一つで，毎月あらかじめ指定した一定
額を返済していく方式である。回数指定の分割払いは，一つひとつの
利用について個別に返済額を指定するが，リボ払いでは利用残高をま
とめて一つと考えて毎月返済することで，合計残高を減らしていく。

【36】2

〈解説〉消費者の権利と責任の変遷を理解しておくこと。ケネディ大統領
の「消費者の4つの権利」の次は，1975年にフォード大統領が「消費
者教育を受ける権利」を追加した。1982年には，消費者団体の国際組

織である国際消費者機構が「消費者の8つの権利と5つの責任」を提唱した。

【37】(1)　3　　(2)　2

〈解説〉(1)　循環型社会の3Rはリデュース(廃棄物などの発生抑制)，リユース(再使用)，リサイクル(再生利用)の順である。なお，循環型社会形成推進のために，1993年環境基本法が施行された。2001年には循環型社会形成推進基本法が施行され，廃棄物処理法や資源有効利用促進法，それらの関連規程も整備された。　(2)「21世紀環境立国戦略」は「持続可能な社会に向けた統合的な取組」として，自然共生社会(自然の恵みの享受と継承)，低炭素社会(温室効果ガス排出量の大幅削減)，環境型社会(3Rを通じた資源環境)を掲げている。なお，持続可能な社会とは，地球生態系と共生して，持続的に成長・発展する経済社会の実現のことである。

【38】2

〈解説〉消費期限は，腐敗等により品質が劣化しやすい食品に対し，容器包装を開封しない状態で，表示されている保存方法で保存した場合，「安全に食べられる期限」であり，年月日で表示される。賞味期限は，「おいしく食べられる期限」であり，年月日で表示される。なお，3か月よりも長期保存できる加工食品は年月だけの表示でもよい。

【39】①　1　　②　2　　③　1　　④　4

〈解説〉「学習指導要領　第2章　第8節　技術・家庭　第1」が，教科の「全体の目標」である。これを受けて，本問のように「各分野の目標」が設けられている。熟読し，両者の関連をしっかり理解することが大切である。併せて「学習指導要領解説」には，文節ごとにそのねらい・意味が示されているので，確認しておくこと。

【40】1

〈解説〉「第3　指導計画の作成と内容の取扱い」は，技術分野，家庭分野の両方について示したものである。設問は「2　(3)」の項からの出題であるが，「1〜3」の項まで明記してあるので，熟読しておくこと。

【高等学校】

【1】(2)

〈解説〉今回の改訂では，家庭科の特質である「実践的・体験的な学習活動」を充実させることが目標の文言に示された。　ア　家庭科では，生活のさまざまな営みについて学習することから考える。　イ　学習指導要領の文言が，より具体的にイメージできる「協働」に変更された。　ウ　よりよい社会の構築とは，持続可能な社会を実現することにつながる。　エ　家庭を起点として地域・社会へ視点を広げるのが家庭科であることから考える。

【2】(3)

〈解説〉「学校家庭クラブ活動」はグループや学校単位での活動で，学校や地域生活の充実や向上を目指すものである。一方，「ホームプロジェクト」は個人の活動で，自分の家庭生活の中から課題を見いだして，問題解決に向けて実践するものである。

【3】(3)

〈解説〉成年年齢が18歳に引き下げられることで，「単独で契約を締結することができる」「親権に服することがなくなる」「男女の婚姻開始年齢が18歳になる」などの変更点がある。20歳にならないとできないことは，正答以外に，「飲酒・喫煙」「競馬・競輪・競艇などの券を買うこと」「大型・中型自動車免許の取得」などである。

【4】(4)

〈解説〉ハヴィガーストは，人間の発達段階を乳・幼児期・学童期・青年

期・壮年期・中年期・老年期の6つに分け，それぞれに発達課題を設定している。青年期の課題は主に「両親からの精神的・経済的な独立」であり，市民として必要な技能や概念の発達や，行動規範の形成，社会人としての責任と自覚などが挙げられている。

【5】(4)

〈解説〉日本人に最も多いのは「アルツハイマー型認知症」で，認知症の半数以上を占める。特徴として「発症時期がはっきりしない」「徐々に進行する」「女性に多い」「記憶障害から始まる」などがある。

【6】(4)

〈解説〉「ボディメカニクス」とは，自分の体重と重心の移動をうまく使うことにより，無理なく介助を行うことを指す。体位交換などの介助の負担を軽減するだけでなく，患者に安心な介護も提供できる。(4)については，抱上げによる介助は，介助者が腰を傷める原因になったり，患者が不安を感じたりするので不適当。

【7】(1)

〈解説〉総務省の平成29年(2017年)の家計調査報告によれば，「2人以上の世帯のうち勤労者世帯(平均世帯人員3.35人，世帯主の平均年齢49.1歳)の実収入は，1世帯当たり1か月平均533,820円で，前年に比べ名目1.3%の増加，実質0.7%の増加となった」。とある。最新の動向に目を通しておくこと。なお，2017年度の家計に影響を与えた主な動きには，「プレミアムフライデーの取組開始(2月)」「介護保険第2号保険料率の引上げ(3月)」「国民年金保険料の引上げ(4月)」「雇用保険料率の引下げ(4月)」「ビールや発泡酒の値上げ(6月)」「最低賃金が25円引上げ(7月)」「公的年金の受給に必要な制度への加入期間が，25年間から10年間に短縮(8月)」などがある。

【8】(2)

〈解説〉「未成年者が成年に達してから5年」または，「契約から20年」経
過したら，取消権は時効となる。 (1) 文中の「小遣い」は3,000円程
度をいう。 (3) 文中の「法定代理人」とは，親権者，未成年後見人
を指し，一般的には親である。 (4) 文中の「利益を受ける範囲で」
については，未成年者が商品の一部を使用していたとしても，使用済
みの商品を返還すればよい。契約が取り消されると，代金を支払う義
務はなくなり，既に代金を支払っている場合は返金を請求できる。商
品等を受け取っている場合は，使用料を支払う必要もない。

【9】(1)

〈解説〉「テレビ・ビデオ視聴」は，特に象徴機能が未熟な2歳以下の子ど
もや，発達に問題のある子どもに対しては，言葉や心の発達を妨げる
とされる。よって，「4歳まで」ではなく「2歳までのテレビ・ビデオ
視聴は控えましょう」が正しい。この提言は2004年に発表された。乳
児や幼児期ではテレビやビデオ，学童期ではそれに加えてテレビゲーム
や携帯用ゲーム，思春期以降ではインターネットや携帯電話などの
メディア漬けの生活が，運動不足・睡眠不足・コミュニケーション能
力の低下などを生じさせ，子どもの心身の発達に遅れや歪みが生じて
いるとしている。

【10】(3)

〈解説〉1947年制定の児童福祉法は，2016(平成28)年一部改正が行われた。
改正理由は「児童虐待について発生予防から自立支援まで一連の対策
の更なる強化等を図るため」「児童福祉法の理念を明確化する」など
である。問題文は「児童福祉を保証するための原理の明確化」のため
に改正した第1条である。

【11】(2)

〈解説〉2012年8月までは，ポリオは別の予防接種扱いであったため，3種

(ジフテリア・百日咳・破傷風)混合であった。2012年9月からは4種(ジフテリア・百日咳・破傷風・ポリオ)混合に変更となった。4種混合は，はじめから4種のワクチンが1本の注射液に混合して含まれているもので，ワクチン接種回数も減少し，乳幼児の負担軽減にもつながる。

【12】(4)

〈解説〉ア 耳部分が折れ強調されていることに注目する。「耳の不自由な子どもたちにも楽しく遊べる」共遊玩具で「うさぎマーク」という。目の不自由な子どもたちには「盲導犬マーク」の共遊玩具がある。イ 「SGマーク」でSafe Goods(安全な製品)の略である。乳幼児関連では，抱っこひも，幼児用三輪車，乳幼児用移動防止柵，乳幼児用ハイチェアー，乳幼児用いすなどにマークがある。 ウ 妊産婦に配布される「マタニティマーク」は，妊産婦に優しい環境作りを推進するために考えられた。

【13】(1)

〈解説〉点線部分はできあがり線である。そで口をできあがり線で折ってみて，ぬい代がぴったり一致するものが正しい。

【14】(3)

〈解説〉公定水分率は繊維が吸湿する割合である。主な繊維の具体的な数値はおさえておきたい。ポリエステルなどの合成繊維は公定水分率が極めて低く，それに比べて天然繊維は高い。なお，綿と麻を比べると，麻は夏に適した服であることから，綿より公定水分率が高いと考える。

【15】(2)

〈解説〉蚕の繭から繰り出した極めて細い絹糸を生糸というが，紬は，生糸に適さない繭を綿状にして(＝真綿)，そこから取り出した糸で織る。大島紬，結城紬，牛首紬などが有名である。 (1) 「上布」の説明である。越後上布は夏のきものとして有名。 (3) 「絡み織り」に該当

するのは，夏用和服の絽と紗。　(4)　「羽二重」の説明である。女性の着物の喪服で使われることが多い。「後練織物(あとねりおりもの)」とは白糸のまま織り，織物にしてから染色するものをいう。

【16】(1)

〈解説〉アイロンは低温80〜120℃，中温140〜160℃，高温180〜210℃である。化学繊維の適正は中温か低温であり，ポリエステルは中温，アクリル・ナイロン・ポリウレタンは低温でかける。

【17】(1)

〈解説〉ア　トレンチコートは，第1次世界大戦中，イギリス陸軍が塹壕内で着用した悪天候用コートが起源である。　イ　インバネスはスコットランドのインバネス地方発祥。民族楽器バグパイプを雨から守りながら演奏するため，ケープつきのコートが考案されたといわれる。明治20年頃に日本に伝わり，大正・昭和初期に，男性の和装用コートとして用いられた。　ウ　文中の「上襟にベルベットをつけた」がヒント。背広の丈を長くしたテーラードジャケットのような襟の形のものを「チェスターフィールド」という。　エ　「トッグルとひも」がヒント。ダッフルコートは，北欧の漁師の作業着を，第2次世界大戦時にイギリス海軍が艦上用のコートとして採用し，後に一般化した。

【18】(2)

〈解説〉節句は季節の変わり目に行われる伝統行事と考えることができる。　(1)　3月3日の「上巳の節句」は「桃の節句」や「ひな祭り」ともいう。「ちらし寿司，白酒，ハマグリの吸物，菱餅，ひなあられ」を供する。　(2)　1月7日の「人日の節句」には「七草がゆ」を食べる習慣がある。　(3)　5月5日は「端午の節句」。　(4)　9月9日を「重陽の節句」という。旧暦の9月9日は現在では10月にあたり，ちょうど田畑の収穫が行われる頃で，庶民の間では「栗の節句」とも呼ばれ栗飯などで祝った。なお，以上の(1)〜(4)に，7月7日の「七夕の節句」(素

麺を食べる習慣がある)を加えて，五節句という。

【19】(4)

〈解説〉ビタミンB₂は，豚肉をはじめとする動物性食品に含まれる。植物性食品では納豆に含まれるが，大豆自体には，あまり多く含まれていない。大豆から納豆に加工する過程で納豆菌が働き，ビタミンB₂をつくり出しているためである。ビタミンB₂は特に脂質の代謝に関与している。欠乏すると口角炎の他，舌が腫れて痛みを伴う舌炎など，特に口の周りの粘膜に症状が現れる。口の周りの皮膚や粘膜は新陳代謝が早く，次々と細胞が生まれ変わるため影響が出やすい。

【20】(1)

〈解説〉はいが精米は，玄米から外皮(ぬか)だけを取り除き，はいがを80％以上残したもの。繊維質や栄養素の値は，多い順に玄米→はいが精米→精白米の順となる。ほとんどの植物はリンを含み，米に含まれるカルシウム量はごく少量であり，玄米やはいが精米にはビタミンB₁が多く含まれることから考える。

【21】(3)

〈解説〉食中毒の発生状況は全般的に減少傾向だが，カンピロバクターによる発生件数は減少せず，ノロウイルスに次いで多い。潜伏期間は「一般に2〜5日間」(平均2〜3日)と長めである。主な症状は「嘔吐・吐き気，下痢，発熱」などであるため，風邪に間違われることもある。

【22】(1)

〈解説〉15〜17歳女子の身体活動レベルⅡ(ふつう)「食品群別摂取量のめやす」の分量を覚えておくこと。第1群＝乳・乳製品＝330g，第2群＝魚介・肉類＝120g，第3群＝野菜類＝350g，第4群＝油脂類＝25gである。設問の表を見ると，乳・乳製品が85gしかない。

【23】(4)

〈解説〉イ　「トンコナン」はインドネシアの山間部にある「舟形の家」。
　　トラジャ族の伝統的家屋である。　　エ　「ヤオトン」は，中国・黄土高
　　原にある土の住居。冬は寒く夏は暑い黄土高原だが，ヤオトンの中だ
　　と冬は暖かく夏は涼しい。

【24】(2)

〈解説〉ア　「入母屋造」は，かつて寺社の屋根として作られていた。
　　イ　「寄棟造」は4方向に傾斜した屋根で風に強いといわれる。和風に
　　も洋風にも合う形。この屋根の形は世界でも多くみられる。　　ウ　「切
　　妻造」は，本を開いて伏せたような最もシンプルな勾配屋根。

【25】(3)

〈解説〉住宅に由来する様々な健康障害の総称をシックハウス症候群とい
　　い，単一の疾患を表す訳ではない。主として建材から発生する化学物
　　質や，カビなどによる室内空気汚染に関する問題が原因となって発症
　　する体調不良を指す場合が多い。

2019年度　実施問題

中学校

【1】食品について，次の各問いに答えなさい。

(1)　次のア～オは強力粉について述べたものです。内容が正しいものの組み合わせを，下の1～4の中から1つ選びなさい。

　　ア　100g中に含まれるたんぱく質の含有量が，薄力粉や中力粉に比べ，最も少ない。

　　イ　100g中に含まれる炭水化物の含有量が，薄力粉や中力粉に比べ，最も少ない。

　　ウ　一般的に，クッキーの材料に適している。

　　エ　水を加えてこねると，薄力粉や中力粉に比べ，最も多くグルテンを形成する。

　　オ　一般的に，うどんの材料に適している。

　　1　アとイ　　2　イとエ　　3　ウとオ　　4　アとエ

(2)　魚の特徴として適切でないものを，次の1～4の中から1つ選びなさい。

　　1　あじ，いわし，さんまなどは飽和脂肪酸を多く含んでいる。

　　2　加熱すると，赤身の魚は収縮してかたくなり，白身の魚はほぐれやすくなる。

　　3　魚肉のタンパク質は，畜肉と比べ基質タンパク質が少なく，消化されやすい。

　　4　旬の時期には，脂質の含有量が増えておいしさが増す。

(3)　遺伝子組換え食品について，平成29年8月現在，日本で安全性が確認され販売・流通が認められている作物として適切でないものを，次の1～4の中から1つ選びなさい。

　　1　じゃがいも　　2　とうもろこし　　3　小麦　　4　なたね

（☆☆☆◎◎◎）

【２】次のア～エは体内における無機質のはたらきについて述べたものです。その内容があてはまる無機質の種類の組み合わせとして最も適切なものを，下の1～4の中から1つ選びなさい。

ア　骨や歯の成分になり，血液凝固に関与する。
イ　体液の浸透圧や体内のpHを調節する。
ウ　血液の成分になり，酸素を運搬する。
エ　酵素の成分になり，たんぱく質を合成する。

	ア	イ	ウ	エ
1	カリウム	鉄	亜鉛	ナトリウム
2	マグネシウム	ナトリウム	カリウム	リン
3	カルシウム	ナトリウム	鉄	亜鉛
4	カルシウム	亜鉛	鉄	マグネシウム

(☆☆☆◎◎◎)

【３】厚生労働省策定「日本人の食事摂取基準(2015年版)」について，次の各問いに答えなさい。

(1) 次の＜表＞は，ある年齢の1人1日あたり，身体活動レベルが「ふつう」の場合の食事摂取基準(推奨量)です。この表にあてはまる年齢層として最も適切なものを，あとの1～4の中から1つ選びなさい。

＜表＞

性別 ＼ エネルギー・栄養素	エネルギー (kcal)	たんぱく質 (g)	カルシウム (mg)	ビタミンA (μg)	ビタミンB₁ (mg)	ビタミンB₂ (mg)	ビタミンC (mg)	ビタミンD (μg)
男	2,600	60	1,000	800	1.4	1.6	95	5.5
女	2,400	55	800	700	1.3	1.4		

※エネルギーは推定エネルギー必要量，ビタミンDは目安量

　　1　3～5歳　　　2　12～14歳　　　3　30～49歳　　　4　50～69歳

(2)　「日本人の食事摂取基準(2015年版)」の内容として最も適切なものを，次の1～4の中から1つ選びなさい。

　　1　策定目的として，生活習慣病の発症予防とともに重症化予防が加えられた。

　　2　使用期間は平成27(2015)年度から平成36(2024)年度の10年間である。

　　3　18～49歳の目標とするBMIの範囲は20.0～24.9であり，男女共通とされている。

　　4　食物繊維の食事摂取基準は，どの年齢でも1日12g以上であり，男女共通とされている。

(☆☆☆◎◎◎)

【4】次は，文部科学省「日本食品標準成分表　2015年版(七訂)」で追加された主な収載食品についてまとめたものです。(　　)にあてはまるものを，下の1～4の中から1つ選びなさい。

```
・日本の伝統的な食品
・(　　)志向を反映した食品
・アレルギーに対応した食品
・調理後食品
・食べる機会が増えた食品
・調味料
・食品の細分化
```

　1　外食　　　2　経済性　　　3　簡便化　　　4　健康

(☆☆☆◎◎◎)

【5】味の相互作用のうち対比効果として最も適切なものを，次の1～4の中から1つ選びなさい。

　1　漬物に少量の食酢を加える。

　2　昆布とかつおぶしでだしをとる。

　　3　コーヒーに砂糖を加える。
　　4　しるこに少量の塩を加える。

(☆☆☆◎◎◎)

【6】次の1〜4は，農林水産省が示す日本の行事食を3つずつ並べたものです。それぞれの行事食が食される時期を，1月から12月の順に並べたものとして最も適しているものを，次の1〜4の中から1つ選びなさい。

　　1　雑煮　→　月見団子　→　柏餅
　　2　七草粥　→　年越しそば　→　柏餅
　　3　雑煮　→　うなぎの蒲焼き　→　菱餅
　　4　七草粥　→　月見団子　→　年越しそば

(☆☆☆◎◎◎)

【7】次の<表>は，1日分の献立とその材料を示したものです。中学生に必要な栄養素を満たす献立を考えるとき，(ア)にあてはまる昼食の献立とその材料として最も適切なものを，あとの1〜4の中から1つ選びなさい。

<表>

	献立とその材料	
朝食	トースト	パン、バター
	目玉焼き	卵、油
	野菜サラダ	きゅうり、レタス、コーン、マヨネーズ
	ミルクティー	牛乳、紅茶
昼食	(ア)	
夕食	ご飯	米
	しょうが焼き	ぶた肉、しょうが、油
	付け合わせ	キャベツ
	みそ汁	乾燥わかめ、油揚げ、みそ
	デザート	りんご

266

		昼食の献立とその材料
1	スパゲッティ ミートソース	スパゲッティ、ひき肉、たまねぎ、にんじん、にんにく、油、小麦粉、トマト、粉チーズ
2	親子丼	米、卵、とり肉、たまねぎ
3	マカロニ グラタン	マカロニ、とり肉、たまねぎ、マッシュルーム、バター、小麦粉、牛乳、チーズ、パン粉
4	けんちんうどん	うどん、油揚げ、だいこん、さといも、こんにゃく、ごぼう、みそ

(☆☆☆◎◎◎)

【8】次の＜表＞は，農林水産省が示す日本の食料自給率(飼料自給率を考慮しない値)の推移を品目別に表したものです。(ア)〜(ウ)にあてはまる品目の組み合わせとして最も適切なものを，下の1〜4の中から1つ選びなさい。

＜表＞ (単位：％)

	昭和40年度	昭和50年度	昭和60年度	平成7年度	平成17年度	平成27年度
(ア)	28	4	14	7	14	15
(イ)	109	102	106	102	103	100
(ウ)	100	97	98	96	94	96

	(ア)	(イ)	(ウ)
1	大豆	りんご	豚肉
2	小麦	りんご	鶏卵
3	大豆	みかん	豚肉
4	小麦	みかん	鶏卵

(☆☆☆◎◎◎)

【9】次の表は，調理器具とその特徴についてまとめたものです。その組み合わせとして最も適切なものを，次の1〜4の中から1つ選びなさい。

	調理器具	特徴
1	電子レンジ	空気を閉じ込めて加熱することで内部の水蒸気が充満して圧力が上がり、沸点が120℃近くまで高くなるので、材料に早く火が通る。
2	オーブン	密閉された庫内の空気を加熱することで、中に入れた食品を焼き加熱する。温まった空気、庫壁、天板から食品へ熱が伝わる。
3	圧力鍋	磁場発生コイルに通電すると磁場が発生し、それにより鍋底に渦電流が発生し、電気抵抗で鍋自体が発熱する。
4	電磁調理器	マイクロ波で、食品中の水分子を振動させ、発熱させる。

(☆☆☆◎◎◎)

【10】次の表は卵の調理例です。起泡性を利用した調理例の組み合わせとして最も適切なものを，次の1〜4の中から1つ選びない。

	調理例	
1	マヨネーズ	メレンゲ
2	ゆで卵	マヨネーズ
3	メレンゲ	スポンジケーキ
4	スポンジケーキ	ゆで卵

(☆☆☆◎◎◎)

【11】繊維について，次の各問いに答えなさい。

(1) 次の表は，繊維の名称とその特徴をまとめたものです。その組み合わせとして適切でないものを，次の1〜4の中から1つ選びなさい。

	繊維の名称	特徴
1	吸湿発熱繊維	人体から発せられる汗などの湿気が繊維に吸着するときに発生する熱を利用する。
2	炭素繊維	アクリル長繊維を高温で焼成して製造する。軽量、高強度であり、耐薬品性等に優れる。
3	アラミド繊維	汗や汚れを栄養源に繁殖する菌の増殖を抑え、嫌な臭いの発生を防ぐ。
4	吸汗速乾繊維	汗を素早く吸収して乾かし、衣服内をドライで快適な状態に保つ。

(2) 次の表は，化学繊維を再生繊維と合成繊維に分類したものです。分類が最も適切なものを，次の1〜4の中から1つ選びなさい。

	再生繊維	合成繊維
1	レーヨン	ナイロン
2	ポリエステル	アクリル
3	キュプラ	レーヨン
4	ポリウレタン	キュプラ

(☆☆☆○○○)

【12】次の表は，布地に適するミシン針とミシン糸についてまとめたもの
です。表中の(ア)，(イ)にあてはまるものの組み合わせとして最も適切
なものを，下の1～4の中から1つ選びなさい。

	ミシン針	ミシン糸
厚地のデニム	(ア)	50番
薄地のローン	9番	(イ)

	(ア)	(イ)
1	7番	40番
2	14番	80番
3	14番	40番
4	7番	80番

(☆☆☆○○○)

【13】家庭用品品質表示法に基づく繊維製品品質表示規程の改正について
述べたものとして適切でないものを，次の1～4の中から1つ選びなさ
い。

1 洗濯表示記号の種類が22種類から31種類に増えた。

2 国内外で洗濯表示が統一された。

3 「基本記号」と，「付加記号」や「数字」の組み合わせで構成され
ている。

4 漂白の記号に，「酸素系漂白剤」の記号が追加された。

(☆☆☆○○○)

【14】次のJISによって定められた既成服のサイズ表示の説明について適切でないものを，下の1〜4の中から1つ選びなさい。

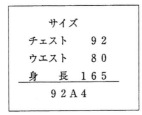

```
      サイズ
  チェスト    ９２
  ウエスト    ８０
  身　長　１６５
      ９２Ａ４
```

1　表示中のAは，チェストとウエストの差によって区分される。
2　身長区分の寸法の間隔は，男性と女性とで異なる。
3　成人男性用の表示である。
4　表示中の4は，体型区分を表している。

(☆☆☆◎◎◎)

【15】次のア〜エは，二つ穴ボタンの付け方を示したものです。玉結びをした後の手順として最も適切な順に並べたものを，下の1〜4の中から1つ選びなさい。

ア　針を布の裏に出し，玉どめをする。
イ　ボタンと布の間に針を出し，糸を3〜4回かたく巻く。
ウ　ボタンを付ける位置に布の裏から針を出し，ボタンの穴に通す。
エ　ボタンと布の間を2〜3mmあけ，針を3〜4回ボタンの穴に通す。

1　エ　→　ウ　→　イ　→　ア
2　エ　→　ウ　→　ア　→　イ
3　ウ　→　エ　→　ア　→　イ
4　ウ　→　エ　→　イ　→　ア

(☆☆☆◎◎◎)

【16】次の表は，女子の採寸方法についてまとめたものです。採寸項目とその方法の組み合わせとして最も適切なものを，次の1〜4の中から1つ選びなさい。

	採寸項目	方法
1	背たけ	背中心の首のつけねから胴囲線までの長さを背面にそってはかる。
2	背肩幅	肩先から手のくるぶしまでの長さをはかる。
3	着たけ	左右の肩先から肩先まで背中心の首のつけねを通るようにはかる。
4	腰囲	腰骨を基準として、その2cm上をしめつけないように1周はかる。

(☆☆☆◎◎◎)

【17】まつり縫いの特徴を説明した文として適切でないものを，次の1～4の中から1つ選びなさい。

1　針目が目立たないようにするため，1本どりで縫う。

2　ズボンやスカートのすそ上げに使われる縫い方である。

3　布の裏面の針目が目立たない縫い方である。

4　水平に表布をすくう縫い方である。

(☆☆☆◎◎◎)

【18】次の文は，洗濯のしかたや洗剤について述べたものです。内容が適切でないものを，次の1～4の中から1つ選びなさい。

1　ウールなどの風合いを大切にする衣類を家庭で洗濯する場合は，やさしい洗い方(つかみ洗い・押し洗い)が適している。

2　粉末洗剤はさまざまな助剤や添加物を配合させやすいが，水に溶けにくいという欠点がある。

3　繊維についた汚れが，水中に取り出された後に，再び洗濯物に付着するのを防ぐ作用は，界面活性剤の浸透作用によるものである。

4　乾式洗濯は，有機溶剤で洗う方法である。

(☆☆☆◎◎◎)

【19】次の柄の名称を，下の1〜4の中から1つ選びなさい。

　1　ヘリンボーン　　2　モノグラム　　3　タータン
　4　アラベスク

(☆☆☆◎◎◎)

【20】次の文は，衣服の立体構成の技法について説明したものです。説明
　　にあてはまる技法として最も適切なものを，下の1〜4の中から1つ選
　　びなさい。

> 　ふくらみをもたせる部分の布端を縫い縮め，水とアイロンで
> しわを消して立体にする。肩やそで山などに使う。

　1　ギャザー　　2　ダーツ　　3　いせこみ　　4　タック

(☆☆☆◎◎◎)

【21】次の図の(ア)〜(ウ)は，女性用浴衣の各部分を示しています。(ア)〜
　　(ウ)にあてはまる浴衣の部分の名称の組み合わせとして最も適切なも
　　のを，あとの1〜4の中から1つ選びなさい。

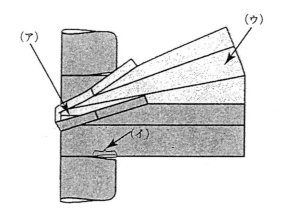

	(ア)	(イ)	(ウ)
1	背縫い	身八つ口	前身ごろ
2	襟先	つま先	後ろ身ごろ
3	背縫い	つま先	前身ごろ
4	襟先	身八つ口	後ろ身ごろ

(☆☆☆◎◎◎)

【22】次の文は,「平成28年人口動態統計(確定数)の概況」(厚生労働省)に
ついて示したものです。下線部の内容が適切でないものを,次の1〜4
の中から1つ選びなさい。

1 出生数は976,978人で,前年より減少した。

2 合計特殊出生率は1.44で,前年より低下した。

3 婚姻件数は620,531組で,前年より増加した。

4 離婚件数は216,798組で,前年より減少した。

(☆☆☆◎◎◎)

【23】次の文は,「子ども・子育て支援新制度」について説明したもので
す。内容が適切でないものを,次の1〜4の中から1つ選びなさい。

1　「子ども・子育て支援新制度」とは，平成24年8月に成立した「子
　ども・子育て支援法」，「認定こども園法の一部改正」，「子ども・子
　育て支援法及び認定こども園法の一部改正法の施行に伴う関係法律
　の整備等に関する法律」の子ども・子育て関連3法に基づく制度の
　ことをいう。
2　地域型保育給付は，都市部における待機児童解消とともに，子ど
　もの数が増加傾向にある地域における保育機能の確保に対応する。
3　幼保連携型認定こども園については，認可・指導監督を一本化し，
　学校及び児童福祉施設として法的に位置付けることとする。
4　市町村が地域の実情に応じて，教育・保育施設を利用する子ども
　の家庭だけでなく，在宅の子育て家庭を含むすべての家庭及び子ど
　もを対象として実施する事業である。

(☆☆☆◎◎)

【24】次の文は，保育所や幼稚園について説明したものです。下線部の内
　容が正しいものを，次の1～4の中から1つ選びなさい。
1　保育所は乳児又は幼児を保育することを目的とし，幼稚園は幼児
　の心身の発達を助長することを目的とする。
2　保育所に入所できる者は，保育に欠ける乳児または幼児である。
　幼稚園に入園できる者は，満2歳から，小学校就学の始期に達する
　までの幼児である。
3　保育所は母子保健法，幼稚園は学校教育法のもと保育や教育が行
　われている。
4　保育所の管轄は市町村，幼稚園の管轄は文部科学省である。

(☆☆☆◎◎)

【25】次の文は，幼児の体や身体機能の発達について説明したものです。
　(ア)，(イ)にあてはまる語句の組み合わせとして最も適切なものを，あ
　との1～4の中から1つ選びなさい。

274

> 　　幼児期は，一生のうちで体の発達の速度が著しい時期であり，個人差はあるが，生後1年で身長は約(ア)倍，体重は約3倍になる。とくに(イ)は著しく発達する。

	(ア)	(イ)
1	1.5	生殖器系
2	2	生殖器系
3	1.5	脳と神経系
4	2	脳と神経系

(☆☆☆◎◎◎)

【26】次のア〜エは，乳幼児の体の特徴について説明したものです。内容が正しいものの組み合わせを，下の1〜4の中から1つ選びなさい。

ア　新生児期には，出生時より体重が減少する「生理的体重減少」があらわれる。

イ　肺や心臓の機能が未熟なため，呼吸数や脈拍数は成人に比べて少ない。

ウ　身長に対して頭が小さい。

エ　幼児の視野はせまい。

1　アとイ　　2　アとエ　　3　ウとエ　　4　イとウ

(☆☆☆◎◎◎)

【27】次の予防接種のうち，A類疾病として予防接種法に定められているものを，次の1〜4の中から1つ選びなさい。

1　ロタウイルス　　2　流行性耳下腺炎　　3　日本脳炎
4　インフルエンザ

(☆☆☆☆◎◎◎)

【28】次は，「平成28年国民生活基礎調査の概況」(厚生労働省)に示された「要介護者等との続柄別主な介護者の構成割合　平成28年」のグラ

フです。(ア)〜(ウ)にあてはまる語句の組み合わせとして最も適切なものを，下の1〜4の中から1つ選びなさい。

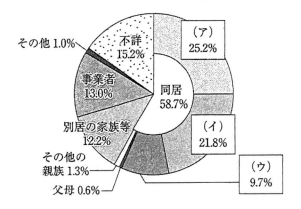

	(ア)	(イ)	(ウ)
1	子	子の配偶者	配偶者
2	子	配偶者	子の配偶者
3	配偶者	子	子の配偶者
4	配偶者	子の配偶者	子

(☆☆☆◎◎◎)

【29】次の文が説明している照明器具として最も適切なものを，下の1〜4の中から1つ選びなさい。

> 直接対象物を照らすため，作業の場に適している。天井に直づけし，全体照明として使う。

1　シーリングライト　　2　ブラケット　　3　ダウンライト
4　フロアスタンド

(☆☆☆◎◎◎)

【30】次の図の建物の構造の一部分で(ア)，(イ)の名称の組み合わせとして正しいものを，あとの1〜4の中から1つ選びなさい。

276

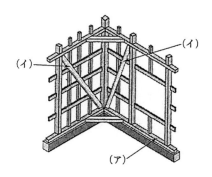

1	（ア）土台	（イ）火打ちばり
2	（ア）土台	（イ）筋交い
3	（ア）火打土台	（イ）火打ちばり
4	（ア）火打土台	（イ）筋交い

(☆☆☆◎◎◎)

【31】次の平面図で示している(ア)について最も適切な住空間の分類を，あとの1〜4の中から1つ選びなさい。

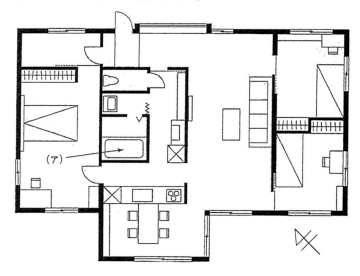

1　個人生活空間　　2　共同生活空間　　3　家事労働空間

4　生理衛生空間

(☆☆☆◎◎◎)

【32】次の文は，地域の気候風土に応じた住まいの特徴を説明したもので
す。(ア), (イ)にあてはまる国名の組み合わせとして最も適切なものを，
下の1～4の中から1つ選びなさい。

| (ア) | そり返った舟型の屋根が特徴の、トンコナンと呼ばれる住まい。高床式の住まいは、地面からの湿気や外敵の侵入を防ぐのに都合がよい。 |
| (イ) | 寒冷な気候対策として、台所を半地下につくり、かまどの煙を床下に通して床を温める暖房設備が広まり、オンドルと呼ばれた。現在では、温水を使用した床暖房施設を持つ家庭も多い。 |

	(ア)	(イ)
1	インドネシア	モロッコ
2	タイ	韓国
3	インドネシア	韓国
4	タイ	モロッコ

(☆☆☆◎◎◎)

【33】今後，30年以内に70％の確率で発生すると想定されている首都直下
地震への備えが必要です。首都直下地震に被害イメージが近いとされ
ている阪神・淡路大震災における負傷原因(「阪神・淡路大震災の記録」
「アンケート及びヒアリング調査」(平成8年　消防庁))として，最も割
合が高いものを，次の1～4の中から1つ選びなさい。

1　棚等からの落下物が当たった　　2　落下したガラスが当たった

3　逃げようとしたとき転倒した　　4　家具等の転倒

(☆☆☆◎◎◎)

【34】次の文が説明している居住形態の名称として正しいものを，あとの
1～4の中から1つ選びなさい。

> 　住宅を建設しようとする居住者たちが，組合を結成し，共同
> して事業計画を定め，土地の取得，建物の設計，工事発注など
> を自分たち自身で行い，住宅を取得し管理していく方式の集合
> 住宅。

1　コーポラティブハウス　　2　コレクティブハウス
3　ケアハウス　　　　　　　4　シェアードハウス

(☆☆☆◎◎◎)

【35】国際消費者機構によって1982年に提唱された「消費者の8つの権利
と5つの責任」について，次の各問いに答えなさい。

(1)「消費者の8つの権利」の内容としてあてはまらないものを，次の1
　～4の中から1つ選びなさい。

　1　意見が反映される権利

　2　団結・連帯する権利

　3　補償を受ける権利

　4　健全な環境の中で働き，生活する権利

(2)　「消費者の5つの責任」のうち，消費行動が社会に及ぼす影響，特
　に弱者に及ぼす影響を自覚する責任について具体的な行動として内
　容が最も適切なものを，次の1～4の中から1つ選びなさい。

　1　コーヒーを買うときにはフェアトレードの商品を選ぶよう心が
　　けている。

　2　トラブル防止のために，利用者同士で交換・情報を共有するコ
　　ミュニティを立ち上げることにした。

　3　ブランド腕時計があまりにも安く売られていたので，偽物では
　　ないかと思って買わなかった。

　4　ボールペンを購入したら，インクが出なかったので，製造メー
　　カーに抗議の電話をした。

(☆☆☆◎◎◎)

【36】次の文が説明するリサイクルの内容として最も適切なものを，下の
1～4の中から1つ選びなさい。

> 要らなくなった化学繊維からできている衣料に少し熱をかけ
> て固形燃料としたり，油に戻したりして工場の熱源として利用
> するリサイクルのこと。

1　マテリアルリサイクル　　　2　ケミカルリサイクル
3　サーマルリサイクル　　　　4　カスケードリサイクル

(☆☆☆◎◎◎)

【37】次の表は，カードの種類とその特徴をまとめたものです。その組み
合わせとして適切でないものを，次の1～4の中から1つ選びなさい。

	カードの種類	特徴
1	クレジット	使ったお金を会社が立て替える3者間契約であり、後払いである。
2	ローン	小口の融資ができ、後払いである。
3	デビット	銀行口座に直結しており、後払いである。
4	プリペイド	使い切りの型と繰り返し使用可能な型があり、前払いである。

(☆☆☆◎◎◎)

【38】次の文は，「グリーンコンシューマー10の原則」の一部です。
(　　)にあてはまる語として正しいものを，下の1～4の中から1つ選び
なさい。

> 環境問題に熱心に取り組み，(　　)情報を公開しているメーカ
> ーや店を選ぶ。

1　生産　　2　消費　　3　環境　　4　資源

(☆☆☆◎◎◎)

【39】再生可能エネルギーとして適切でないものを，次の1～4から1つ選
びなさい。
1　風力　　2　バイオマス　　3　地熱　　4　天然ガス

(☆☆☆◎◎◎)

【40】次の文が説明するマークとして最も適切なものを，下の1～4の中から1つ選びなさい。

> 生産から廃棄までを通して環境に配慮された製品につけられる。

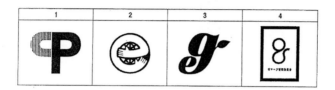

| 1 | 2 | 3 | 4 |

(☆☆☆◎◎◎)

【41】次は，中学校学習指導要領(平成29年3月告示)「第2章　各教科　第8節　技術・家庭　第2　各分野の目標及び内容　[家庭分野]　1　目標」の全文です。文中の[　①　]～[　④　]に入る語句を，あとの1～4の中から1つずつ選びなさい。

> [　①　]に係る見方・考え方を働かせ，衣食住などに関する実践的・体験的な活動を通して，よりよい生活の実現に向けて，生活を工夫し創造する資質・能力を次のとおり育成することを目指す。
> (1)　家族・家庭の機能について理解を深め，家族・家庭，衣食住，消費や環境などについて，[　②　]に必要な基礎的な理解を図るとともに，それらに係る技能を身に付けるようにする。
> (2)　家族・家庭や地域における生活の中から問題を見いだして課題を設定し，解決策を構想し，実践を[　③　]，考察したことを論理的に表現するなどこれからの生活を展望して課題を解決する力を養う。
> (3)　自分と家族，家庭生活と地域との関わりを考え，家族や地域の人々と協働し，よりよい生活の実現に向けて，生活を工夫し創造しようとする[　④　]を養う。

① 1 衣食住などの生活　　2 生活の営み
　 3 生活の自立　　　　　4 家庭と家族生活
② 1 生活の営み　　　　　2 家庭と家族生活
　 3 家族と家庭生活　　　4 生活の自立
③ 1 発表・評価し　　　　2 評価・改善し
　 3 工夫・改善し　　　　4 評価・見直し
④ 1 自主的な態度　　　　2 積極的な態度
　 3 実践的な態度　　　　4 主体的な態度

(☆☆☆○○○)

【42】次は，中学校学習指導要領(平成29年3月告示)「第3　指導計画の作成と内容の取扱い　3」の一部です。文中の[　①　]，[　②　]に入る語句の組み合わせとして正しいものを，下の1〜4の中から1つ選びなさい。

> 3　家庭分野においては，幼児や[　①　]と関わるなど校外での学習について，事故の防止策及び，事故発生時の対応策等を綿密に計画するとともに，相手に対する配慮にも十分留意するものとする。また，調理実習については，[　②　]にも配慮するものとする。

	①	②
1	地域の人々	食物アレルギー
2	地域の人々	衛生面
3	高齢者	衛生面
4	高齢者	食物アレルギー

(☆☆☆○○○)

高等学校

【一次試験】

【1】 高等学校学習指導要領(平成21年3月告示)「第2章　各学科に共通する各教科　第9節　家庭　第3款　各科目にわたる指導計画の作成と内容の取扱い」に示されていないものを，次の(1)～(4)の中から1つ選びなさい。

(1)　生徒が自分の生活に結び付けて学習できるよう，問題解決的な学習を充実すること。

(2)　子どもや高齢者など様々な人々と触れ合い，他者とかかわる力を高める活動，衣食住などの生活における様々な事象を言葉や概念などを用いて考察する活動，判断が必要な場面を設けて理由や根拠を論述したり適切な解決方法を探究したりする活動などを充実すること。

(3)　各科目の指導に当たっては，生徒の思考力・判断力，表現力等をはぐくむ観点から，基礎的・基本的な知識及び技能の活用を図る学習活動を重視するとともに，言語に対する関心や理解を深め，言語に関する能力の育成を図る上で必要な言語環境を整え，生徒の言語活動を充実すること。

(4)　各科目の指導に当たっては，コンピュータや情報通信ネットワークなどの活用を図り，学習の効果を高めるようにすること。

(☆☆☆◎◎◎)

【2】 次は，高等学校学習指導要領(平成21年3月告示)の「第3章　主として専門学科において開設される各教科　第5節　家庭　第1款　目標」の全文です。(ア)～(エ)に入る語句の組み合わせとして正しいものを，あとの(1)～(4)の中から1つ選びなさい。

> 　(ア)にかかわる産業に関する基礎的・基本的な知識と技術を習得させ，生活産業の社会的な意義や役割を理解させるとともに，生活産業を取り巻く諸課題を主体的，(イ)に，かつ倫

理観をもって解決し，（　ウ　）と社会の発展を図る（　エ　）と実
践的な態度を育てる。

	ア	イ	ウ	エ
(1)	社会全体	理論的	生活の質の向上	先進的な技術
(2)	社会全体	理論的	生活の充実	創造的な能力
(3)	家庭の生活	合理的	生活の充実	先進的な技術
(4)	家庭の生活	合理的	生活の質の向上	創造的な能力

(☆☆☆◎◎◎)

【3】民法で規定されている親権について述べたものとして適切でないも
のを，次の(1)～(4)の中から1つ選びなさい。

(1) 子は，親権を行う者の許可を得なければ，職業を営むことができ
ない。

(2) 子の出生前に父母が離婚した場合には，親権は，父が行う。

(3) 親権を行う者は，子の財産を管理し，かつ，その財産に関する法
律行為についてその子を代表する。ただし，その子の行為を目的と
する債務を生ずべき場合には，本人の同意を得なければならない。

(4) 親権は，父母の婚姻中は，父母が共同して行う。ただし，父母の
一方が親権を行うことができないときは，他の一方が行う。

(☆☆☆◎◎◎)

【4】次の(1)～(4)は，厚生労働省が示した平成28年国民生活基礎調査の
結果の概要について述べたものです。その内容が正しいものを1つ選
びなさい。

(1) 末子の年齢階級別にみると，末子の年齢が高くなるにしたがって
「非正規の職員・従業員」の母の割合が低くなる傾向にある。

(2) 児童のいる世帯のうち，児童が「2人」いる世帯が最も多い。

(3) 平成27年の「相対的貧困率」は15.6％，「子どもの貧困率」は
13.9％となっており，前回調査の平成24年と比べるとそれぞれ高く
なっている。

(4) 世帯構造をみると，「夫婦と未婚の子のみの世帯」が最も多く，次いで「単独世帯」，「夫婦のみの世帯」となっている。

(☆☆☆○○○)

【5】次の(1)～(4)の中から，下線部が誤っているものを1つ選びなさい。

(1) 生活の質(QOL)とは，満足感，安心感，幸福感などを尺度として，生活の内容を評価する概念のことである。

(2) ケアプランとは，ケアカンファレンスにおいて，利用者，家族，主治医，サービス事業者などの意見を聞いて看護師が立てる介護の計画のことである。

(3) レスパイトケアとは，在宅で介護に従事している人の精神的・身体的負担を一時的に軽減するためのサービスのことである。

(4) 日常生活動作(ADL)とは，食事，排泄，着がえなどの日常生活を送るために必要な基本的な動作のことである。

(☆☆☆○○○)

【6】次の(1)～(4)は，公的年金制度に関して述べたものです。その内容が誤っているものを1つ選びなさい。

(1) 公的年金制度は現役世代が高齢者世代の生活を支える世代間扶養の仕組みである。

(2) 国民年金の強制加入被保険者には，「第1号被保険者」「第2号被保険者」「第3号被保険者」の3種類があり，どの制度に加入するかにより，保険料の納め方が異なる。

(3) 国民年金には，所得のない学生に対して，本人の申請により保険料の納付が猶予される「若年者納付猶予制度」がある。

(4) 公的年金における賦課方式の保険料は，基本的に年金受給者と現役加入者の比率により決まるため，人口構成の変動の影響を受けやすい。

(☆☆☆○○○)

【7】1962年に米国のケネディ大統領が「消費者の利益の保護に関する連邦会議の特別教書」において提示した消費者の権利として最も適切なものを，次の(1)～(4)の中から1つ選びなさい。

(1)　意見を聴かれる権利

(2)　消費者教育を受ける権利

(3)　補償を受ける権利

(4)　生活ニーズが保障される権利

(☆☆☆◎◎◎)

【8】次は，家計に関する調査についてまとめたものです。ア～エにあてはまる実施機関の名称の組み合わせとして最も適切なものを，下の(1)～(4)の中から1つ選びなさい。

実施機関	調査名	目的
ア	家計調査	国民生活における家計収支の実態を把握し、国の経済政策・社会政策の立案のための基礎資料を提供することを目的とした調査。
イ	消費動向調査	今後の暮らし向きの見通しなどについての消費者の意識や各種サービス等への支出予定、主要耐久消費財等の保有状況を把握することにより、景気動向判断の基礎資料を得ることを目的とした調査。
ウ	所得再分配調査	社会保障制度における給付と負担、租税制度における負担が所得の分配にどのような影響を与えているかを明らかにし、今後における有効な施策立案の基礎資料を得ることを目的とした調査。
エ	家計の金融行動に関する世論調査	家計の資産・負債や家計設計などの状況を把握し、これらの公表を通じて金融知識を身につけることの大切さを広報すること及び家計行動分析のための調査データを提供することを目的とした調査。

	ア	イ	ウ	エ
(1)	総務省	内閣府	経済産業省	金融庁
(2)	総務省	内閣府	厚生労働省	金融広報中央委員会
(3)	内閣府	財務省	経済産業省	金融広報中央委員会
(4)	内閣府	財務省	厚生労働省	金融庁

(☆☆☆☆◎◎◎)

【9】次は，児童憲章(昭和26年5月5日制定)の一部です。(ア)～(エ)に入る語句の組み合わせとして正しいものを，下の(1)～(4)の中から1つ選びなさい。

> われらは，(ア)の精神にしたがい，児童に対する正しい観念を確立し，すべての児童の幸福をはかるために，この憲章を定める。
>
> 児童は，(イ)として尊ばれる。
>
> 児童は，(ウ)として重んぜられる。
>
> 児童は，(エ)の中で育てられる。

	ア	イ	ウ	エ
(1)	日本国憲法	人	社会の一員	よい環境
(2)	児童福祉	人	社会の一員	地域社会
(3)	児童福祉	社会の一員	人	地域社会
(4)	日本国憲法	社会の一員	人	よい環境

(☆☆☆◎◎◎)

【10】次の(1)～(4)は，新生児に関して述べたものです。その内容が誤っているものを1つ選びなさい。

(1) 身長に対する腸の長さの比率は，成人と比べて新生児の方が大きい。

(2) 新生児の呼吸数は成人と比べて多く，1分間に約40～50回である。

(3) 生後48時間以内に新生児から排泄される便を胎便といい，胎内および出生時に飲み込んだ羊水や胆汁色素，脂肪，コレステロール等が主な成分であり，色は緑がかった黒色で，粘り気が強い。

(4) 厚生労働省が行った乳幼児身体発育調査によると，出生時の頭囲は約33cmであり，男女児ともに頭囲は胸囲より小さい。

(☆☆☆◎◎◎)

【11】地域型保育事業に関して述べた文として誤っているものを，次の(1)～(4)の中から1つ選びなさい。

(1)　地域型保育事業は，0～2歳の子どもを保育する事業である。

(2)　地域型保育には家庭的保育，小規模保育，事業所内保育，居宅訪問型保育の4つのタイプがある。

(3)　事業所内保育は，事業所の従業員の子どものみを保育対象とする。

(4)　家庭的保育は，家庭的な雰囲気のもとで，少人数(定員5人以下)を対象にきめ細かな保育を行う事業をいう。

(☆☆☆◎◎◎)

【12】次の(1)～(4)の中から，下線部が誤っているものを1つ選びなさい。

(1)　妊産婦とは，妊娠中又は出産後8週以内の女子をいう。

(2)　乳児とは，1歳に満たない者をいう。

(3)　幼児とは，満1歳から小学校就学の始期に達するまでの者をいう。

(4)　新生児とは，出生後28日を経過しない乳児をいう。

(☆☆☆◎◎◎)

【13】次の(1)～(4)は，洗剤に関して述べたものです。その内容が誤っているものを1つ選びなさい。

(1)　洗濯時の洗剤の使用量は少なすぎると汚れ落ちが悪くなるが，多すぎても洗浄効果は上がらない。

(2)　家庭用洗濯機でドライマーク用洗剤を使って，衣類を水で洗濯することはドライクリーニングの一種である。

(3)　界面活性剤は，分子の構造中に水になじみやすい親水基と油になじみやすい親油基をもっている。

(4)　蛍光増白剤は，繊維に染着し紫外線を吸収して，あらたに蛍光を出す性質をもっている。

(☆☆☆◎◎◎)

【14】チェストの測定方法を説明したものとして最も適切なものを，次の(1)～(4)の中から1つ選びなさい。

(1)　胸の最も高いところ(乳頭)を，水平に一周はかる。

(2)　腕のつけねのところで上半身の最も太いところを，水平に一周はかる。

(3)　胴の最も細いところを，水平に一周はかる。

(4)　腰骨を基準として，その2cm上をしめつけないように一周はかる。

(☆☆☆◎◎◎)

【15】次の図は，男性のジャケットを示したものです。ゴージラインを，図の(1)〜(4)の中から1つ選びなさい。

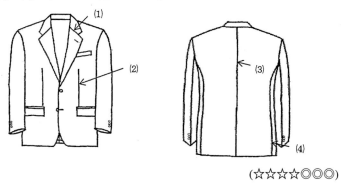

(☆☆☆☆◎◎◎)

【16】次のア〜エは，ステッチの種類を図示したものです。それぞれの名称の組み合わせとして最も適切なものを，下の(1)〜(4)の中から1つ選びなさい。

ア　　　　　イ　　　　　ウ　　　　　エ

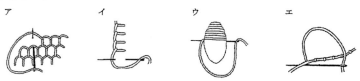

	ア	イ	ウ	エ
(1)	アロウヘッドステッチ	バックステッチ	リーフステッチ	コーチングステッチ
(2)	アロウヘッドステッチ	ブランケットステッチ	リーフステッチ	モルテスステッチ
(3)	ハニコームステッチ	バックステッチ	サテンステッチ	モルテスステッチ
(4)	ハニコームステッチ	ブランケットステッチ	サテンステッチ	コーチングステッチ

(☆☆☆☆◎◎◎)

【17】 次のア～エは，繊維について述べたものです。内容が正しいものには○，誤っているものには×をつけた場合，その組み合わせが正しいものを，下の(1)～(4)の中から1つ選びなさい。

ア　アセテートは，毛に似たかさ高感をもち，軽くて保温性が大きい。

イ　プロミックスは，パルプに酢酸を反応させてつくった繊維で，綿と合成繊維の中間の性質を持っている。

ウ　ナイロンは，摩擦や折り曲げに対して特に強い繊維であり，しなやかな感触を持っている。

エ　ポリウレタンは，一般にスパンデックスと呼ばれている繊維で，ゴムに似た伸縮性がある。

	ア	イ	ウ	エ
(1)	×	×	○	○
(2)	○	○	×	×
(3)	×	○	○	×
(4)	○	×	×	○

(☆☆☆◎◎◎)

【18】 次のア～エの日本国内の出来事を，年代の古い順に並べたものとして最も適切なものを，下の(1)～(4)の中から1つ選びなさい。

ア　食品安全基本法が制定された。

イ　初めてBSE感染牛が発見された。

ウ　消費者庁が発足した。

エ　生食用牛食肉の規格基準が設定された。

(1)　ア→エ→イ→ウ　　　(2)　エ→イ→ウ→ア　　　(3)　イ→ア→ウ→エ

(4)　ウ→ア→エ→イ

(☆☆☆◎◎◎)

【19】 甘味料について述べたものとして誤っているものを，次の(1)～(4)の中から1つ選びなさい。

(1)　代用甘味料には，非糖質甘味料と糖質甘味料がある。

(2)　ステビアは，人工甘味料である。

(3) アスパルテームは，指定添加物として認可されている。

(4) キシリトールは，糖アルコールである。

(☆☆☆☆◎◎◎)

【20】ミネラルに関する説明として最も適切なものを，次の(1)〜(4)の中から1つ選びなさい。

(1) 菜類に多く含まれるフィチン酸は，鉄やカルシウムの吸収を阻害する。

(2) 血液中のカルシウム濃度は，10mg/100mLに保たれている。

(3) 必須ミネラルは，人体に含まれる量によって，主要ミネラル9種類と微量ミネラル7種類に分けられる。

(4) コバルトは，「日本人の食事摂取基準(2015年版)」に，あらたに基準を策定された栄養素である。

(☆☆☆☆◎◎◎)

【21】調理方法に関する説明として最も適切なものを，次の(1)〜(4)の中から1つ選びなさい。

(1) 翡翠煮とは，鶏肉の色つやがよく出るように煮たものである。

(2) 真砂あえとは，うに・卵黄・酒であえたものである。

(3) ちり蒸しとは，白身魚の切り身に塩，酒を振り，おろしたカブに卵白を混ぜた蒸し物である。

(4) あちゃら煮とは，甘酸っぱく調理して煮たものである。

(☆☆☆◎◎◎)

【22】次のア〜エは，なべの材質の特徴を述べたものです。その説明と材質の組み合わせとして最も適切なものを，あとの(1)〜(4)の中から1つ選びなさい。

ア 融点が高く，熱の伝わりはよいが，重くてさびやすい。

イ さびにくいが，熱の伝わりが悪いので，焦げやすい。

ウ 軽く，熱の伝わりが速く，安価なので最も多く利用されている。

エ　熱の伝わりは非常に速いが，緑青(さび)を生じやすい。

	ア	イ	ウ	エ
(1)	銅	鉄	ステンレス	アルミニウム
(2)	鉄	ステンレス	銅	アルミニウム
(3)	鉄	ステンレス	アルミニウム	銅
(4)	銅	アルミニウム	ステンレス	鉄

(☆☆☆☆◎◎◎)

【23】次の(1)〜(4)は，住居に関して説明したものです。その内容が最も適切なものを1つ選びなさい。

(1)　水平力に対抗させ，骨組みの変形を防ぐために軸組みにいれる斜材をブレースという。

(2)　洋室の出入り口に付けられる開口部の下枠を笠木という。

(3)　柱や梁などによって構成される工法をパネル工法という。

(4)　和室の外部に面した側に設けられた板張りの部分を中廊下という。

(☆☆☆◎◎◎)

【24】次の(1)〜(4)は，リユース・リサイクルに使用されるマークです。資源有効利用促進法に基づいて表示される，分別回収を促進するためのマークを1つ選びなさい。

(1)　　　　　　　(2)　　　　　　　(3)　　　　　　　(4)

(☆☆☆☆◎◎◎)

【25】国土交通省が「住生活基本計画(全国計画)」(平成28年3月)の中で示した「住生活をめぐる現状と今後10年の課題」として誤っているものを，次の(1)〜(4)の中から1つ選びなさい。

(1)　少子高齢化・人口減少の急速な進展。大都市圏における後期高齢者の急増

(2)　世帯数の減少により空き家がさらに増加

(3)　新築マンションの増加により，防災・治安・衛生面での課題が顕在化するおそれ

(4)　リフォーム・既存住宅流通等の住宅ストック活用型市場への転換の遅れ

(☆☆☆◎◎◎)

【二次試験】

【1】次は，高等学校学習指導要領解説家庭編(平成22年5月)「第2章　各科目　第1節　家庭基礎　2　内容とその取扱い　(3)　ホームプロジェクトと学校家庭クラブ活動」のホームプロジェクトの指導に当たっての留意事項をまとめたものです。(①)～(⑥)にあてはまる語句を，下のア～ソの中から1つ選び，記号で答えなさい。

---

(1)　内容の「(1)人の一生と家族・家庭及び福祉」及び「(2)生活の自立及び消費と環境」の指導に当たっては，学習内容を各自の(①)と結び付けて考えさせ，常に(②)をもたせるようにして題目を選択させること。

(2)　課題の解決に当たっては，まず，目標を明確にして綿密な実施計画を作成させる。次に生徒の(③)な活動を重視し，教師が適切な指導・助言を行うこと。

(3)　学習活動は，計画，(④)，(⑤)の流れに基づいて行い，実施過程を記録させること。

(4)　実施後は，(⑤)をして次の課題へとつなげるとともに，成果の(⑥)を行うこと。

ア　客観的	イ　創造	ウ　発表会	エ　実行
オ　受動的	カ　課題意識	キ　地域生活	ク　素案
ケ　社会生活	コ　能動的	サ　記述	シ　家庭生活
ス　主体的	セ　反省・評価	ソ　自己責任	

(☆☆☆◎◎◎)

【2】次の各問いに答えなさい。

(1) 次は，内閣府が示している「仕事と生活の調和推進のための行動指針」についてまとめたものです。(ア)，(イ)にあてはまる数値を答えなさい。

> 　長時間労働が個人の健康，生活をおびやかしている状況を踏まえて，平成19年に国は「仕事と生活の調和(ワーク・ライフ・バランス)憲章」および「仕事と生活の調和推進のための行動指針」を策定した。
> 　「仕事と生活の調和推進のための行動指針」における2020年の数値目標では，年次有給休暇取得率を(ア)%，6歳未満の子どもをもつ夫の育児・家事関連時間を1日あたり(イ)時間30分と定めている。

(2) ノーマライゼーションとは何か，説明しなさい。

(☆☆☆☆◎◎◎)

【3】次の各問いに答えなさい。

(1) 次は，介護保険法の第1条の全文です。(①)～(④)に入る語句を，下のア～クの中から1つ選び，記号で答えなさい。

> 　この法律は，(①)に伴って生ずる心身の変化に起因する疾病等により要介護状態となり，入浴，排せつ，食事等の介護，機能訓練並びに看護及び療養上の管理その他の医療を要する者等について，これらの者が(②)を保持し，その有する能力に応じ(③)日常生活を営むことができるよう，必要な保健医療サービス及び福祉サービスに係る給付を行うため，国民の(④)の理念に基づき介護保険制度を設け，その行う保険給付等に関して必要な事項を定め，もって国民の保健医療の向上及び福祉の増進を図ることを目的とする。

ア　安定した　　イ　加齢　　ウ　共同連帯　　エ　共助

オ　生命　　　カ　尊厳　　キ　老化　　　ク　自立した
(2)　認知症サポーターとは何か，説明しなさい。

(☆☆☆◎◎◎)

【4】次の各問いに答えなさい。
(1)　平成28年に改正された消費者契約法に関する①，②に答えなさい。
　①　この改正で新たに追加された不当な勧誘は何か，答えなさい。
　②　取消権の行使期間は，追認することができる時から何年間か，答えなさい。
(2)　地方公共団体が設置している身近な消費生活センターや消費生活相談窓口を案内する全国共通の「消費者ホットライン」の電話番号を答えなさい。
(3)　製造物責任法に基づく損害賠償を受けるために，被害者が明らかにすることが原則とされている3つの事実を答えなさい。

(☆☆☆☆◎◎◎)

【5】乳幼児の健康維持に関する次の文章を読み，下の各問いに答えなさい。

　乳幼児の健康を保つ上で，発育状態の把握は重要である。発育状態を評価するものとして，①カウプ指数がある。他に，母子健康手帳には身長や体重についての発育曲線が掲載されており，②パーセンタイルが使用されている。
　また，乳幼児は身体機能が未熟で免疫力も弱いために重症化しやすい。免疫を獲得する方法の一つに予防接種があり，③ワクチンには④DPT－IPV，肺炎球菌，B型肝炎などがある。

(1)　下線部①について，身長90.0cm，体重14.0kgの幼児のカウプ指数を，途中の式も書いて求めなさい。ただし，数値は小数点以下第2位を四捨五入し，小数点以下第1位まで求めなさい。

(2)　下線部②について，「身長の発育曲線において90パーセンタイルである」とはどのようなことか答えなさい。

(3)　下線部③について，国立感染症情報センター(IDSC)が推奨する「日本の定期／任意予防接種スケジュール(2018年4月1日現在)」において任意接種のものを，次のア～エの中から1つ選びなさい。

　　ア　水痘　　イ　日本脳炎　　ウ　おたふくかぜ　　エ　BCG

(4)　下線部④について，このワクチンが予防する感染症を4つ答えなさい。

(☆☆☆☆◎◎◎)

【6】乳幼児の栄養と食事について，次の各問いに答えなさい。

(1)　授乳において，乳児が欲しがる時に，欲しがる量を与えることを何というか，答えなさい。

(2)　初乳の成分の特徴を，成熟乳の成分と比較して説明しなさい。その際に，「乳糖」，「脂肪」，「たんぱく質」の3語を用いなさい。

(3)　厚生労働省が，「授乳・離乳の支援ガイド(2007年)」の「離乳編」の中で示している，離乳の開始時期と完了時期の組み合わせとして正しいものを，次のア～エの中から1つ選びなさい。

	開始時期	完了時期
ア	生後5，6か月頃	生後12か月～18か月頃
イ	生後5，6か月頃	生後15か月～21か月頃
ウ	生後8，9か月頃	生後12か月～18か月頃
エ	生後8，9か月頃	生後15か月～21か月頃

(4)　離乳が完了した幼児期において，おやつが必要となる理由を幼児の身体的特徴を踏まえて答えなさい。

(☆☆☆◎◎◎)

【7】次のア～カは，平成24年3月に文部科学省が示した「幼児期運動指針」における，幼児期の運動の発達の特性に関する記述です。ア～カを「3歳から4歳ごろ」「4歳から5歳ごろ」「5歳から6歳ごろ」の3つに分類しなさい。

ア　大人が行う動きのまねをしたりすることに興味を示すようになる。

イ　自分から進んで何度も繰り返すことにおもしろさを感じることができるような環境の構成が重要になる。

ウ　それまでに経験した基本的な動きが定着しはじめる。

エ　日常生活や体を使った遊びの経験をもとに，次第に動き方が上手にできるようになっていく時期である。

オ　満足するまで取り組むようになる。

カ　無駄な動きや力みなどの過剰な動きが少なくなり，動き方が上手になっていく時期である。

(☆☆☆◎◎◎)

【8】長着の製作に関する，次の各問いに答えなさい。

(1)　次の図のア〜ウの名称を，下の説明を読んで答えなさい。

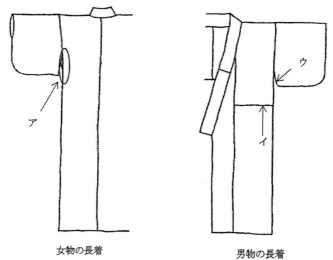

女物の長着　　　　　男物の長着

ア　女物の長着の身頃の脇のあきの部分。

イ　男物の長着の内側で帯の下になる位置にあらかじめ施しておく縫い込み。

　ウ　男物の長着の袖付けどまりから袖下までの間。女物の長着の振りにあたる部分。

(2)　次の図1は，長着のえり下を三つ折りした模式図で，図2は長着のすそを整えた図(完成図)です。図1の段階から3回折ると図2のようになります。下の＜描き方例＞を参考にして，あとの①～③を以下に図示しなさい。ただし，方眼は1マス5mmとし，表地や裏地を表す網掛けを塗る必要はありません。また，縦横の数字は作図のめやすのためのものです。

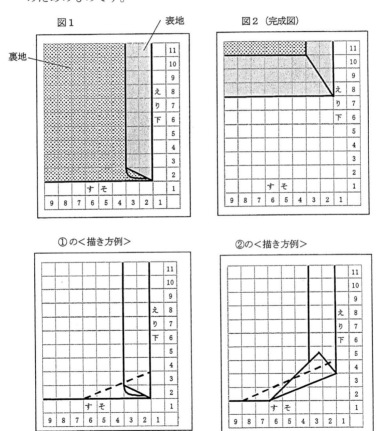

① 1回目の折り線(点線)

② ①を折った図(実線)と2回目の折り線(点線)

③ ②を折った図(実線)と3回目の折り線(点線)

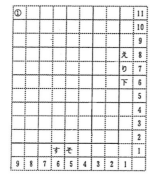

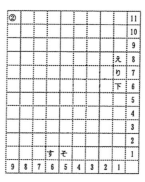

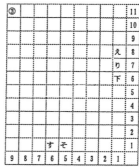

(3) 次の図は，裁断時の並幅で柄合わせが不要な場合の折りたたみ方です。a～cの布が長着のどの部位にあたるかを答えなさい。

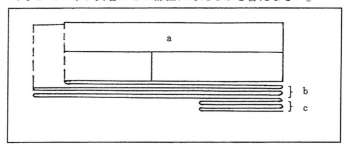

(4) おはしょりとは何か，説明しなさい。

(5) 長着を縫製するとき，縫いしろを縫い目どおりに折らずに少し奥
を折ることを何というか，答えなさい。

(☆☆☆◎◎◎)

【9】次は，糸の太さについて述べたものです。(①)～(⑤)にあ
てはまる語句を答えなさい。

> 糸は変形しやすく断面の形も一様ではないので，その太さを
> 直径で表すことは難しい。そこで糸の太さの表示には，重さを
> 基準にした(①)と長さを基準にした(②)が使用されてい
> る。(①)は数が大きいほど糸は(③)なり，(②)は数
> が大きいほど糸は(④)なる。(②)のひとつであるデニー
> ルは(⑤)mで1gあるものが1デニールである。

(☆☆☆◎◎◎)

【10】食品の保存・安全性について，次の各問いに答えなさい。

(1) フリーズドライ食品とは何か，製造方法にふれて説明しなさい。

(2) 冷凍した生の肉や魚を解凍するときに流出する液体を何というか
答えなさい。

(3) 「消費期限」，「賞味期限」の表示を定めている法律を2つ答えなさ
い。

(4) 食品を加工・製造する工程で使用される添加物で，最終食品にそ
の効果が残らず，表示が免除されるものを何というか答えなさい。

(5) 日本で安全性が確認され，販売，流通が認められている遺伝子組
換え作物を，大豆・とうもろこし以外に2つ答えなさい。

(☆☆☆◎◎◎)

【11】次の献立に関して，下の各問いに答えなさい。

> 乾焼蝦仁　　酸辣湯　　杏仁豆腐

(1) 乾焼蝦仁の「乾焼」とは，どのような調理法か答えなさい。

(2) 乾焼蝦仁に用いる「蝦」は加熱すると鮮やかな赤色に変化します。その理由を答えなさい。

(3) 杏仁豆腐に使用する寒天の濃度として最も適切なものを，次のア〜エの中から1つ選びなさい。また，たんぱく質が主成分で，寒天と同様に冷やすことによりゲル化するものを答えなさい。

> ア　0.1%　　イ　1%　　ウ　4%　　エ　10%

(4) 次のア〜ウが説明している調味料を答えなさい。

> ア　ダイウイキョウの果実を乾燥させた，香り付けに使われる香辛料
>
> イ　そら豆を蒸し，麹と唐辛子を加えて発酵させた辛みそ
>
> ウ　大豆を塩漬けにして発酵させ，干した調味料

(5) 次は，酸辣湯を作る際の食材リストです。不足している調味料を1つ加え，酸辣湯の食材リストを完成させなさい。

> 豚もも肉，干し貝柱，はるさめ，鶏ガラスープ，しょうゆ，こしょう，でんぷん，ごま油，唐辛子

(☆☆☆◎◎◎)

【12】日本家屋について，次の各問いに答えなさい。

(1) 書院造りに，わび・さびの美が加わった茶室風の建築様式を答えなさい。

(2) 日本家屋に用いられる障子の種類について，次のア，イの障子の名称を答えなさい。

> ア　高さ30cm程度の腰板を付けた障子
>
> イ　横組子に対して堅組子の間隔を狭くした障子

(3) 建築物の外部と内部や室と室などを仕切るために，開口部に枠と

一体的に取り付け，開閉できるようにした戸，障子，ふすまなどの総称を答えなさい。

(4)　天井と鴨居の間に設けられた，採光・通風・換気などのための開口部を何というか答えなさい。

(☆☆☆◎◎◎)

解答・解説

中学校

【1】(1)　2　　(2)　1　　(3)　3

〈解説〉(1)　イ・エ　たんぱく質(グルテン)が最も多い強力粉は，炭水化物は最も少ない。　ア　正しくは「たんぱく質の含有量が～最も多い」。　ウ　正しくは「パンの材料に適している」。　オ　うどんに適しているのは中力粉である。適度に粘り，固すぎず，柔らかすぎない。

(2)　1　飽和脂肪酸ではなく，不飽和脂肪酸である。　(3)　流通が認められている遺伝子組換え食品は，「じゃがいも，大豆，てんさい，とうもろこし，なたね，わた，アルファルファ，パパイヤ」の8品目である。

【2】3

〈解説〉アは「骨や歯の成分になる」ことから「カルシウム」，イは「体液の浸透圧やpHを調節」の文言から「ナトリウム」，ウは「血液成分」と「酸素を運搬」から「鉄」とわかる。「亜鉛」は，多くの酵素の構成成分であり，血糖調節ホルモンのインスリンの構成成分等として重要な成分である。

【3】(1) 2 (2) 1

〈解説〉(1) 男女とも高エネルギーであることから，選択肢の中では「12～14歳」が該当すると判断できる。男性の場合は15～17歳の2,850kcalが一生の中で最大である。女性の場合は12～14歳が最大で2,400 kcalである。 (2) 2 5年間である。 3 目標とするBMIの範囲は18.5～24.9である。 4 食物繊維の食事摂取基準は年齢によって異なる。12g以上は男女とも8～9歳時に該当する。18～69歳男性は20g以上，18～69歳女性は18g以上である。食物繊維摂取量と心筋梗塞をはじめとする生活習慣病とは関係があると考えられている。

【4】4

〈解説〉新たに313食品が増えた。健康志向を反映した食品の具体例は，えごま油，ヨーグルト(低脂肪無糖・無脂肪無糖)，減塩みそ，減塩しょう油などである。アレルギーに対応した食品には，米粉パン，米粉麺などがある。

【5】4

〈解説〉味の相互作用には対比効果の他に抑制効果や相乗効果がある。2は相乗効果，3は抑制効果である。4の対比効果は，具体例として，スイカに塩をかけると甘味が増すことや吸い物に塩味をつけること(旨味＋塩味)によって旨味が増す等が挙げられる。

【6】4

〈解説〉雑煮は1月1～7日，七草粥は1月7日，菱餅は「桃の節句」で3月，柏餅は「端午の節句」で5月，うなぎの蒲焼きは「土用の丑の日」で7月，月見団子は「十五夜」で9月，年越しそばは「大晦日」で12月31日である。

【7】1

〈解説〉6つの食品群で見ると，緑黄色野菜が全く摂取されていない。緑

黄色野菜を含んでいるものを選ぶ。

【8】4

〈解説〉(ウ)は，昭和40年頃から多少の変動はあるものの，100％に近い数値を維持していることから米と鶏卵が考えられ，選択肢には米がないので，鶏卵である。(イ)はみかん・りんごのいずれかであるが，りんごは多くの国からの輸入を解禁しているため，近年急速に下がっていることから，みかんである。

【9】2

〈解説〉1の特徴に該当するのは圧力鍋，3の特徴に該当するのは電磁調理器，4の特徴に該当するのは電子レンジである。

【10】3

〈解説〉調理例のメレンゲは卵の気泡性を利用し，卵白を泡立てたものである。スポンジケーキも卵の気泡性を利用し，全卵を泡立てたものである。ゆで卵は卵のたんぱく質の熱凝固を利用したもの，マヨネーズは卵の乳化性を利用したものである。

【11】(1)　3　　(2)　1

〈解説〉(1)　3の特徴に該当するのは抗菌防臭加工繊維である。アラミド繊維は，ナイロンと同じポリアミド(アミド結合によってできたポリマー)。高耐久性・衝撃吸収性・非導電・電波透過性の性能がある繊維で，光ケーブルの補強材・塩害を受けるコンクリート構造物への利用，防弾チョッキ・防火服・安全ベルト・タイヤやブレーキパッド等に使用されている。2の炭素繊維はロケットや航空機などの機器，テニスラケット，釣り竿，弓道の弓など身近な物にも使われている。最近では耐震補強材としても有効であることがわかっている。　　(2)　選択肢のうち，再生繊維は「キュプラ・レーヨン」，合成繊維は「ナイロン・アクリル・ポリエステル・ポリウレタン」である。

【12】2

〈解説〉普通生地の場合は,「ミシン針11号,ミシン糸60番」でミシン針の場合は号数が大きくなるほど針は太くなる。逆に,糸は数字が大きいほど細くなる。

【13】1

〈解説〉1　表示の種類は基本記号に「強さ」や「温度」,「禁止」などを組み合わせて表示するので,31以上ある。

【14】4

〈解説〉「チェスト」の表示があるので,成人男性の服の表示であることがわかる。表示「92A4」の「4」は,身長165cmを表す。もし「92A5」であれば身長170cmである。チェストとウエスト寸法の差は12cmで,標準体型の「A体型」である。胸囲と胴囲との差が大きい場合はY体型,逆に差が小さい場合はB体型となる。成人女性の身長区分は,「PP・P・R・T」で表示する。「R」は158cmの標準(Regular)である。

【15】4

〈解説〉ウの前段階として「結び玉を作り,布の表面から針を裏にだす」作業がある。イの説明は「糸足を作っている状態」である。また,最後のアの後に「結び玉を布の間に引き込み,糸を切る。」となる。

【16】1

〈解説〉1　正しい。「背たけ」と「着たけ」の違いに注意したい。2　「袖たけ」の採寸法の説明であり,「背肩幅」ではない。　3　「背肩幅」の採寸法の説明である。「着たけ」は「首の後ろの付け根から後ろ身ごろの裾までの長さ」をはかる。　4　「男子のウエスト」の採寸法の説明である。女子の腰囲(ヒップ)の採寸法は,ヒップの一番太い箇所を水平に一回りする。

【17】3

〈解説〉折り山の0.1cm下から糸をだし，少し先の表布の織り糸を1～2本
すくう。そのまま0.8cmくらい空けて折り山の内側から表側の0.1cmの
ところに針先を出す。表には，まつった糸があまり見えず，0.1cmの
針目が見えるくらいである。普通のまつり縫いは「流しまつり縫い」
ともいい，他に「たてまつり縫い」等がある。

【18】3

〈解説〉3　「界面活性剤の浸透作用」ではなく，正しくは「界面活性剤の
再付着防止作用」によるものである。

【19】1

〈解説〉本問の図柄は，山と谷の連続する模様で，ヨーロッパでは，にし
ん(ヘリング)の骨(ボーン)に似ていることから「ヘリンボーン」という。
日本では「杉綾」とも呼ぶ。ツイードのコートやジャケットによく使
われている。「アラベスク模様」は，モスクの壁面装飾などに見られ
るイスラム美術の一様式である。植物や動物がモチーフになったアラ
ビア風の幾何学的文様である。「モノグラム」は，2つ以上の文字を組
み合わせてオリジナルに図案化したものである。ルイ・ヴィトンのマ
ークが有名である。「タータン」は，さまざまな色に染めた毛の糸を
綾織にしたチェックの織物の一種である。発祥の地イギリスのスコッ
トランドのタータン登記所によって，全てのタータンのデザインを保
存・保護・管理している。

【20】3

〈解説〉問題文の「しわを消して」の表現に注目する。ギャザーは明らか
にしわが発生するし，ダーツやタックも布をつまんで縫うため，ダー
ツやタックの後がはっきり残り，「しわを消す」には該当しない。

【21】1

〈解説〉(ア)の「背縫い」は，二度縫いする。縫い代は0.2cmのきせをかけ，左身ごろ側へ折る。(イ)の「身八つ口」はあきがあり，着用する時，身八つ口から手を入れて「おはしょり」を整える。男物には身八つ口はない。(ウ)の「前身ごろ」の片方は「後ろ身ごろ」と縫い合わせ，もう一方は「おくみ」と縫い合わせる。

【22】3

〈解説〉人口動態統計は厚生労働省が行っている日本の人口動向を明らかにする指針である。国勢調査と区別する意味から，調査が出生，死亡，婚姻，離婚の届け出を受けた都度行われることから「動態統計調査」といわれる。3の婚姻件数は，前年より2.3％減少している。婚姻数が減少すれば，出生数も減少し，合計特殊出生率も減少する。

【23】2

〈解説〉2 「子どもの数が増加傾向にある」は間違いで，正しくは「子どもの数が減少傾向にある」である。 4 内容を補足すると，地域の実情に応じた子育て・子ども支援のことであり，具体的には地域子育て支援拠点，放課後児童クラブなどの事業のことである。

【24】1

〈解説〉2 幼稚園の入園年齢は「3歳から5歳まで(小学校入学前まで)」の幼児である。 3 保育所は「児童福祉法」に基づく。認定こども園は，「認定こども園法(就学前の子どもに関する教育，保育等の総合的な提供の推進に関する法律)」に基づいて運営される。 4 保育所の管轄は「厚生労働省」である。認定こども園の管轄は内閣府だが，文部科学省や厚生労働省とも連携して行っている。

【25】3

〈解説〉出生時の身長は50cmほどであるが，1年経つと75cmほどに成長す

る。約1.5倍である。体重は9kg程度になり，約3倍に成長する。「身長・体重」・「リンパ」・「神経系(頭部と脳)」・「生殖器」等の臓器の発達発育パターンにおいて，生後1年で成長が著しいのは「神経系(頭部と脳)」といわれる。

【26】2

〈解説〉イ　乳幼児の呼吸数や脈拍数は成人に比べて多い。　ウ　出生時は，身長に占める頭部は4分の1ほどで，頭が非常に大きい。12歳頃に，7分の1ほどになる。

【27】3

〈解説〉定期の予防接種は，接種目的によりA類とB類に分類されている。A類疾病は，集団でのまん延予防 を目的とする。B類疾病は，個人予防を目的とし，インフルエンザと成人用肺炎球菌がある。定期予防接種のA類病は，選択肢の「日本脳炎」の他，「BCG(結核)」「4種混合(ジフテリア，百日咳，破傷風，ポリオ)」「MR(麻疹，風疹)」「小児用肺炎球菌」等がある。

【28】3

〈解説〉高齢者の介護者で一番多いのは配偶者，次に多いのは子ども，そして3位は子の配偶者である。最も多い配偶者は，大部分は高齢者であることから，老老介護となる。

【29】1

〈解説〉問題文に「天井に直づけ」「全体照明」の文言があることからシーリングライトが該当する。天井から飛び出していることからホコリが溜まりやすく，地震などの災害時に落下するリスクもある。フロアスタンドは床を照らすライトである。ダウンライトは天井埋め込み型の照明である。複数設置しないとシーリングライトのように明るくならない。ブラケットは，廊下，階段，玄関，勝手口などに使われるこ

とが多い壁面設置照明である。

【30】2

〈解説〉現在の木造住宅は鉄筋コンクリート造りの基礎の上に(ア)の「土台」を置き，土台の上に木材を組み，(イ)の「筋交い」を取り付けるやり方である。「筋交い」は地震などに対してより丈夫にする。選択肢にある「火打ち土台」は(ア)の「土台」の隅に三角に打ち付けられた部材で，地震などで建物が変形するのを防ぐ。

【31】4

〈解説〉(ア)はユニットバスのある浴室で，洗面・手洗い，トイレ等を集めた生理衛生空間を形成している。共同生活空間は居間や食事室が該当する。家事労働空間はキッチンが該当する。問題の平面図は中心に水回りを集め，個人生活空間の部屋を両端に配置した図面になっている。

【32】3

〈解説〉(ア)「高床式の住まい」とあるので高温多湿の地域であることがわかる。また，「そり返った舟型の屋根が特徴」とあり，インドネシアが該当する。タイには舟型の屋根は見られない。　(イ)「オンドル」とあるので，韓国の住まいである。モロッコは，砂漠地帯であるので木材には恵まれず，土(日干しレンガ)の住居である。厚い土の壁と閉鎖的な構造で，暑さと砂ぼこりを防ぐ構造である。

【33】4

〈解説〉死因で最も多いのは，建物倒壊や家屋の転倒による窒息・圧死である。全体の77％になっており，7％が焼死である。さらに検案書の記録から詳しく調べると，即死を意味する圧死は8％にすぎず，多くの方は瓦礫の下で，ある程度の時間は生きていたと考えられる。速やかな救助によって，死亡数を減らすことができたと考えられる。また，

地震による負傷・ケガの原因の約半数(46％)が家具の転倒や家具の落下によるものである。家具の転倒防止対策の重要性を示すものである。

【34】 1

〈解説〉1　コーポラティブハウスは，自由に設計できることと良好なコミュニティが形成できることがメリットとしてある。　2　コレクティブハウスは住民間の共用空間と各戸の独立した住居を持つ集合住宅である。複数世帯の住民が共にコミュニティを作りながら暮らす住まい方である。　3　ケアハウスは60歳以上の高齢者が，食事や洗濯などの介護サービスを受けられる施設で，軽費老人ホームの一種である。施設による差が大きい。　4　シェアードハウスは個室とは別に共用のスペース(トイレ・浴室・洗濯機・キッチン・リビング)をシェア(分かち合い)しながら暮らす住宅である。

【35】(1)　2　　(2)　1

〈解説〉(1)　2は「連帯する責任」である。　(2)　1のフェアトレードとは，開発途上国の原料や製品を適正な価格で継続的に購入することにより，立場の弱い開発途上国の生産者や労働者の生活改善と自立を目指す貿易のしくみをいう。つまり，弱者に及ぼす影響を自覚する責任についての行動といえる。2は「連帯する責任」，3は「批判的な意識を持つ責任」，4は「自己主張し，行動する責任」である。

【36】 3

〈解説〉繊維のリサイクルには，ケミカルリサイクル，マテリアルリサイクル，サーマルリサイクルがある。一般衣料の場合は流通構造が複雑であり，輸入浸透率も高く，リサイクルは難しい状況で，繊維のリサイクル率は，他の業種に比べて非常に低い。カスケードリサイクルとは，透明ガラス→緑色ガラス→黒色ガラス，ペットボトル→ペット繊維→フリースなどのように品質の劣化を伴うリサイクルをいう。カスケードリサイクルに対して，ペットボトル→ペットボトル，アルミ缶

→アルミ缶のように同じ物を再生できるリサイクルを「水平リサイク
ル」という。

【37】3

〈解説〉3の説明文中の「後払い」は間違いで，正しくは「即時払い」で
ある。

【38】3

〈解説〉問題文に「環境問題に熱心に取り組み」の文言があるので，答え
は「環境情報の公開」が適当である。「グリーンコンシューマー10の
原則」の中で，1の「生産」については「近くで生産・製造されたも
のを選ぶ」となっている。2の「消費」と4の「資源」については，
「作るとき，使うとき，棄てるとき，資源とエネルギー消費の少ない
ものを選ぶ」となっている。

【39】4

〈解説〉天然ガスは，石油や石炭とともに化石燃料でいずれ枯渇する。こ
れに対して再生可能エネルギーの風力・地熱・バイオマス・太陽光な
どはエネルギーとして永続的に利用でき，エネルギー自給率の改善に
も寄与することができる。2016年度現在，日本の電源構成に占める再
生可能エネルギー比率は約15％で，ドイツやイギリスなどの諸外国と
比べて低い。

【40】2

〈解説〉2はエコマークである。　1　防犯性能の高いドアや窓につけられ
るCPマークである。　3　一定以上のグリーン電力(クリーン電力)を使
用していることを消費者等が容易に判断できるようにしたグリーン・
エネルギー・マークである。グリーン電力とは二酸化炭素や窒素酸化
物などの有害物質を排出しない，あるいは排出が極めて少ないエネル
ギーのことである。太陽光，水力，風力，地熱，バイオマスなどが該

当する。　　4　一定水準以上の品質が保証された繊維製品につけるQマークである。

【41】①　2　　②　4　　③　2　　④　3
〈解説〉最初に目標を，その後に，家庭分野で育成を目指す資質・能力を3つの柱に沿って示している。　①　家庭分野が学習対象にしているのは生活の営みの様々な事象についてであることから推し量ることができる。　②　現行の学習指導要領(平成20年3月)の指導項目にも「食生活の自立」「衣生活・住生活の自立」とあるように，中学では「生活の自立」を重要視しており，新学習指導要領(平成29年3月)においても踏襲されている。　③　問題解決型学習や「課題と実践」をイメージするとわかりやすい。「課題設定→計画構想→実践→評価改善」の流れから当てはまる言葉を判断できる。　④　一連の学習過程を通して身に付けた力を，生活をよりよくするために生かし，実践しようとする態度について示している。学習指導要領の各教科の目標は，確実に覚えておくこと。

【42】4
〈解説〉学習の対象が幼児や高齢者など人である場合には，相手に対する配慮や安全の確保などに十分気を配るように指導する。また，食物アレルギーについては，生徒の食物アレルギーに関する正確な情報の把握に努め，発症の原因となりやすい食物の管理や，発症した場合の緊急時対応について各学校の基本方針等を基に事前確認を行うとともに，保護者や関係機関等との情報共有を確実に行い，事故の防止に努めるようにすることが学習指導要領解説に明記されている。確認しておく。

高等学校

【一次試験】

【1】(3)

〈解説〉本問は「各科目にわたる指導計画の作成と内容の取扱い」部分の「内容の取扱い」に関する文言である。(3)の正しい内容は「食に関する指導については，家庭科の特質を生かして，食育の充実を図ること。」となっている。問題文(3)は「第1章総則第5款の5の(1)」に示されている「言語活動の充実」の内容である。

【2】(4)

〈解説〉ア　衣食住，保育，家庭看護や介護などヒューマンサービスに関連する産業を「家庭の生活にかかわる産業」ととらえている。
イ　「生活産業を取り巻く諸課題を主体的，合理的に，かつ倫理観を持って解決し」は，高齢社会の進展やライフスタイルの多様化に対応し，生活産業を担うスペシャリストとして取り組む姿勢を示している。
ウ　家事労働の一部を外部産業に任せることによって，ゆとりが生まれ，ゆとりの時間に，生涯教育への参加や地域社会への貢献ができ，「生活の質の向上」しいては社会の発展を図ることになる。教科の目標は熟読しておくこと。

【3】(2)

〈解説〉(2)　出生前に父母が離婚した場合の親権は，父ではなく「母」になる。　(3)　問題文前半の意味は「未成年者の子どもが金銭や不動産などの財産を所有することがある。その場合，子どもの財産を管理したり，子どもを代理して法律行為を行ったりする権利義務が親権者に付与されている」ということ。「ただし」から始まる問題文後半は「子ども自身が労働の対価を得る場面(労働契約による債務)において，親が勝手に(実際に働いて賃金を受ける子どもの同意なくして)代理して契約締結することはできない。」という意味である。

【４】(4)

〈解説〉(1)　末子の年齢が高くなるにしたがって,「非正規の職員・従業員」の母の割合は高くなる。　(2)　児童 が「1人」いる世帯は 全世帯の 10.9%, 児童が「2人」いる世帯は全世帯の 9.4%である。平成16年度までは児童が「2人」いる世帯が最も多かったが, その後は児童1人が多い。　(3)　「相対的貧困率」と「子どもの貧困率」は平成15(2003)年度から上昇していて, 前回調査(平成24(2012)年)では,「相対的貧困率」が16.1%,「子どもの貧困率」が16.3%だったが, 平成27(2015)年度は少しだが低く転じた。「相対的貧困率」や「子どもの貧困率」が他国に比べて高いのは, 高齢世帯が多いことや「大人1人と子ども」の世帯の増加などが起因すると考えられている。　(4)　「夫婦と未婚の子のみの世帯(29.5%)」が一番多く,「単独世帯(26.9%)」,「夫婦のみの世帯(23.7%)」と続いているが, いずれも20%台で大きな差ではない。

【５】(2)

〈解説〉(2)　「要支援Ⅰ・Ⅱ」や「要介護Ⅰ～Ⅴ」対象者が受ける「介護プラン」「介護予防プラン」を作成するのは, 看護師ではなく「介護支援専門委員(ケアマネージャー)」である。ケアプランの作成だけに終わるのではなく, 実施状況の把握なども行う。　(3)　「レスパイトケア」は, 介護する側の介護疲れや共倒れを防いで, 在宅介護を続けていけるよう支援することである。具体的には「ショートステイ(短期入所)」や「短期入所療養介護」, 通所介護や夜間のヘルパー派遣, 民間の託老所などを利用する。　(4)　介護を受ける人の日常生活動作(ADL)がどのようなレベルにあるのかを知ることによって, 介護の方法も変わってくる。

【６】(3)

〈解説〉国民年金の被保険者は, 学生や自営業者, 一部の非正規社員は「第1号」, 厚生年金に加入する会社員や公務員は「第2号」, 専業主婦は「第3号」の3種類である。収入のない学生の場合は「若年者納付猶

予制度」ではなく，「学生納付特例制度」があり，最大10年間猶予されるが，3年目よりも古い猶予額は加算金が発生する。

【7】(1)
〈解説〉ケネディ大統領が提示した内容は「安全を求める権利」「情報を知らされる権利」「選択する権利」「意見を聴かれる(反映される)権利」の4つである。(2)の「消費者教育を受ける権利」はフォード大統領が唱えた権利である。国際消費者機構が，(3)と(4)と「健康な環境の中で働き生活する権利」を追加し，消費者の8つの権利を提唱した。

【8】(2)
〈解説〉ア「家計調査」は総務省統計局が行っている。他に「国勢調査」や「人口推計」「労働力調査」「消費者物価指数」などを実施している。イ「消費動向調査」は，内閣府が行う景気に関する調査である。今後半年間に消費が増えるかどうかの判断をする。　ウ「所得再分配調査」は昭和37(1962)年に「社会保障水準基礎調査」の名称で実施が始まった。　エ　金融広報中央委員会は，「金融経済情報の提供」と「金融経済学習の支援」に関する情報普及活動を通じ，国民の健全で合理的な家計運営を支援している。

【9】(1)
〈解説〉児童憲章の制定日は「こどもの日」として祝日扱いである。新憲法が制定された翌年の昭和22(1947)年に制定されたのが「児童福祉法」，更に児童福祉に対する国民の意識を啓発するために昭和26(1951)年に制定されたのが，「児童憲章」である。本問はその前文で，本文は12条からなる。1948年の世界人権宣言を踏まえ，昭和34(1959)年に制定されたのが「児童権利宣言」である。児童憲章は，子どもを一人の独立した人格を持った人間として位置づけ，子どもの権利を明確に示している。

【10】(4)

〈解説〉(4)について，出産時，まず頭部からでてきて，その後はスムーズに身体全部が出てくることを考えれば，頭囲が一番大きいのが理解できる。母体での胎児の位置が逆子の場合は，なんとか正常の位置になるようにする。生後2か月頃になると胸囲が頭囲より大きくなる。

【11】(3)

〈解説〉(3)　事業所内保育は，従業員の子どもだけでなく，地域枠として地域の乳幼児も受け入れることができる。　(2)　地域型保育に関する補足として，認可保育所とは法令上の位置付けが異なり，様々な場所で展開される事業として位置付けられている。

【12】(1)

〈解説〉(1)について，妊産婦とは，妊娠している女性，又は出産後1年を経過していない女性をいう。妊婦や産後の女性を保護するために，法律上でも労働に関する色々な制限を設けている。仕事内容の制限，残業・就業時間の制限などである。健康診断や保健指導を受けるための時間を確保する権利も保障されている。

【13】(2)

〈解説〉(2)　「ドライクリーニングの一種である」の部分が間違いである。ドライクリーニングとは，水を使わず有機溶剤で洗濯することをいう。一般に販売している「ドライ衣料用の洗剤」は，水で洗っても型崩れや縮みなどをできるだけ起こりにくくするように工夫された中性洗剤のことで「ドライマーク」の表示の服をクリーニングに出さずに「中性洗剤を使って家庭で洗濯している」ということである。

【14】(2)

〈解説〉(1)に該当するのは「女性のバスト」，(3)に該当するのは「女性のウエスト」，(4)に該当するのは「男性のウエスト」の測定方法である。

【15】(1)

〈解説〉ゴージラインは「ジャケットの上襟と下襟の間の縫い合わせた部分」である。流行により角度が変わったり，上下したりとその変化によってジャケットの雰囲気や印象を大きく左右する。ゴージライン(又はゴージ)が高いと，見る人の視線が上がり，どちらかというと背が高く体全体がすっきり見え，若々しい印象になる。若い人のジャケットはゴージが高めである。(2)はフロントダーツ，(3)はバック・シーム(背縫い線)，(4)は胴しぼりで，ウエストラインの絞りのことである。

【16】(4)

〈解説〉アのハニコームステッチはワッフルステッチともいい，和名は蜂巣織である。シーツやタオルに使われる。布を縫い縮めて模様を浮かび上がらせるスモッキング刺繍にも使う。イのブランケットステッチは，名の通り毛布の縁を始末するため，使われたステッチである。ウのサテンステッチは，間隔をつめて糸を渡し，面を埋めていくステッチで，名前の通り，サテン地のような艶が特徴のステッチである。エのコーチングステッチは，細かい間隔で糸を押さえることができ，曲線の刺繍によく使われる。本問の他に，チェーンステッチがよく知られている。

【17】(1)

〈解説〉ア　アクリルの説明である。　イ　アセテートの説明である。プロミックス繊維は動物性たんぱく質(ミルクガゼイン)を30～60％とアクリル繊維の原料となるアクリルニトリルを結合して製造されていた繊維である。熱や摩擦に弱く，今は製造されていない。

【18】(3)

〈解説〉ア～エを事件と関連させて考えるとよい。BSEの牛への感染がイギリスなどを中心に広がり，日本でも平成13(2001)年に起きたことをきっかけに「食品安全基本法」が制定され，牛の全頭検査が導入され

た。従って「イ→ア」である。消費者庁については，食品関連の所轄
が，厚生労働省や農林水産省，経済産業省にまたがっており，問題解
決するにも，法整備するにも複雑であった。食品の安全などに関連す
る制度を一元化する意味でも，平成21(2009)年の消費者庁の発足は重
要であった。従って「イ→ア→ウ」である。「エ」の制度は，平成
23(2011)年4月，牛ユッケの生肉を生食し，集団食中毒の発生となり死
者もでたことをきっかけに規格基準が設定された。ア～エの中では直
近の出来事である。

【19】(2)

〈解説〉甘味料には，砂糖・水飴・オリゴ糖・キシリトールなどの糖質系
　　甘味料とステビア・アスパルテームなどの非糖質系甘味料がある。非
　　糖質系甘味料は，ステビアのようにステビア葉から甘味成分を抽出し
　　た天然甘味料もあるが，アスパルテーム・スクラロース・ネオテー
　　ム・サッカリンは，化学的に合成して作られたものである。従って，
　　(2)は間違いで，正しくはステビアは，非糖質系の「天然甘味料」であ
　　る。

【20】(2)

〈解説〉(3)について，主要ミネラル(多量ミネラルともいう)は7種類。具
　　体的にはカルシウム・リン・カリウム・ナトリウム・マグネシウム・
　　塩素・イオウである。塩素とイオウの摂取基準は示されていないが，
　　主要ミネラルである。微量ミネラルは9種類である。一日の必要量が
　　100mg以上のミネラルを主要ミネラル，100mg未満のミネラルを微量
　　ミネラルとしている。(4)のコバルトについて，コバルトは体内で他の
　　ミネラルのように単独でその効果を発揮するのではなく，ビタミンB_{12}
　　の構成元素として存在する。ビタミンB_{12}類の別名はコバラミンという。

【21】(4)

〈解説〉(1)　正しくは「翡翠煮とは，できあがりが翡翠のような緑色に

318

なるように煮たもの」である。「翡翠煮」の調理名がついている食品
は，空豆，グリーンピース，冬瓜やかぼちゃなどがある。冬瓜やカボ
チャは，皮を薄く剥き，皮目の薄い緑色を残すなどの下処理をする。
(2)　真砂(まさご)あえは，「たらこや数の子などの魚卵を和え衣にした
和え物」である。　(3)　問題文に該当するのは「かぶら蒸し」である。
ちり蒸しの材料は白身魚やカキがメインで，豆腐や野菜などを使った
蒸し物である。モミジおろしと青ネギを添えたちり酢(ポン酢)で食す
る。

【22】(3)
〈解説〉ウの性質がアルミニウムであることは周知である。イにだけ「さ
　　びにくい」の表現があるので，ステンレスである。エの「緑青(ろくし
　　ょう)」は，銅の表面にできる緑色のさびである。その他の材質のなべ
　　には，ほうろう・テフロン・土鍋等がある。

【23】(1)
〈解説〉(1)　「筋交い」ともいう。柱と柱との間に斜めに入れる，補強材
　　である。たすき掛けに入れる場合と片掛けに入れる場合がある。
　　(2)　説明文に該当するのは「くつずり」と考えられる。バリアフリー
　　のため，最近は下枠を作らない場合もある。文中の「笠木」は階段の
　　手すりやベランダの手すりなどの頂部に施工する仕上げ材のことであ
　　る。　(3)　説明文に該当するのは「軸組工法」である。　(4)　説明文
　　に該当するのは「縁側」である。

【24】(4)
〈解説〉(1)は「再生紙使用マーク」で，リサイクルされた原料で作って
　　いることを示すマークの1つである。古紙を混ぜた製品に付けられる。
　　右の数字は古紙パルプを何%使っているかを表している。　(2)と(3)は
　　関連事業団体が自主的に行っている「容器包装」マークである。(2)は
　　「飲料用紙パックマーク」で，アルミなし紙パックに付けられる。(3)

は「段ボールマーク」である。(4)の「プラスチック製容器包装マーク」は法律で表示することが決められているマークである。他に「アルミ缶」「スチール缶」「ペットボトル」などのマークが該当する。

【25】(3)

〈解説〉(1)は「現状と今後10年の課題」の1番目にあげられている内容である。サービス付き高齢者向け住宅等の供給促進や結婚・出産を希望する世帯が安心して暮らせる住生活の実現をあげている。(2)と(4)は「住宅ストック」への対策である。老朽化マンションの建て替えや改修，古民家の再利用や空き家を活用した地方移住などの促進も含まれる。　(3)は誤りで，該当するものとしては，「マンションの老朽化・空き家の増加により，防災・治安・衛生面での課題が顕在化するおそれ」があげられている。

【二次試験】

【1】①　シ　②　カ　③　ス　④　エ　⑤　セ　⑥　ウ

〈解説〉(1)　自己の家庭生活や地域の生活と関連付けて生活上の課題を設定し，解決方法を考え実践することを通して，生活を科学的に探究する方法や問題解決の能力を身に付けるのが「ホームプロジェクト」であることから，①②を考える。　(2)(3)(4)はホームプロジェクトの進め方を，順を追って説明しているものである。計画→実行→反省・評価→発表の順である。

【2】(1)　ア　70　イ　2　(2)　障害のある人もない人も，互いに支えあい，地域で生き生きと明るく豊かに暮らしていけるよう支援するべきという考え方

〈解説〉(1)　年次有給休暇取得率を，現在の47.6％から2020年数値目標では70％に，6歳未満の子どもを持つ夫の育児・家事関連時間を，現在の67分から2時間30分に引き上げる目標である。他には「男性の育児休業取得率を2.3％から13％へ，第1子出産前後の女性の継続就業率を

38％から55％へ，短時間勤務(短時間正社員制度)を選択できる事業所の割合を14.8％から29％へ」等がある。　(2)　「ノーマライゼーション」は，1950年代，北欧の知的障害者の家族会の施設改善運動から生まれた理念である。国連の国際障害者年(1981年)を契機に認知度を高め，現代の社会福祉の基本理念となった。

【3】(1)　①　イ　　②　カ　　③　ク　　④　ウ　　(2)　認知症に対する正しい知識と理解を持ち，地域で認知症の人やその家族に対してできる範囲で手助けする人

〈解説〉(1)　「高齢者のための国連原則」があるが，介護保険法は，この国連原則を理解しているとわかりやすい。①　予想される語句は「加齢」と「老化」であるが，「加齢」と考えるほうが，趣旨に合致している。　②　高齢者が尊厳を持って人生を全うするために，国連原則や介護保険法があると考えると「尊厳」である。　③　自立した日常生活ができるようサポートするので「自立した」である。　④　自助・共助・公助の社会保障のあり方を考えると「共同連帯」が適当である。　(2)　地域住民やスーパーマーケット，金融機関，学校生徒など様々な人を対象に認知症サポーター養成講座が展開されている。

【4】(1)　①　過量契約　　②　1年間　　(2)　188　　(3)　製造物に欠陥が存在していたこと，損害が発生したこと，損害が製造物の欠陥により生じたこと

〈解説〉(1)　①　「過量契約」とは，高齢者の判断能力の低下につけ込んで大量に商品を購入させる契約のことである。　②　ほとんどの被害が高齢者だけの世帯であることから，自ら被害に気づくことはなく，独立している子どもなどが親元を訪ねてきた際に気づくことがほとんどである。このような事情を鑑み，取消権の行使期間を1年とした。(2)　国民生活センターでは，最寄りの相談窓口につながらない場合のために，平日バックアップ相談の電話番号も用意している。　(3)　欠陥による被害が，その製造物自体の損害にとどまった場合であれば，

この法律の対象にならない。製造物の欠陥によって，人の生命，身体に被害をもたらした場合や，欠陥のある製造物以外の財産に損害が発生したときである。

【5】(1)　式　$\dfrac{14000}{90 \times 90} \times 10 = 17.28\cdots$　　答　17.3　　(2)　同じ月齢の乳幼児を身長の高い順に並べたうち，身長の低い方から数えて90%番目であるということ。　　(3)　ウ　　(4)　ジフテリア，百日咳，破傷風，ポリオ

〈解説〉(1)　カウプ指数は生後3か月以降の幼児に用いる。普通の範囲は年齢や月齢によって変わる。一応の目安としては，1〜2歳であれば「15〜17」が普通。3歳であれば「14.5〜16.5」が普通である。

(3)　「おたふくかぜ」は任意接種である。正式名は「流行性耳下腺炎」である。以前は定期接種に組み込まれていた時期もある。比較的感染力が強いウイルスで，飛沫感染や感染者が触ったドアノブなどを触ることでうつる接触感染で広がっていくので，保育所など小さな子どもが集団生活する場で発生することが多い。　　(4)　4種混合ワクチンのことである。ジフテリア(D)，百日咳(P)，破傷風(T)，ポリオ(IPV)である。百日咳は，大人にも流行していて小さな赤ちゃんが罹ると重症化しやすいので生後3か月から接種するようになっている。ヒブ・小児肺炎球菌・B型肝炎などとの同時接種がよい。

【6】(1)　自律授乳　　(2)　成熟乳と比べて，たんぱく質が多く，脂肪と乳糖が少ない　　(3)　ア　　(4)　幼児の胃は小さく，消化吸収機能も未熟であり，3度の食事では不足する栄養素や水分を補うため

〈解説〉(1)　自律授乳は，世界保健機関(WHO)が母乳育児を成功させるための10の方針の1つとして挙げられているものである。　　(2)　解答以外の初乳の特徴は，細菌やウイルスの感染に対する免疫物質を含む。成熟乳と比べてドロっとしていて，黄色っぽい。量も少ない。鉄分やビタミン，オリゴ糖などの栄養が多い。ラクトフェリンが多い(細菌やウイルスから守るための物質ともいわれている)。　　(3)　首の骨がす

わる時期になっていること，哺乳反射(形のあるものが口に触れた時，舌で押し出すような原始反射)が弱くなっている，よだれがたくさん出て歯も生え始めようとしている時期，このような状況になったら，離乳食の開始時期と考えられ，それがちょうど生後5，6か月頃に重なる。完了時期の目安としては「きちんとモグモグしている」「卒乳又は授乳がほぼなくなった」などである。　(4)　間食は1日1～2回。1～2歳なら100～150kcalが目安である。内容は水分とおやつの組み合わせが適当といえる。乳製品・いも類・炭水化物・くだもの類などを組み合わせるとよい。

【7】3歳から4歳ごろ…イ・エ　　4歳から5歳ごろ…ア・ウ　　5歳から6歳ごろ…オ・カ

〈解説〉子どもたちの運動能力は，平成20(2008)年頃からは「下げ止まり」といわれるほどのレベルにまで低下している。この指針によると，幼児は様々な遊びを中心に，毎日合計 60 分以上，楽しく体を動かすことが大切であること，多様な動きが経験できるように様々な遊びを取り入れること，楽しく体を動かす時間を確保することなどが記されている。3～4歳の幼児は，体のバランスをとる動きや体を移動させる動き，用具を操作する動きなど多様な動きが一通りできるようになる。自分から進んで何度でも繰り返すことに面白さを感じることができるような環境作りが必要で，屋外での滑り台，ブランコ，鉄棒などの遊具を利用して遊ぶようになる。4～5歳になると友人と一緒に運動する楽しさを見いだすようになる。また，自分の近くにいる友人や大人が行う魅力ある動きや気にいった動きの真似をすることに興味を持つ。縄跳びやボール遊びなどを経験させるとよい。5～6歳になると「走ってきて飛ぶ」「ボールをつきながら走る」といったように複数の動きを中断することなく同時に行う事ができるようになる。また，目的に向かって集団で行動し，役割を分担して遊べるようになる。遊具を用いた複雑な動きが含まれる遊びや様々なルールでの鬼遊びなどを経験させておくとよい。

【8】(1)　ア　身八つ口　　イ　内揚げ　　ウ　人形

(2)

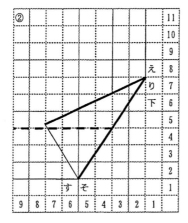

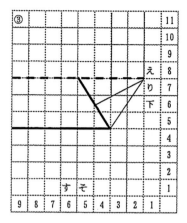

(3)　a　おくみ　　b　身頃　　c　そで　　(4)　着物を腰のところで
たくし上げ折って着装すること。　　(5)　きせ

〈解説〉(1)　ア　女物の長着の身八つ口のあきは，着用するとき，身八
つ口から手を入れておはしょりを整える。　　イ　内揚げは，将来身丈
を長くしたり，すそがすり切れた時などにすそを切っても本来の身丈
を確保してできるように身頃に適量の布を縫い込んでおくもの。　　ウ
人形とは，男物の長着でたもとを少し長めに仕立てるとき，袖付けが
切り込まれた形になっているものをいう。　　(2)　「額縁縫い(額縁仕立
て)」の方法である。　　(3)　長さが一番長い布部分のbは身頃(前身頃と
後ろ身頃)，bより少し短く「幅が2分の1になっていること」と「2枚」
であることに注目すればaはおくみであることがわかる。　　(4)　おは
しょりに必要な長さは25〜30cmと考え，着丈より25〜30cm長く身丈
をとって仕立てる。

(5)　本問にある「〜少し奥を折る〜」の「少し奥」とは0.2cm位であ
る。きせをかける理由は表に縫い目が見えることを防ぐためである。

【9】①　恒重式　　②　恒長式　　③　細く　　④　太く　　⑤　9000
〈解説〉①③　紡いで作った糸(綿糸，麻糸，毛糸)などの紡績糸(短繊維)
は，はかりで測って1ポンドになる長さを調べる「恒重式」である。1

ポンドになる長さが840ヤード(768.1m)　であれば「一番手」，2倍の長さが必要になるのは「二番手」，3倍の長さが必要になるのは「三番手」で，一番手に比べて$\frac{1}{3}$の細さの糸である。　②④⑤　一方，絹糸やナイロンなどの化学繊維のように，1本だけでもとても長く細い糸(フィラメント糸)は「恒長式」で表す。代表的なものが「デニール」で，9000mに糸を伸ばした時の重さが1g＝1デニールである。デニール数が上がると糸が太くなる。タイツやストッキングの表示に「○○デニール」と表示されているのはよく知られている。30デニール未満であればストッキング，30デニール以上になるとタイツの分類になる。

【10】(1)　一度凍結させた食品を真空状態で水分を乾燥させたもの
(2)　ドリップ　　(3)　食品衛生法，JAS法　　(4)　キャリーオーバー
(5)　じゃがいも，なたね
〈解説〉(1)　凍結乾燥又は冷凍乾燥させたもの。ビタミンなどの栄養成分や風味の変化が少ないことや酵素や微生物の作用が抑制される等の利点がある。日本の食品分野では1960年代にインスタントコーヒーが登場し，1970年代の即席麺を中心に，フリーズドライの生産規模は爆発的に拡大した。　(2)　ドリップは解凍する時だけでなく，生鮮食品の鮮度が落ちてきた時にも流れ出る。ドリップには水分だけでなく，旨味成分も含まれる。　(3)　食品衛生法及びJAS法(日本農林規格等に関する法律)の両方に基づく表示事項としては，消費・賞味期限のほか，名称，保存方法，遺伝子組換え，製造者名等がある。なお，栄養表示，添加物表示，期限表示，アレルギー表示，遺伝子組替え表示などの食品表示に関する法律は　JAS法・食品衛生法・健康増進法の三法で規制されていたが，2015年4月「食品表示法」に一元化された。加工食品については5年の経過措置を設け，2020年には完全実施としている。(4)　キャリーオーバーの具体例として，せんべいの味付けに保存料入りのしょう油を使用したとしても，この保存料が少量でせんべいの保存に効果がない場合，しょう油に使われている保存料はキャリーオーバーとなり，表示を免除される。キャリーオーバーは，食品業界だけ

でなく化粧品などにも多く見られる。「無添加，天然基礎化粧品」のうたい文句の商品においても，原料段階に添加物(保存料など)が使用されるが，キャリーオーバーで記載されることもなく，自然化粧品として売られていることも多い。　(5)　遺伝子組換え作物として認められているのは，現在「じゃがいも・大豆・てんさい・とうもろこし・綿・なたね・アルファルファ・パパイア」の8種類である。

【11】(1)　材料の水分がなくなるまで煮込む　(2)　赤色の色素であるアスタキサンチンが，加熱によりたんぱく質が変性し，アスタシンに変化するため。　(3)　濃度…イ　ゲル化するもの…ゼラチン　(4)　ア　八角　イ　豆板醤　ウ　とうち　(5)　酢

〈解説〉(1)　「炒」は炒める調理法であるが，「焼(シャオ)」は「炒めて煮込む」調理法をいう。日本の焼く調理法と同じなのは，「煎(少量の油を塗りながらやく)」と「烤(直火で炙りやく)」である。「乾焼」は「炒めて，汁気がなくなるまで煮込む」となる。　(2)　加熱する前は，たんぱく質とアスタキサンチンが結合した状態(色素タンパク質という)で存在しており，青黒い色をしている。加熱により色素タンパク質から「アスタキサンチン」という赤い色素が遊離する。「蝦仁」は皮をむいたエビのことで，「乾焼蝦仁」は，いわゆるエビチリである。　(3)　本来は杏仁霜を使用して作るが，簡単に手に入る牛乳で作る人も多い。杏仁豆腐の固さは，好みや時代によって変わり，ゼラチンで作るレシピも多い。基本的な固さは寒天1本(8g)に対して80mlであり，1%である。　(4)　ア　八角はスターアニスともいう。台湾の家庭料理で肉を使う料理には八角を使うことが多い。インフルエンザの治療薬であるタミフルの原材料の一部としても使用されている。イ　豆板醤は四川料理ではよく使われる。　ウ　油との相性がよく，刻んで炒め物に使うと本格的な味わいになる。　(5)　酸辣湯(サンラータン)は，その名のとおり，「酸味と辛味のスープ」である。辛味になる唐辛子は材料記載があるが，酸味を出す材料がないので，不足調味料は酢である。

【12】(1)　数寄屋づくり　　(2)　ア　腰付き障子　　イ　縦繁障子
(3)　建具　　(4)　欄間

〈解説〉(1)　数寄屋は茶室のことを表している。数寄屋風書院と表現することも多い。特徴としては竹や杉丸太を好んで使い，壁も白壁は使用せず，土壁仕上げにする。ひさしを深くし，内部空間に陰翳と静謐をもたらすようにしている。ふすまや障子にも工夫を凝らし，雪見障子や猫間障子，組子障子など職人の技術の粋を見ることができる。
(2)　障子という言葉は源氏物語などにも登場するが，現代の障子が生まれたのは平安時代後期である。扉や窓としての役割を担う日本固有の建具の一つである。鎌倉時代になって，和紙の生産技術が発達し，障子が普及した。室町時代の書院造りには，下部を板張りにした腰付き障子が使用されている。雨風で障子が破けたりするのを防ぐため，下半分に板を張った腰高障子が出現するようになる。明治時代になって，障子紙が庶民の家屋にも，入り口や部屋の間仕切りに使われるようになる。縦繁障子は，関西地方で多く好まれ，使われている。
(3)　建具としては，玄関のドアや格子戸，各部屋の窓やサッシ，クローゼットの折れ戸，和室の障子やふすま，キッチン収納の小扉などがある。　(4)　欄間には，格子や透かし彫りの飾り板などをはめ込むことが多い。

●書籍内容の訂正等について

　弊社では教員採用試験対策シリーズ（参考書，過去問，全国まるごと過去問題集），公務員試験対策シリーズ，公立幼稚園・保育士試験対策シリーズ，会社別就職試験対策シリーズについて，正誤表をホームページ（https://www.kyodo-s.jp）に掲載いたします。内容に訂正等，疑問点がございましたら，まずホームページをご確認ください。もし，正誤表に掲載されていない訂正等，疑問点がございましたら，下記項目をご記入の上，以下の送付先までお送りいただくようお願いいたします。

---

① **書籍名，都道府県（学校）名，年度**
　（例：教員採用試験過去問シリーズ　小学校教諭 過去問　2025 年度版）
② **ページ数**（書籍に記載されているページ数をご記入ください。）
③ **訂正等，疑問点**（内容は具体的にご記入ください。）
　（例：問題文では"ア〜オの中から選べ"とあるが，選択肢はエまでしかない）

〔ご注意〕

○ 電話での質問や相談等につきましては，受付けておりません。ご注意ください。

○ 正誤表の更新は適宜行います。

○ いただいた疑問点につきましては，当社編集制作部で検討の上，正誤表への反映を決定させていただきます（個別回答は，原則行いませんのであしからずご了承ください）。

●情報提供のお願い

　協同教育研究会では，これから教員採用試験を受験される方々に，より正確な問題を，より多くご提供できるよう情報の収集を行っております。つきましては，教員採用試験に関する次の項目の情報を，以下の送付先までお送りいただけますと幸いでございます。お送りいただきました方には謝礼を差し上げます。
（情報量があまりに少ない場合は，謝礼をご用意できかねる場合があります）。

◆あなたの受験された面接試験，論作文試験の実施方法や質問内容

◆教員採用試験の受験体験記

- -

送付先	○電子メール：edit@kyodo-s.jp
	○FAX：03-3233-1233（協同出版株式会社　編集制作部 行）
	○郵送：〒101-0054　東京都千代田区神田錦町2-5
	協同出版株式会社　編集制作部 行
	○HP：https://kyodo-s.jp/provision（右記のQRコードからもアクセスできます）

　※謝礼をお送りする関係から，いずれの方法でお送りいただく際にも，「お名前」「ご住所」は，必ず明記いただきますよう，よろしくお願い申し上げます。

教員採用試験「過去問」シリーズ

埼玉県・さいたま市の
家庭科 過去問

編　集	ⓒ 協同教育研究会
発　行	令和6年1月10日
発行者	小貫　輝雄
発行所	協同出版株式会社
	〒101-0054　東京都千代田区神田錦町2‐5
	電話　03－3295－1341
	振替　東京00190－4－94061
印刷所	協同出版・POD工場

落丁・乱丁はお取り替えいたします。